제4판

# 호텔 식음료 실습

## Food & Beverage Service

이 정 학 저

기문사
www.kimoonsa.co.kr

# 머리말 Preface

저자는 이미 다년간 호텔 현장근무와 대학에서 호텔관련 과목의 강의를 해왔다. 그 경험과 자료를 바탕으로 호텔 식음료 실무론(1998년)을 시작으로 호텔 식음료 실습 1판(2004년), 2판(2008년), 3판(2012년)을 저술한 바 있다. 그 연장선에서 이번에 내용을 보완하여 '호텔 식음료 실습 제4판'을 출판하게 되었다. 본서는 호텔 식음료분야의 실무에 대하여 완성도를 높였으며, 호텔의 식음료분야에 관한 지침서이자 대학교재용으로 출간하게 되었음을 밝힌다. 본서는 다음과 같은 장점과 특징을 가지고 있다.

첫째, 호텔 식음료 전 분야를 체계적이고 실무적으로 접근하였다.
둘째, 다양한 자료의 그림과 사진을 곁들여 이해를 높였다.
셋째, 각종 사례 등을 통하여 현장감을 살렸다.
넷째, 학교에서 식음료 실습을 위한 강의교재로 구성하였다.
다섯째, 부록에 테이블 매너를 실어 호텔 식음료 서비스인으로서 그리고 현대인으로서 소양을 갖추도록 하였다.

호텔에서 총지배인과 같은 최고경영자가 되기 위해서는 현장의 실무능력이 기초가 되어 스텝 바이 스텝(step by step)해야 함을 호텔인들은 잘 알고 있다. 아무쪼록 본서가 미래의 호텔리어(hotelier)를 꿈꾸는 학도들에게 필독서로써 도움이 되었으면 한다. 1998년 이래 지금까지 본서를 사랑해 주신 독자 여러분과 교재로 선택해 주신 교수님께 감사의 말씀을 전한다. 그리고 항상 저자의 원고를 소중히 출간해 주시는 기문사 사장님에게도 고마움을 표하고 싶다.

2018년 4월 연구실에서

# 차례

# 제 1 장

# 호텔 식음료의 이해

## 제1절 호텔 식음료의 개요

### 1. 호텔 식음료의 개념과 중요성

#### 1.1 호텔 식음료의 개념

호텔의 고객은 객실(room)만 사용하는 것이 아니라 식욕을 충족시키기 위해서 또는 정신적 기분전환을 위하여 호텔 내에서 식음료를 찾게 된다.

식음료(食飮料)란 음식(飮食, food)과 음료(飮料, beverage)의 합성어이다. 여기서 음료(beverage)는 알코올성의 주류와 비알코올성의 음료수도 포함하는 것으로 마실 수 있는 모든 것을 칭한다. 따라서 호텔 식음료란 호텔에서 판매하는 음식과 알코올성 주류 및 비알코올성의 음료를 말한다. 이와 같은 식음료상품을 판매하는 부서를 '식음료부(F/B : Department of Food & Beverage)' 라고 하고, 음식을 생산하는 부서를 별도의 조리부(Culinary)라고 한다. 이 두 부서는 각각 독립되어 있지만 상호 협력을 통하여 호텔의 식음료영업을 담당하고 있다.

### 1.2 호텔 식음료영업의 중요성

초기 호텔의 식음료업장은 객실 투숙고객을 위한 부대시설로 간주하였으나 오늘날에는 호텔의 대중화, 외식문화의 발달, 사회구조 및 라이프스타일의 변화에 따라 숙박을 하지 않고 식음료 자체만 구매하는 고객이 증가하여 호텔의 매출 측면에서 식음료매출이 객실매출을 능가하고 있는 실정이다.

호텔의 상품은 객실상품과 식음료상품으로 대별되는데, 객실상품은 한정되어 있어 제약을 받는 정적인 상품이라면, 식음료상품은 영업 여하에 따라 신축성이 강한 동적인 상품이므로 호텔의 매출을 극대화할 수 있는 중요한 상품이라고 할 수 있다. 즉 객실은 한정된 숫자에서 하루 한 번 투숙으로 판매되지만, 식음료 업장에서는 좌석을 2회전 또는 3회전을 할 수 있으며, 그리고 연회장에서는 한 번에 대량의 고객을 유치할 수 있는 것이다.

## 2. 호텔 식음료영업의 속성

호텔 식음료영업이란 식음료라는 상품을 레스토랑과 같은 업장에서 인적 서비스에 의해서 판매하는 것을 말한다. 따라서 식음료영업의 3요소는 ❶ 상품(food & beverage ; 음식과 음료) ❷ 업장(outlet ; 각 레스토랑) ❸ 서비스(service ; 인적 서비스)라고 할 수 있으며, 호텔 식음료부 관리자 및 지배인(manager)은 식음료영업의 3요소를 잘 관리할 수 있는 능력을 갖추어야 하는 것이다.

식음료 영업 3요소인 상품(음식과 음료), 업장(식당, 주장), 서비스(인적 서비스)는 모두 상품과 서비스 속성을 가지고 있다. 즉 음식과 음료의 상품은 상품속성의 측면에서는 물재 및 직접재이고 무형재이며, 서비스 속성의 측면에서 고객에게 물적 서비스를 제공하는 것이다. 식당 및 주장과 같은 업장은 상품속성의 측면에서는 가치재 및 간접재이고 무형재이며, 고객에게 환경적 서비스를 제공하는 것이다. 또한 인적 서비스 역시 상품속성의 측면에서는 가치재 및 간접재이고 무형재이며, 고객에게 인적인 서비스를 제공하는 것이다.

이처럼 호텔 식음료상품은 서비스 상품으로서 3요소 모두 상품과 서비스의 속성을 갖추고 있으며, 고객은 이 모두를 구매하는 것이고, 어느 하나에 불만족하면 그 구매 자체는 전체적으로 불만족하게 될 것이다. 예를 들어 아무리 맛있는 음식을 주방에서 만들었다고 하여도 인적 서비스가 불량하거나 식당이 청결하지 못하면 그 고객은 불만족으로 평가할 것이다. 따라서 식음료 관리자는 이 3요소가 잘 조화가 되도록 노력을 해야 할 것이다.

[표 1-1] 호텔 식음료영업 3요소의 속성

| 3요소 | 개념 | 상품 속성 | 서비스 속성 |
|---|---|---|---|
| 상품 | 고객의 식욕을 충족시켜주는 음식과 음료 | 물재, 직접재, 유형재 | 물적 서비스 |
| 업장 | 식음료 상품이 판매되어지는 공간으로서 고객에게 환경과 가치를 제공해 주는 곳 | 가치재, 무형재, 간접재 | 환경적 서비스 |
| 서비스 | 식음료라는 상품을 고객에게 전달하기 위한 인적 서비스 | 가치재, 무형재, 간접재 | 인적 서비스 |

## 제2절 호텔 식음료관리

### 1. 식음료 상품관리

#### 1.1 식음료 상품관리의 특성

호텔의 식음료 상품은 일반 제조업의 제품과는 달리 상이한 특성을 가지고 있다. 이 특성을 이해함으로써 효율적인 식음료 상품관리가 가능한 것이다. 호텔 식음료 상품의 특성은 생산 측면에서 ❶ 수요예측이 어려워 대량생산이 안 되고 ❷ 고객의 주문에 의한 주문생산을 하며 ❸ 고객의 욕구나 취향이 다양하여 표준화 생산이 불가능하고 ❹ 인적 의존도가 높다.

판매 측면에서는 ❶ 식음료는 진부화가 빠르므로 저장판매가 불가능하고 ❷ 식음료는 즉석에서 소비됨으로 반품과 재고가 없으며 ❸ 호텔 내에서만 판매하므로 유통과정이 없고 ❹ 인적 서비스가 반드시 수반되어야 한다.

[표 1-2] **호텔 식음료 상품과 일반 제품관리의 특성 비교**

| 구분 | 호텔 식음료 | 일반 제품 |
|---|---|---|
| 생산 측면 | • 수요예측이 어려워 대량생산 불가능<br>• 고객의 주문에 의한 주문생산<br>• 표준화 생산이 불가능<br>• 인적 의존도가 높음 | • 수요예측에 의한 대량생산 가능<br>• 대부분 계획 생산<br>• 표준화 생산가능<br>• 기계의존도가 높음 |
| 판매 측면 | • 저장판매 불가능<br>• 반품과 재고가 없음<br>• 유통과정이 없음<br>• 인적 서비스가 반드시 수반 | • 저장판매 가능<br>• 반품 및 재고 유지 후 판매가능<br>• 유통과정을 거침<br>• 반드시 인적 서비스 수반하지 않음 |

## 1.2 식음료의 상품화 과정

식음료의 상품화 과정은 〈그림 1-1〉에서 보듯이 메뉴계획에 따라 필요한 식자재를 구매(purchasing)하고 검수(receiving)과정을 거쳐 저장(storing)을 하게 되면 해당 주방에서 필요한 품목과 분량의 식자재를 발주(issuing)하고 완제품 생산을 즉시에 할 수 있도록 조립(preparing)작업을 하게 된다. 고객이 주문하게 되면 곧바로 생산(cooking) 즉 조리를 하여 고객에게 판매(serving)한다. 그런데 메뉴는 항상 고정되는 것이 아니라 고객의 기호에 따라 또는 원가관리 차원에서 변화를 주어야 한다. 따라서 일정 기간 판매분석 즉 메뉴 ABC분석을 하여 다시 메뉴계획을 하는 순환과정이 필요하다.

메뉴 ABC분석이란 메뉴에 나와 있는 상품의 품목을 일정 기간 관찰하여 잘 팔리는 메뉴를 A, 보통 정도 팔리는 메뉴를 B, 잘 팔리지 않는 메뉴를 C로 나누어 통계를 내고 분석하는 것이다. 여기서 잘 팔리지 않는 C등급의 메뉴는 재료의 재고로 인하여 원가상승의 원인이 되므로 차기 메뉴 작업 시 삭제 또는 대체 메뉴를 개발하도록 한다.

## 1.3 식자재 구매관리

식자재의 구매, 검수, 저장은 구매과의 직원이 전적으로 담당하고 있지만 식음료관리자도 효율적인 식음료상품 관리를 위하여 구매관리에 대한 기본적인 지식을 습득하고 있어야 한다.

[그림 1-1] 식음료의 상품화 과정

### (1) 구매관리의 의의

구매란 소비자가 물건을 구입하는 행위 또는 기업이 생산활동을 하기 위하여 원재료 및 중간재를 구입하는 것을 말한다. 기업에 있어서 구매는 곧 생산원가에 지대한 영향을 미치게 되므로 구매관리의 중요성이 대두된다. 결국 구매관리(purchasing management)란 기업이 생산활동에 필요한 원자재 및 중간재의 양을 적절한 시기에 적정가격으로 구매하기 위한 과학적인 관리활동을 말한다.

### (2) 식자재 구매의 원칙

식자재는 신선도의 문제, 변동이 심한 가격, 농 · 수 · 축산물 등 종류의 다양성 때문에 과학적이고 전문적인 구매관리가 요구되며, 다음과 같은 원칙이 필요하다.

**시장조사** 요리의 용도에 따라 가장 적정하고 적합한 것을 찾아 구입해야 하며, 품목별 유명산지, 작황상황, 가격동향 등을 파악하고 있어야 한다. 따라서 식자재를 구매하기 위해서는 항상 시장조사를 하여야 할 것이다.

**우량 납품업체 선정 및 납기관리** 호텔에서 통상적인 식자재는 납품업체를 통하여 구매하는데 납품업체의 공급능력과 신뢰성을 고려하여 납품업체를 선정해야 한다. 특히 식자재의 납기일이 늦지 않도록 구입하여야 한다. 아무리 가격이나 품질이 좋아도 납기일이 지나면 소용이 없는 것이다.

**적정재고관리** 재고관리는 적정량의 식자재를 항상 보유함으로써 연속적인 생산을 촉진시키고 식자재의 유통량이나 가격의 변동에서 오는 불확실성을 대비하는데 있다. 만약 재고가 적정량 이하가 되면 생산에 차질을 빚어 결국 고객의 상실로 이어져 사업의 기회를 놓치게 되고, 적정량 이상이 되면 유지관리비용이 소요될 것이다.

**수송관리** 식자재는 신선도가 문제이므로 종류별로 적절한 수송수단을 통해서 구입해야 한다.

### (3) 식자재 구매방법

식자재 구매방법은 ❶ 공개경쟁방식 ❷ 임의계약방식 ❸ 직구매방식이 있는데 각 방식의 장단점 및 적용 품목은 다음 표와 같다.

[표 1-3] 구매방법

| 구매방법 | 장점 | 단점 | 적용 품목 |
|---|---|---|---|
| 공개경쟁 | 경쟁적인 가격으로 양질의 재료를 공급받을 수 있다. | 시간이 많이 걸리고 절차가 복잡하다. | 시간적 여유가 있는 품목 |
| 임의계약 | 구매시간이 적게 걸리고 절차가 간단하다. | 공정성에 대한 의혹과 불리한 가격으로 계약하기 쉽다. | 급하게 구하려는 품목 |
| 직구매 | 품질을 직접 확인하고 단가를 낮출 수 있다. | 직원의 출장 및 차량이 필요하다. | 고가의 소량 품목 |

## 1.4 식자재 검수관리

### (1) 검수의 의의

구매된 식자재는 검수과정을 거쳐야 하는데 검수(receiving)란 구매를 통하여 입고된 각종 식자재의 수량 또는 무게, 품질 등을 주문사항과 대조하여 확인하는 것을 말한다. 식자재 품질에 대한 5대 검수기준은 다음과 같다.

■ **안전성** 위생적으로 안전한 무해 여부
■ **청결성** 오물이 묻어 있지 않은 등 청결성 여부
■ **완전성** 깨지거나 흠이 없는 등 형태의 완전성 여부

■**균일성** 크기(규모)가 일정한지 여부

■**보존성** 식자재 고유의 색, 향, 맛, 질감 등의 특성 유지 여부

### (2) 검수방법

검수방법에는 전수조사와 표본조사가 있다. 전수조사는 구매된 물량 전체의 양과 질을 검수하는 것으로 오차는 거의 발생하지 않지만 시간과 비용이 많이 소요되는 단점이 있다. 이에 반해 표본조사는 구매된 물량 중에서 일부 표본을 추출하여 검수하는 것으로서 경제적이고 신속한 것이 장점이나 다소 오차가 발생할 수 있는 단점이 있다. 따라서 구매량이 적고 단가가 고가의 경우는 전수조사를, 구매량이 많고 단가가 저가의 경우는 표본조사를 하는 것이 효율적이다. 예를 들어 사과 1박스에 40개가 들어있는 것을 100박스 구매하여 검수를 한다면 몇 박스만 뜯어서 40개가 들어 있는지 확인하는 표본조사가 적합할 것이다.

## 1.5 식자재 저장관리

저장관리의 목적은 검수된 식자재가 상품화될 때까지 일정한 장소에 보관하여 부패와 도난을 방지하고 해당 주방에 공급을 원활하게 해 주는 것이다. 따라서 식자재를 효율적으로 저장하고 관리하기 위해서는 다음과 같은 원칙이 필요하다.

**위생의 원칙** 모든 창고는 청결해야 하며 곤충이나 벌레 또는 박테리아 등의 오염으로부터 보호되어야 한다.

**품목별 분류저장의 원칙** 식자재를 쉽게 불출하기 위해서 식품군별로 즉 육류, 생선류, 유제품, 과일, 채소류, 건식품별 등으로 품목별 카드를 만들어 저장관리한다.

**적정 온도유지의 원칙** 식품군별로 적정 저장 온도와 습도는 다르므로 그에 맞는 냉장고나 창고시설이 필요하다. 식품군별 저장 온도와 습도를 미국식당협회(NRA)의 지침에 따르면 다음의 표와 같다.

[표 1-4] 식품군별 저장 온도와 습도

| 품목 | 온도 | 습도 |
|---|---|---|
| 육류 | 0℃~2.2℃ | 75~85% |
| 생선류 | -1℃~10℃ | 75~85% |
| 유제품 | 3.3℃~4.4℃ | 75~85% |
| 과일, 채소류 | 4.4℃~7.2℃ | 85~95% |
| 건식품 | 15℃ 정도 | 50~60% |

**선입선출(First-in, First-out)의 원칙** 먼저 입고된 재료를 먼저 쓰는 원칙이다. 재료의 저장 기간이 짧으면 짧을수록 재고재산의 회전율이 높다. 특히 유효기간에 유념하고 식자재를 창고에 저장할 때도 들어온 순서대로 구분 적재하여 관리한다.

[그림 1-2] FIFO(First-in, First-out)의 구조

## 1.6 식음료 생산 및 원가관리

### (1) 생산관리

식음료상품은 재료의 원가가 판매가격의 30% 정도를 차지하고 있다. 따라서

재료의 낭비는 곧 원가상승의 원인이 되므로 효율적인 생산관리가 요구된다. 식음료의 생산관리는 전적으로 조리사나 바텐더가 하게 되는데 정기적으로 실시하는 재고조사(inventory)에 의하여 통제가 가능하다. 과학적이고 합리적인 재고조사를 위해서는 음식의 단위당 표준 제조명세서(recipe)를 만들어 표준화할 필요성이 있다.

결국 표준화된 음식은 양과 맛의 동일성을 유지할 수 있고 재료의 손실과 낭비를 막을 수 있다. 특히 음식의 생산관리에 있어서 식자재는 특성상 진부화가 빠르므로 신선도를 유지하여 위생에 중점을 두어야 하는데, 위생은 곧 고객의 생명과도 직결된다는 점에서 유의할 필요성이 있다. 음식의 경우 제조명세서에 포함될 내용은 다음과 같다.

❶ 작성일자 ❷ 요리명 ❸ 1인당 배분량
❹ 식자재 ❺ 원가 ❻ 조리법
❼ 온도 ❽ 조리시간 ❾ 주의사항

### (2) 원가의 구성과 판매가격

호텔 식음료상품 원가의 구성과 판매가격의 구조는 다음 그림과 같다.

[그림 1-3] 식음료상품의 원가구성 및 판매가격

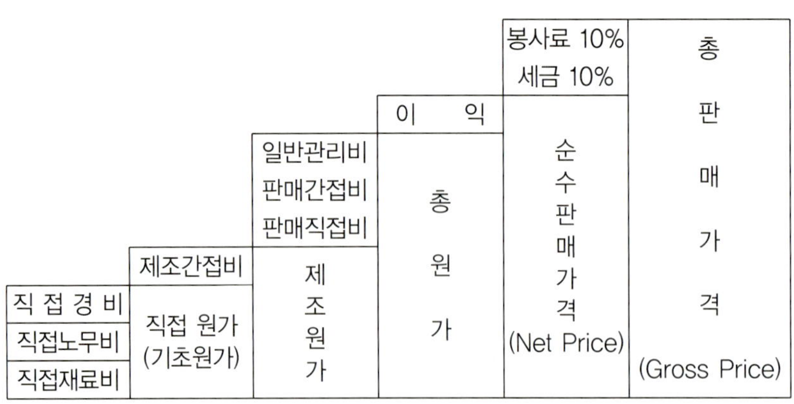

① 직접원가=직접재료비+직접노무비+직접경비
② 제조원가=직접원가+제조간접비
③ 총원가=제조원가+판매비와 일반관리비
④ 순수판매가격(Net Price)=총원가+이익
⑤ 총판매가격(Gross Price)=판매가격(Net Price)×1.21(봉사료 10%, 세금 10%)

# 2. 식음료 업장관리

## 2.1 식당의 개념과 종류

### (1) 식당의 개념

식당의 영어표기인 restaurant의 어원은 프랑스어 'de restaurer'에서 유래되었는데 '수복한다', '기분을 회복한다'라는 뜻이다. 즉 영양이 있는 음식물을 섭취하고 휴식을 취함으로써 건강을 회복시켜 원기를 되찾는다는 의미이다.

식당을 현대적 관점에서 정의하자면 고객과 기업의 측면에서 나누어 고찰할 수 있다. 고객 입장에서의 식당은 피로와 원기를 회복하고 식욕을 충족시켜주는 공간이라고 할 수 있으며, 기업 입장에서의 식당은 일정한 장소에 필요한 시설을 갖추고 식음료상품을 인적 서비스에 의하여 판매하는 영업장이라고 정의할 수 있다.

### (2) 식당의 종류

**양식당(western style restaurant)** 서양의 음식을 판매하는 식당으로서 호텔의 대표적인 식당이라고 할 수 있다. 양식당은 어느 나라 또는 지역의 음식을 취급하느냐에 따라서 프랑스식 레스토랑(French Restaurant), 이탈리아식 레스토랑(Italian Restaurant), 지중해식 레스토랑(Mediterranean Restaurant) 등 그 명칭이 다양하다.

**동양식 식당(Oriental Style Restaurant)** 동양지역 국가의 음식을 판매

하는 곳으로 취급 메뉴에 따라 한식당(Korean Restaurant), 일식당(Japanese Restaurant), 중식당(Chinese Restaurant) 등 그 명칭이 다양하다.

**커피숍(Coffee Shop)** 커피, 차(tea) 등을 비롯한 각종 음료(beverage)와 조식, 경양식, 일품요리 등의 음식도 판매하는 식당이다.

**카페테리아(Cafeteria)** 디저트, 샐러드 등 주제별로 비교적 간단한 음식을 차려 놓고 고객이 직접 선택하여 먹을 수 있는 식당이다.

**뷔페식당(Buffet Restaurant)** 양식의 코스별 요리를 다양하게 차려놓고 고객이 직접 가져다 먹을 수 있도록 한 식당이다.

**룸서비스(Room Service)** 객실고객으로부터 식음료를 주문받고 직접 객실까지 서비스해 주는 업장이다.

**연회장(Banquet)** 각종 행사의 모임, 이벤트, 컨벤션(convention) 등을 유치하여 식음료를 판매하거나 연회장 자체를 대여하여 영업을 하는 업장이다.

**델리카테슨(Delicatessen)** 제과 · 제빵과 소시지 · 햄 등의 가공 식품을 판매하는 업장. 대부분의 호텔에서는 테이크아웃(take out) 서비스를 하고 있다. 델리카테슨은 약칭하여 '델리(Deli)' 라고도 한다.

■델리카테슨

## 2.2 주장의 개념과 종류

### (1) 주장의 개념

호텔의 주장(酒場)은 주로 음료를 판매하는 곳으로 식당이 음식을 통하여 고객에게 식욕을 충족시켜주는 물적 공간이라면, 주장은 음료와 유흥적 요소를 제공함으로써 고객의 기분을 회복시켜주는 정신적 공간이라고 할 수 있다.

### (2) 주장의 종류

**바(Bar)** 카운터 형의 판매대가 설치되어 있고 칵테일을 비롯한 각종 음료를 판매하는 업장이다.

**라운지(Lounge)** 소파형의 안락한 좌석과 생음악 등의 유흥적 분위기를 갖추어 음료를 판매하는 업장으로서 로비에 위치하면 로비 라운지(Lobby Lounge), 최상층에 위치하면 스카이 라운지(Sky Lounge)라고 한다.

**펍(Pub)** Pub은 'Public House'의 약칭으로서 대중적 사교의 장이란 의미인데 영국식 선술집 형식의 업장이다.

**엔터테인먼트 센터(Entertainment Center)** 캐주얼한 분위기의 종합 사교 유흥장으로서 각종 바(bar), 다트게임(dart game), 당구대 등의 스포츠시설과 디스코테크 등의 시설을 갖추고 음료를 판매하는 업장. 스포츠 바(sports bar)라고도 한다.

## 2.3 식음료 업장관리의 기본

### (1) 청결유지

업장의 청결은 가장 기본적인 요소로서 업장 내의 청소는 물론 식탁과 의자, 각종 기물류, 그리고 서비스에 수반되는 모든 비품 · 용품 등의 상태가 항상 청결상태를 유지해야 한다. 특히 고객이 우연히 볼 수 있는 창문, 화장실, 백사이드(back side) 등은 더욱 신경을 써야 한다.

### (2) 정숙유지

정숙은 업장의 분위기를 좌우하므로 업장 내를 보행할 때, 식탁을 준비할 때, 식사를 제공하거나 식기를 제거할 때, 동료직원을 부를 때 등 큰소리가 나면 고객에게 불쾌감을 주고 안정된 분위기 속에서 식사를 못하게 된다. 특히 주방 안에서 식기 다루는 소리가 홀까지 들려서는 안 된다. 식당이란 조용한 분위기 속에서 식사를 즐겨야 하는 곳이다.

### (3) 분위기 연출

각 업장의 분위기는 제 나름대로 지향하는 콘셉트(concept)가 있는데 업장의 종류, 명칭, 스타일에 따라 연출되어야 하고 일관성을 유지해야 한다. 즉 실내 인테리어, 조명, 음악, 그림, 꽃 장식, 소품, 메뉴판, 유니폼 등 여러 가지 연출물들이 그 업장의 이미지와 부합되어야 한다. 이와 같이 분위기는 고객에게 쾌적한 환경을 제공하고, 이미지를 부여할 수 있으며, 결국 식음료 구매의욕을 고취시킬 수 있다는 점에 세심한 노력이 요구된다.

# 3. 식음료 서비스관리

## 3.1 식음료 서비스의 개념과 특성

### (1) 식음료 서비스의 개념

식음료 서비스란 식음료라는 유형의 상품을 고객에게 전달하기 위한 인적 용역이라고 할 수 있다. 식음료의 인적 서비스는 기능적 서비스와 정서적 서비스로 구분할 수 있는데, 기능적 서비스란 예를 들면 음식 및 와인 서비스를 할 때 종사원의 숙련된 테크닉을 말하는 것이고, 정서적 서비스란 예절 · 친절 · 미소 · 용모 · 복장 · 환대정신 등을 말한다. 따라서 훌륭한 식음료 서비스란 기능적 서비스뿐만 아니라 정서적 서비스까지 수반되어야 하는 것이다.

[그림 1-4] 인적 서비스의 유형

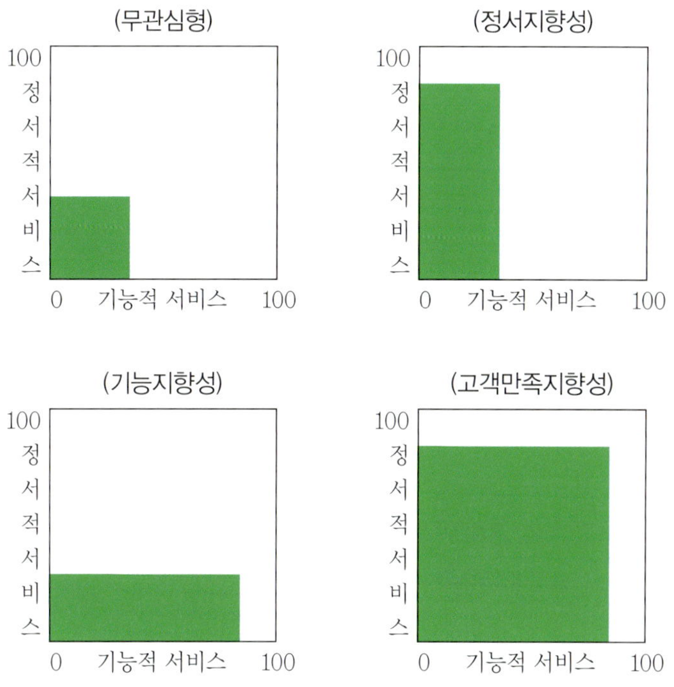

### (2) 인적 서비스의 유형

인적 서비스의 유형은 ❶ 무관심형 ❷ 정서지향형 ❸ 기능지향형 ❹ 고객만족지향형으로 구분할 수 있다.

**무관심형** 정서적 서비스와 기능적 서비스가 모두 불량한 것으로서 "나는 고객과 상관이 없다"는 유형이다.

**정서지향형** 정서적 서비스는 양호하지만 기능적 서비스는 불량한 것으로서 단지 고객의 비위를 맞추는데 열중하는 유형이다.

**기능지향형** 정서적 서비스는 불량하지만 기능적 서비스는 양호한 것으로서 단지 고객의 요구에 의하여 움직이는 로봇과 같은 유형이다.

**고객만족지향형** 정서적 서비스와 기능적 서비스가 모두 양호하여 고객을 만족시켜주는 유형이다.

## 3.2 식음료 서비스의 특성

### (1) 무형성

서비스 자체는 무형이기 때문에 경험을 통해서 감각적이고 심리적으로 느껴야 하는 특성을 가지고 있다.

### (2) 비유통성

식음료 서비스는 고객이 직접 호텔에 와야 제공받을 수 있으므로 유통이 안 되며, 시간적, 공간적 제약을 받는다. 단 출장파티(outside catering)는 호텔을 떠나 고객이 원하는 시간과 장소에서 서비스가 가능함으로 예외이다.

### (3) 다양성

고객의 관습, 성격, 기호, 욕구는 제각기 다르므로 식음료 서비스는 고객에 따라 다양하게 전개된다. 또한 서비스 요원이 누구냐에 따라서도 서비스는 약간씩 차이가 난다.

### (4) 매체성

식음료의 인적 서비스는 단독 상품으로 고객에게 판매할 수 없고 식음료 상품을 구매하려는 주체인 고객에게 객체인 식음료를 전달하기 위한 매체 역할을 한다.

[그림 1-5] 식음료 인적 서비스의 매체 역할

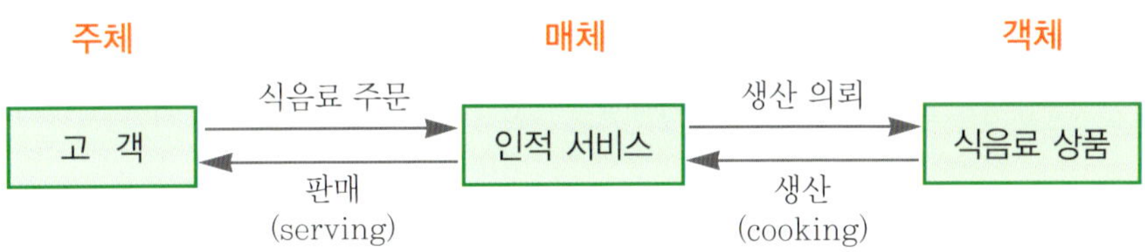


## 3.3 식음료 서비스 품질관리

호텔 간의 경쟁이 심화될수록 호텔의 매니지먼트는 서비스를 차별화하고 경쟁우위의 요소로 만들려고 노력한다. 따라서 호텔에서는 인적 서비스의 품질을 향상시키기 위하여 각종 캠페인이나 교육을 하는 등 시간과 비용의 투자도 아끼지 않고 있다.

서비스 품질에 관한 연구는 파라슈라만(Parasursman), 자이타믈(Zeithaml), 베리(Berry) 연구팀에 의하여 정형화되기 시작하였다. 이들은 서비스 품질 평가를 위하여 5가지 차원 즉 ❶ 신뢰성 ❷ 반응성 ❸ 보장성 ❹ 공감성 ❺ 유형성 등을 제시하였는데, 이 차원은 서비스업의 품질을 측정하는데 유용하게 사용되고 있다. 따라서 식음료 서비스 품질은 이 5가지의 차원을 바탕으로 관리되어야 한다.

### (1) 신뢰성(reliability)

5가지 구성요소 중 서비스 품질을 지각하는데 가장 중요한 요소이다. 신뢰성이란 약속한 서비스를 정확히 제공하는 능력 즉 서비스제공 내용, 가격 등 직·간접적으로 약속한 것을 제대로 이행하는 것을 말한다.

### (2) 반응성(responsiveness)

반응성이란 고객을 도와주려는 의지와 신속히 서비스를 제공하고자 하는 의지의 표현을 말한다. 고객은 자신의 요구사항, 질문, 불만, 문제의 제기에 신속히 응대해 주기를 원한다.

### (3) 보장성(assurance)

보장성은 고객이 안심하고 이용할 수 있도록 확신을 심어주기 위한 노력이다.

### (4) 공감성(empathy)

공감성은 종사원이 고객 개개인에 관심을 가지고 주의(attention)하여 환대를 보여주는 것이다. 특히 고객이 요구하기 전에 먼저 알아서 욕구충족을 시켜준다면 공감성은 높다고 할 수 있다.

### (5) 유형성(tangible)

유형성은 호텔이 가지고 있는 물리적 시설(건물, 인테리어, 비품, 가구 등)이나 종업원의 복장·외모·태도 등의 가시적인 표현이다. 유형성은 특히 신규고객에게는 첫인상을 좌우할 뿐만 아니라 서비스의 수준과 능력을 가늠할 수 있다는 점에서 중요한 요소로 작용한다.

[표 1-5] 식음료 서비스 품질평가 차원과 내용

| 차원 | 내용 |
|---|---|
| 신뢰성 | 광고 및 홍보물의 약속이행, 예약 및 주문사항에 대한 준수 여부 등 |
| 반응성 | 고객의 요구 및 불평에 대하여 신속히 대응하는 정도 |
| 보장성 | 재료의 신선도 및 위생에 대한 관념 등 |
| 공감성 | 노약자 및 장애인 고객을 위한 시설 및 종사원의 배려 등 |
| 유형성 | 가구 · 나이프 · 냅킨 등 기물의 상태, 종업원의 복장과 용모 등 |

# 제3절 메뉴관리

## 1. 메뉴의 의의와 역할

### 1.1 메뉴의 의의

메뉴는 인쇄물로 된 메뉴판의 의미와 음식 아이템이라는 두 가지의 의미로 사용되고 있다. 식음료업장에 있어서 메뉴는 그 업장의 상징으로써 음식과 음료에 대한 안내 차림표 및 가격표이다. 메뉴는 고객에게는 주문의 수단이며, 업장의 접객원들에게는 요리와 음료를 세일즈하는 도구가 되는 것이다.

메뉴(menu)라는 용어에 대하여 웹스터스(Webster' s) 사전에 의하면 'a detailed list of the foods served at a meal : bill of fare' 로 되어 있는데 결국 메뉴란 요리에 관한 상세한 목록인 동시에 가격표라는 것이다. 그러나 메뉴는 처음부터 요리의 내용과 가격을 나타내기 위하여 만들어진 것은 아니다. 메뉴(menu)의 어원은 라틴어 미넛트스(minutus) 즉 상세히 기록한다는 뜻에서 유래되어 영어의 미넛(minute)으로 발전하였다. 메뉴의 유래는 본래 조리사의 메모에서 출발하였다. 즉 초기 양식의 정식 코스는 15가지 이상이었고, 조리사가 코스별 요리와 레시피를 모두 기억할 수 없으므로 메모를 작성하여 순차적으로 음식을 만들었는데, 그 메모가 훗날 메뉴가 되었다는 것이다.

## 1.2 메뉴의 역할

### (1) 메뉴는 식음료의 마케팅 도구이다

메뉴는 고객층의 결정과 수요에 영향을 주는 중요한 마케팅 도구로서 영업의 정책이나 목적에 의하여 이윤의 극대화, 영업목표의 달성, 고정고객의 확보, 향후 영업전략을 수립하는데 유용한 수단이 된다.

### (2) 메뉴는 식음료업장의 규모와 조리능력을 결정한다

메뉴를 보면 홀과 주방 규모를 알 수 있고 또한 조리수준과 서비스를 가늠해 볼 수 있다.

### (3) 메뉴는 업장을 상징하고 분위기를 창출한다

메뉴판 표지의 업장 로고와 디자인, 색상 등은 그 업장을 상징하고 메뉴판 자체는 연출물로서 분위기를 창출한다.

### (4) 메뉴는 무언의 서비스맨(serviceman)인 동시에 세일즈맨(salesman)이다

메뉴는 고객에게 말없이 안내를 해주고, 고객은 메뉴에 의해서 주문하게 된다. 결국 메뉴는 고객에게 식음료상품을 말없이 세일즈하고 있는 것이다.

## 1.3 메뉴(판) 작성의 조건

### (1) 매력적이어야 한다

메뉴의 첫 이미지는 흥미로워야 하고, 메뉴를 보고 고객으로 하여금 먹고 싶은 충동을 유도해야 한다.

### (2) 깨끗해야 한다

메뉴 커버(cover)의 상태나 속의 프린트가 깨끗하게 인쇄되어야 한다.

### (3) 읽기 쉬어야 한다

메뉴 설명의 활자 크기나 서체가 읽기 쉬어야 한다.

### (4) 트렌드를 담아야 한다

최근 트렌드의 메뉴를 담아 고객의 욕구를 충족시켜 주어야 한다.

### (5) 세련되게 디자인해야 한다

전체적인 래이아웃(layout), 그래픽, 칼라 등 메뉴의 디자인을 통해 시각적으로 고객의 눈을 즐겁게 해야 한다.

## 1.4 메뉴 계획

### (1) 메뉴 마케팅

메뉴를 계획할 때는 마케팅적 노력이 요구된다. 우선 시장기회 및 경쟁업체를 분석한 다음 환경분석을 실시한다. 내적 환경분석에서는 ❶ 주방의 설비와 기물 ❷ 주방인원 및 조리기술능력 ❸ 식자재 조달능력 ❹ 조리시간 ❺ 업장의 수용능력 등을 고려해야 하고, 외적 환경분석에서는 ❶ 법제와 규제 ❷ 사회경제적 요인 ❸ 윤리와 종교적 요인 등을 고려해야 한다. 환경분석이 끝나면 시장세분화에 따른 표적시장을 추출하여 그 표적시장에 맞는 마케팅믹스 즉 ❶ 상품(음식) ❷ 가격 ❸ 유통 ❹ 촉진 전략을 수립해야 한다.

[그림 1-6] 메뉴 마케팅과정

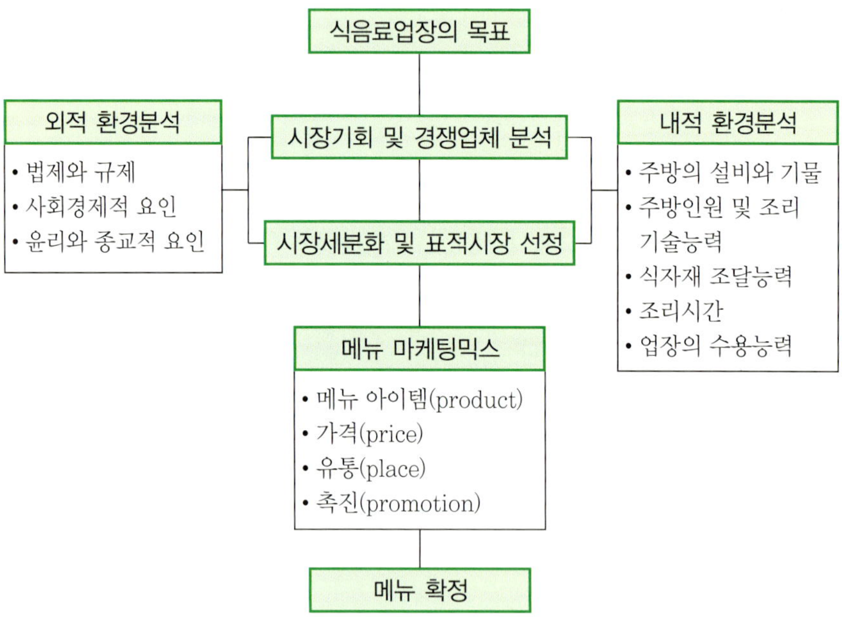


### (2) 메뉴 작성 시 주의사항

- 주방 시설과 조리사의 기술 및 인원수를 고려한다.
- 창고와 냉장고에 있는 재고를 파악한다.
- 같은 재료의 요리를 중복시키지 않는다.
- 같은 색의 요리를 중복시키지 않는다.
- 비슷한 소스를 중복해서 사용하지 않는다.
- 같은 조리방법을 두 가지 이상 같은 요리에 적용하지 않는다.
- 요리제공의 순서는 경식에서 중식으로 균형을 유지한다.

- 주 요리에 곁들여지는 부수 음식의 배합 및 배색에 유의한다.
- 계절감각과 특산물을 고려하여 작성한다.

# 2. 메뉴의 분류

## 2.1 차림에 의한 분류

### (1) 정식메뉴(table d' hote)

정식메뉴란 풀코스(full course) 형식을 말하는데 음식의 코스가 세트화되어 있고 가격도 비싼 편이다. 양식의 경우 과거에는 코스가 15가지 이상도 있었으나 현대에 와서 식사시간을 고려하여 6~9가지 코스 등으로 약식화 및 세트화되어 있다.

[표 1-6] 양식의 풀코스 순서

| 순서 | 6코스 | 8코스 | 9코스 |
|---|---|---|---|
| 전채(appetizer) | ○ | ○ | ○ |
| 수프(soup) | ○ | ○ | ○ |
| 생선(fish) |  | ○ | ○ |
| 셔벳(sherbet) |  | ○ | ○ |
| 육류(meat) | ○ | ○ | ○ |
| 샐러드(salad) | ○ | ○ | ○ |
| 후식(dessert) | ○ | ○ | ○ |
| 식후음료(coffee or tea) | ○ | ○ | ○ |
| 식후과자(praline) |  |  | ○ |

■ 정식메뉴

### (2) 일품요리(a la carte)

일품요리란 정식의 코스에서 몇 가지를 선택하여 먹을 수 있는 메뉴이다. 즉 정식으로 세트화되어 있지 않은 메뉴는 모두 일품요리라고 할 수 있다. 또한 정식요리 품목에는 없는 별도의 특정 음식을 말하기도 한다.

### (3) 뷔페(buffet) 메뉴

정식의 코스별로 음식종류를 다양하게 차려놓고 일정액을 지불하면 자유롭게 먹을 수 있는 메뉴이다. 뷔페에는 불특정 다수를 위한 상설뷔페(opened buffet)와 연회장에서 주문에 의해 제공되는 주문뷔페(closed buffet)가 있다.

## 2.2 시간별 분류

### (1) 조식(breakfast)

시간적으로는 주로 오전 7시부터 10시까지 제공되는데 양조식, 한조식, 일조식, 조식뷔페 등이 있다.

### (2) 브런치(brunch)

Breakfast와 Lunch의 합성어로서 시간적으로는 오전 10시부터 12시 사이에 제공되는 메뉴이다. 주로 휴양지 호텔에서 많이 실시한다.

### (3) 점심(lunch)

시간적으로는 오후 12시부터 3시 사이에 제공되는 메뉴이다. 대부분 메뉴판 자체에는 점심과 저녁메뉴가 구분되어 있지 않은데 점심특선형식으로 별도의 메뉴를 운용하는 경우도 있다. 격식을 갖춘 점심메뉴일 경우 '런천(luncheon)'이라고 한다.

### (4) 저녁(dinner)

시간적으로는 저녁 6시부터 10시까지 제공되는 메뉴이다. 늦은 저녁에 간단히 먹는 메뉴는 '서퍼(supper)' 라고 한다.

### 2.3 특별메뉴

#### (1) **축제메뉴**(gala & festival menu)

특정 나라의 축제일이나 기념일에 특별히 제공되는 메뉴인데 예를 들면 추수감사절 때 칠면조 요리와 같은 것이다.

#### (2) **계절메뉴**(seasonal menu)

식자재의 성숙기인 계절을 선택하여 일정 기간 운영하는 메뉴이다. 예를 들면 가을철에 송이버섯 요리를 들 수 있다.

#### (3) **오늘의 특선 메뉴**(daily special menu)

요일별로 메뉴를 다양하게 세트화하여 만든 메뉴이다. 이 메뉴의 운영상 장점은 매일 준비된 메뉴로서 신속한 서비스를 할 수 있고, 재료의 재고를 활용할 수 있으며, 고객의 흥미를 유발시켜 매출을 증진시킬 수 있다.

## 3. 메뉴가격 설정

메뉴가격은 시장에서 수요와 공급, 경쟁가격 등으로 결정되는데 다음과 같은 조건을 충족하는지 검토되어야 한다.

**첫째,** 수요를 자극할 수 있는 가격인가?
**둘째,** 경쟁력이 있는 가격인가?
**셋째,** 코스트(cost)와 이익이 균형을 이루고 있는가?

결국 가격결정의 방법은 크게 ❶ 비용지향적 가격결정과 ❷ 경쟁지향적 가격결정으로 나눌 수 있는데 상황에 따라 전략적 선택이 요구된다.

## 3.1 비용지향적 가격결정

### (1) 마진확보 방법

사전에 결정된 마진을 메뉴원가에 추가하는 방법이다. 예를 들어 메뉴원가가 10,000원이고 마진을 메뉴원가에 30%를 한다면 13,000원이 된다(10,000원 +10,000원×0.3).

### (2) 목표원가에 의한 방법

일정한 마진을 확보하기 위해서는 원가가 적절해야 하는데 원가를 목표로 하여 가격을 설정하는 방법이다. 목표원가에 의하여 가격을 결정하는 공식은 다음과 같다.

$$판매가격 = \frac{총\ 식자재비용}{식자재\ 목표원가}$$

**예제**

안심스테이크 1개를 만드는데 총 식자재비용이 8,000원 소요되고, 판매가격에 대한 식자재 목표원가를 32%로 책정했다면 판매가격은 얼마인가?

$$판매가격(X) = \frac{8{,}000원}{0.32} = 25{,}000원$$

## 3.2 경쟁지향적 가격결정

경쟁자의 가격을 고려하여 그와 비슷하게 아니면 그보다 높거나 낮게 가격을 결정하는 방법이다.

- 경쟁자와 비슷한 가격 : 원가구조나 메뉴가 유사한 경우
- 경쟁자보다 높은 가격 : 차별화된 메뉴와 서비스로써 시장 진입이 가능한 경우
- 경쟁자보다 낮은 가격 : 경쟁자의 시장을 잠식하거나 방어하기 위하여

# 제2장

# 식음료부서의 조직 및 서비스 형식

## 제1절 식음료부서의 조직과 직무

### 1. 식음료부서의 조직

식음료부서의 영업장은 크게 식당(restaurant), 연회(banquet), 주장(bar)부분으로 나누어지며, 조직도는 호텔의 규모, 특성, 직급체계 등에 따라서 차이가 있다. 대규모 특급호텔의 기준으로 조직도를 그려보면 다음 그림과 같다.

[그림 2-1] 식음료부서의 조직도

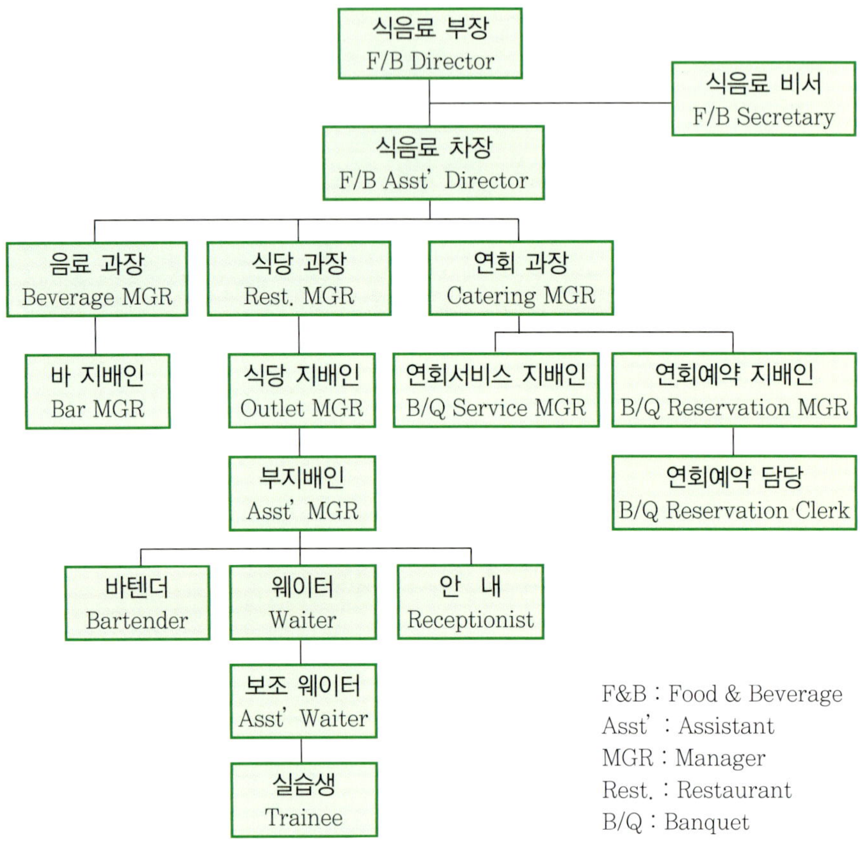


# 2. 식음료부서의 직무

## 2.1 지배인(outlet manager)의 직무

- 레스토랑의 영업을 책임지고 경영한다.
- 레스토랑을 유지 · 관리한다.
- 캡틴(captain), 웨이터/웨이트리스(waiter/waitress), 실습생(trainee) 등 부하 직원을 관리 · 감독하고 교육 · 훈련을 시킨다.
- 고객을 영접 및 환송하고 불편사항(complaint)을 처리한다.

- 직원들의 근무 스케줄 작성 및 업무분장을 한다.
- 영업 전후 업무를 체크하여 서비스에 만전을 기한다.
- 주방과 홀 직원 사이에 업무협조가 잘 되도록 조정 역할을 한다.
- 청소, 수선 등 관련 부서와의 업무협조가 잘 되도록 조정 역할을 한다.

## 2.2 접객조장(captain)의 직무

- 지배인의 업무를 보조하고 부재 시 대행한다.
- 영업시작 전에 웨이터/웨이트리스를 점검하고 서비스 담당구역(service station)을 할당한다.
- 테이블세팅 등 영업준비를 위한 제반 사항을 확인 점검한다.
- 고객을 영접하고 식음료를 주문받는다.
- 담당 웨이터/웨이트리스를 지휘하여 서비스에 만전을 기한다.
- 식사를 마친 고객에게 계산서를 제공한다.

## 2.3 접객원(waiter/waitress)의 직무

- 캡틴의 업무를 보조한다.
- 영업 전후로 자기가 맡은 업무를 충실히 수행한다.
- 자기가 맡은 테이블에 올바른 서비스의 절차에 따라 음식을 서브한다.
- 테이블세팅 및 서비스에 필요한 각종 용품을 체크한다.
- 고객이 떠난 테이블을 재정비한다.

## 2.4 실습생(trainee/busboy)의 직무

- 웨이터/웨이트리스의 업무를 돕는다.
- 식사가 끝난 접시를 주방의 접시 세척장소로 옮겨 치운다.

- 업장에서 필요한 각종 서비스 용품을 보급한다.
- 테이블세팅을 돕고 냅킨을 접는다.
- 고객에게 물, 버터, 빵, 커피, 티 등을 서브한다.
- 업장 내 테이블, 의자 등을 청소하고 기물을 닦는다.
- 테이블 클로스, 냅킨 등 린넨류를 수거하여 하우스키핑에 전달하고 필요한 수량을 수령해 온다.

## 2.5 리셉셔니스트(receptionist/greetress)의 직무

- 영접, 안내, 환송 등이 주임무이므로 환대정신을 살려 응대한다.
- 각 서비스구역에 배치된 캡틴이나 웨이터를 파악하고 테이블 번호를 숙지해야 한다.
- 웨이터/웨이트리스의 업무가 바쁠 때는 협조를 한다.
- 레스토랑의 예약업무를 수행한다. 예약을 접수할 때는 날짜, 성명(full name), 인원수, 도착시간, 연락처, 특별요구사항 등을 빠짐없이 기록한다.
- 레스토랑 입구에서 또는 전화로 고객을 찾으면 페이징 서비스(paging service)를 담당한다. 페이징 서비스란 페이징보드(paging board)에 찾는 고객의 이름을 적어 그것을 들고 레스토랑을 순회하는 서비스이다.

## 2.6 식음료 사무실의 업무

식음료 사무실에는 식음료 부서장과 사무직원이 근무하는데 다음과 같은 업무를 담당한다.

- 식음료부서의 예산 및 영업계획을 수립한다.
- 각 업장의 영업목표 및 실적 등 통계자료를 작성하고 분석한다.
- 해당 지배인 및 주방장과 협의하여 식음료 상품을 개발하고 프로모션(promotion) 계획을 수립한다.

- 식음료부서의 직원 충원요청 및 배치, 훈련 등 인사업무를 담당한다.
- 식음료부서 내 각 업장의 재물을 관리감독한다.
- 식자재 및 소모품, 기물 등을 청구한다.
- 각 업장의 지배인 및 직원들의 근무 스케줄을 취합하고 통제한다.
- 사내 문서수발 및 처리를 한다.
- 직원들의 휴일수당 및 초과수당(over time)을 신청한다.
- 식음료부서 직원들의 상담 및 고충처리를 돕는다.

## 제2절 식음료 서비스의 형식

### 1. 시스템에 의한 형식

#### 1.1 쉐프 드 랑 시스템

쉐프 드 랑(chef de rang) 시스템은 주로 프렌치 레스토랑(French restaurant)에서 프래터(platter) 서비스 형식에 적합한 조직으로서 가장 정중하고 최고급의 서비스라고 할 수 있다. 이 조직은 조장(chef de rang)을 중심으로 3명 정도의 웨이터가 한 팀이 되어 자기에게 주어진 스테이션(station)에서 담당 고객에게 서비스한다.

따라서 구성원들은 제각기 임무가 다르므로 팀워크의 조화가 잘 이루어져야 하며, 특히 프람베(flambee) 서비스는 직접 고객 앞에서 조리하는 부문이 있으므로 상당한 지식과 기술을 요한다.

[표 2-1] 쉐프 드 랑 시스템의 조직 및 역할

| 조직 | 직책 | 직무 |
|---|---|---|
| Chef de rang(쉐프드랑) | 조장 | 서비스의 선도적 역할을 하며 주문을 받고 웨곤 및 프람베 서비스를 직접 한다. |
| Demi Chef de rang (데미쉐프드랑) | 부조장 | 쉐프 드랑을 보좌하며 부재 시 대행한다. |
| Commis de rang (꼬미드랑) | 웨이터 | 쉐프 드랑이나 데미 쉐프 드랑이 조리한 것을 고객에게 서비스한다. |
| Commis de barrasseur (꼬미드바라슈) | 보조 웨이터 | 빈 접시를 운반하거나 물을 따르고 불필요한 기물제거 및 쉐프 드랑 조리 후 왜건을 철수하고 스테이션의 기물보충 등을 한다. |

### 1.2 헤드 웨이터 시스템

헤드 웨이터(head waiter) 시스템은 비교적 정중도가 떨어지고 빠른 서비스를 요하는 아메리칸 서비스(American service) 즉, 플레이트 서비스(plate service)에 적합한 것으로 인원도 쉐프 드 랑 서비스보다 적으면서 활동범위는 넓다. 이 조직은 헤드 웨이터를 중심으로 웨이터와 보조 웨이터로 구성되며 지정된 테이블 없이 전 식당 내를 서비스하는 것으로 대부분의 식당은 이 형식을 취하고 있다.

## 2. 식당 서비스의 형식

### 2.1 프래터 서비스

프래터 서비스(platter service)는 주로 은기류를 사용하므로 실버 서비스(silver service)라고도 하며, 프렌치 서비스(French service) 또는 러시안 서비스(Russian service)라고도 하는데 세계 도처의 상류급 양식당에서 많이 이용되는 형식이다. 고급식당에 들어오는 많은 고객들은 주방에서 음식을 미리 접시에 담아서 나오는 형식인 플레이트 서비스(plate service) 형식을 좋아하지 않는 경향이 있다. 따라서 카트 서비스가 적합하지 못하다고 생각될 때 이 형식을 사용하게 된다.

## 2.2 플레이트 서비스

플레이트 서비스(plate service)를 일반적으로 아메리칸 서비스(American service)라고 한다. 이 서비스의 특징은 모든 음식이 주방에서 개별접시(plate)에 담아 서브되는 형식으로 처음부터 끝까지 접시째 제공되기 때문에 빠른 서비스가 그 특징이라고 하겠다. 따라서 이 서비스 형태는 주로 커피숍이나 스낵바와 같이 빠른 회전을 요하는 식당에서 이용되며, 유럽식 레스토랑에서는 잘 사용되지 않는다.

플레이트 서비스의 장점은 서비스상의 숙련도가 많이 필요치 않기 때문에 종사원의 확보가 용이하고, 훈련하는데 시간이 많이 걸리지 않으며, 신속한 서비스가 이루어질 수 있다. 또한 주방에서 음식이 배식되기 때문에 깔끔하게 음식이 담긴 플레이트를 서비스할 수 있고, 종업원 1인당 접객할 고객의 인원수가 비교적 많다.

단점은 카트 서비스나 프래터 서비스에 비교하여 볼 때 개개인에게 우아한 서비스는 부족하며, 특별한 숙련도가 필요 없으므로 종사원들의 이직률이 높다.

## 2.3 왜건 서비스(wagon service)

프렌치 서비스(French service)라고도 불리는 이 서비스형식은 시간적 여유가 있고 유럽의 전통적인 우아한 서비스를 즐기는 미식가들과 귀족적인 서비스를 원하는 고객에게 적합한 형식이다. 이 서비스의 음식은 완전히 조리가 끝나지 않은 상태에서 식당홀로 운반되고, 왜건(혹은 게리동) 위에서 쉐프 드 랑과 꼬미 드 랑 등이 한조를 이루어 음식을 완성하여 배식하는 서비스를 한다.

## 2.4 뷔페 서비스(buffet service)

이 서비스 스타일은 차려져 있는 뷔페 테이블로부터 고객 자신이 원하는 음식을 스스로 날라다 먹는 셀프 서비스(self-service) 형식이다. 종업원은 단지 고객이 먹은 빈 접시를 치우거나 기물을 재정비 해주고 음료 등을 서비스를 한다. 뷔페 서비스 시 서비스요원은 뷔페 테이블을 수시로 살펴 부족한 음식이 없는지 점검하고, 더운 음식은 뜨거운지, 찬 음식은 적당히 냉각되어 있는지를 살펴야 한다.

뷔페 서비스는 고객이 셀프 서비스하므로 업장의 규모나 좌석수에 비해서 인원수가 적고 세심한 서비스를 요하지 않지만 진열되었던 음식이 낭비되어 식료의 원가 상승에 영향을 미치는 단점이 있다.

## 2.5 츄레이 서비스(tray service)

츄레이 서비스는 식사에 필요한 모든 기물과 음식을 쟁반(tray) 위에 차려서 제공하는 형식으로 플레이트 서비스보다 안전하고 빠른 서비스를 할 수 있다. 이 서비스의 특징은 식사 코스를 한꺼번에 츄레이에 담아서 서브하는 것이며 호텔의 룸 서비스(room service)에서 주로 사용한다.

제3장

# 식음료 접객서비스의 기본

## 제1절 첫인상 가꾸기

### 1. 첫인상의 의의

#### 1.1 첫인상의 중요성

첫인상이 중요한 이유를 심리학적 측면에서 고찰해보면 일종의 지각적 오류 현상 이론에서 찾을 수 있다. 이 이론에 의하면 사람들은 한번 판단을 내리면 상황이 달라져도 그 판단을 지속하려는 욕구를 가지고 있다는 것이다. 이를 초두효과(primacy effect) 또는 후광효과(halo effect)라고 한다.

**초두효과(primacy effect)** 먼저 들어온 정보가 나중에 들어온 정보보다 강력한 영향을 미치는 것을 말한다.

**후광효과(halo effect)** 어떤 대상을 평가할 때에, 그 대상의 어느 한 측면의 특질이 다른 특질들에까지도 영향을 미치는 일. 예를 들어 인물을 평가할 때 그 사람의 외모에서 좋은 인상을 받았을 경우 그 사람의 지능이나 성격 등도 좋게 평가하는 일 따위.

예를 들면 한 번 구겨진 인상은 좀처럼 만회하기 힘들다. 반대로 첫인상이 좋을 경우 약간 실수를 해도 좋게 넘어 가는 것이다. 결국 첫인상이 좋으면 고객이 호감을 갖고 인간관계가 지속되는 것이고, 첫인상이 좋지 못하면 거부감을 나타내는 등 인간관계에 어려움이 따른다.

첫인상이 중요한 또 다른 이론은 인지적 구두쇠이론을 들 수 있다. 인상형성에서 사람들은 상대를 판단할 때 장시간 관찰하거나 노력하여 판단하는 것이 아니라 가능하면 적은 시간과 노력을 덜 들이면서 결론에 이르려고 한다는 것이다. 일반적으로 첫인상이 형성되는 시간은 약 4초 정도라고 한다.

## 1.2 첫인상의 결정요인

첫인상은 첫눈에 들어오는 용모, 자세, 인사, 미소와 표정, 대화, 경어사용 등을 통해서 결정된다.

[그림 3-1] 첫인상의 결정요인

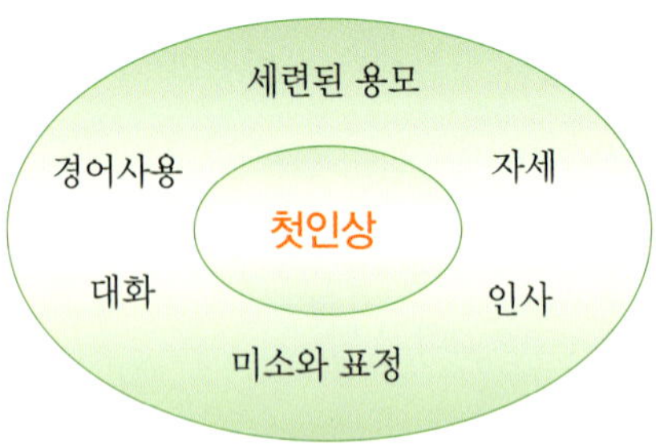

## 1.3 첫인상 가꾸기 실제

### (1) 자신을 긍정적으로 평가하라

고객에게 첫인상을 좋게 하기 위해서는 우선 자기 자신을 긍정적으로 평가하고 자신에게 호의적인 감정을 가져야 한다. 자신에 대한 긍정적인 모습과 호의적인 감정은 고객에게 긍정적이고 호의적인 첫인상으로 전달된다.

### (2) 자신감과 자부심을 가져라

자신의 능력과 미래에 대하여 자신감을 가지고, 또한 자신이 하는 일에 자부심을 가질 때 고객에게 자신 있는 첫인상을 보여줄 수 있다. 만약 자신의 일에 자신감과 자부심이 없다면 고객에게도 그런 첫인상을 줄 수밖에 없다.

### (3) 이미지를 연출하라

고객을 접객하기 전에 자신의 이미지를 연출해야 한다. 연극배우가 무대에 올라올 때는 평상시 얼굴과 복장으로 등장하는 것이 아니다. 따라서 고객을 접객하기 전에는 기본적으로 여성의 경우 맨 얼굴보다는 적당한 메이크업을 하고 머리를 단정히 손질하며, 남성의 경우 면도를 말끔하게 해야 한다. 또한 유니폼은 깨끗한지 단추가 떨어진 곳은 없는지, 헤어진 곳은 없는지 등을 꼼꼼하게 체크한다. 이와 같은 용모는 시각적으로 첫인상을 결정한다는 점에서 고객을 응대하기 전에는 거울을 자주 보는 습관을 길러야 하고, 자신을 가꾸는데 시간을 투자할 필요성이 있다.

### (4) 미소를 가꾸어라

밝은 표정과 미소를 띤 얼굴은 첫인상에 결정적인 역할을 한다. 따라서 평소에도 미소를 짓는 연습이 필요하다.

### (5) 고객과 시선을 맞추고 눈으로 대화하라

고객과의 대면에서는 반드시 시선을 맞추어야 한다. 서류나 컴퓨터, 또는 동료직원과 대화를 하면서 고객을 맞이해서는 안 된다. 따라서 고객과의 대화를 하기 전에 먼저 눈으로 대화할 수 있어야 한다.

### (6) 몸으로도 말을 하라

고객과의 커뮤니케이션 과정에는 비언어적인 바디 랭귀지나 제스처가 큰 비중을 차지한다. 아무리 미소가 좋고 언어가 좋아도 꼿꼿이 선 자세에서 입으로만 하는 것은 딱딱한 인상을 줄 수 있다. 따라서 적절한 바디 랭귀지나 제스처를 상황에 맞게 할 수 있어야 한다. 특히 사물을 가리킬 때나, 방향을 안내할 때는 적절한 몸으로 대화를 할 수 있어야 한다.

# 2. 용모와 복장

## 2.1 용모와 복장의 중요성

호텔에 종사하는 직원은 고객에게 좋은 서비스와 이미지를 제공하기 위해서 깨끗하고 단정한 용모와 복장을 갖추어야 한다. 용모와 복장은 고객접점에서 첫 인상을 좌우할 뿐만 아니라 고객의 구매심리에도 큰 영향을 준다. 아무리 전문적인 서비스 기술을 갖고 있다고 하여도 용모와 복장이 불결하다면 훌륭한 서비스 요원이 될 수 없는 것이다. 호텔에서 용모와 복장에 신경을 쓰는 것은 이러한 것도 대고객 서비스이고, 상품으로 간주하기 때문이다.

또한 호텔에서는 일선에 근무하는 서비스요원들에게 통일된 유니폼을 착용하게 하는데 그 목적은 ❶ 호텔의 이미지 향상 ❷ 직책에 대한 긍지 ❸ 규율에 대한 엄수 ❹ 고객에 대한 서비스 ❺ 행동의 동일성을 위한 것이다. 또한 유니폼은 서비스의 고급화와 차별화를 시도하는데 유용한 수단이 되기도 한다.

## 2.2 용모

호텔에서 접객 서비스의 기본적인 용모기준은 〈표 3-1〉, 〈표 3-2〉와 같다.

[표 3-1] 남자의 용모와 복장

| 성별 | 구분 | 세부사항 |
|---|---|---|
| 남 | 두발 | • 뒷머리가 셔츠의 깃을 넘어서는 안 된다.<br>• 옆머리는 귀를 덮어서는 안 된다.<br>• 앞머리는 이마를 덮지 않고 보여야 한다.<br>• 항상 세발을 하여 청결을 유지한다.<br>• 빗을 가지고 다니면서 자주 거울을 대한다.<br>• 염색을 해서는 안 된다. |
| | 얼굴 | • 매일 면도를 하여 깔끔한 인상을 주어야 한다.<br>• 콧수염이 나오지 않도록 자주 자른다.<br>• 향이 강한 화장품을 사용하지 않는다.<br>• 시력이 안 좋은 경우 안경보다는 콘택즈 렌즈가 좋다.<br>• 얼굴에 상처가 나지 않도록 주의하고 반창고를 붙이고 업장에 나가지 않는다.<br>• 식후에는 반드시 양치질을 한다. |
| | 손 | • 손은 고객에게 자주 노출되므로 청결을 유지한다.<br>• 손톱은 짧게 깎는다. |
| | 유니폼 | • 항상 깨끗하고 정해진 것을 착용한다.<br>• 단추 및 바느질의 상태를 유의해서 입는다.<br>• 상의나 바지의 포켓에 불필요한 것을 넣지 않는다.<br>• 명찰은 지정된 위치(왼쪽 가슴)에 단정히 달아야 한다.<br>• 셔츠는 다림질이 잘 된 것만 착용하고, 소매끝이나 깃이 너러워졌는지 유의해서 입는다.<br>• 셔츠 소매의 길이는 상의보다 3~5mm 정도 나오는 것이 알맞다.<br>• 셔츠의 옷자락이 바지 밖으로 나오지 않도록 유의한다. |
| | 구두<br>양말 | • 검정색 구두를 착용하고, 광택이 나야 한다.<br>• 뒷굽이 달았거나 장식이 요란한 구두를 착용하지 않는다.<br>• 양말은 검정이나 감청색을 신어야 한다. |
| | 기타 | 귀걸이, 목걸이 등의 액세서리는 하지 않아야 하고, 개인 정보통신기기를 근무 중에 소지해서는 안 된다. |

[표 3-2] 여자의 용모와 복장

| 성별 | 구분 | 세부사항 |
|---|---|---|
| 여 | 두발 | • 머리는 얼굴형에 어울리게 하나 요란한 퍼머와 염색은 안 된다.<br>• 긴 머리는 단정하게 묶어 흘러내리지 않아야 한다.<br>• 항상 세발을 하여 청결을 유지한다. |
| | 얼굴 | • 화장은 진하거나 야하지 않게 한다.<br>• 아이섀도는 자연스럽게 하고, 속눈썹은 달지 않는다.<br>• 향이 강한 화장품을 사용하지 않는다.<br>• 시력이 안 좋은 경우 안경보다는 콘택즈렌즈가 좋다.<br>• 얼굴에 상처가 나지 않도록 주의하고 반창고를 붙이고 업장에 나가지 않는다.<br>• 식후에는 반드시 양치질을 한다. |
| | 손 | • 손은 고객에게 자주 노출되므로 청결을 유지한다.<br>• 손톱은 짧게 깎는다.<br>• 매니큐어를 할 때는 무색이나 눈에 잘 띄지 않는 색상을 한다. |
| | 유니폼 | • 항상 깨끗하고 정해진 것을 착용한다.<br>• 단추 및 바느질의 상태를 유의해서 입는다.<br>• 명찰은 지정된 위치(왼쪽 가슴)에 단정히 달아야 한다.<br>• 블라우스는 다림질이 잘 된 것만 착용하고, 소매끝이나 깃이 더러워졌는지 유의해서 입는다.<br>• 블라우스의 옷자락이 스커트 밖으로 나오지 않도록 유의한다. |
| | 구두<br>스타킹 | • 회사에서 지정된 유니화를 착용한다.<br>• 개인적으로 신을 때는 검정색이 무난하다.<br>• 뒷굽이 달았거나 장식이 요란한 구두를 착용하지 않는다.<br>• 스타킹은 엷은 살색을 신어야 하고, 올이 나가거나 흘러내리지 않아야 한다. |
| | 기타 | 귀걸이, 목걸이, 반지 등의 액세서리는 원칙적으로 하지 않아야 하고, 만약 하더라도 화려하지 않은 심플한 것으로 한다. 그리고 개인 정보통신기기를 근무 중에 소지해서는 안 된다. |

# 3. 인사 및 미소와 표정

## 3.1 인사

인사는 대고객 서비스의 출발점이며 척도이다. 인사는 고객이 오면 친절히 정성을 다하여 모시겠다는 의미로서, 나갈 때는 감사의 표시로서 해야 하며, 인사를 할 때는 진심으로 환대하는 마음이 전달되어야 하고, 정중하면서 예의 바르게, 밝고 상냥하게 해야 한다. 인사를 잘하는 사람 중에 불친절한 사람 없고, 친절한 사람 중에 인사 못하는 사람 없다. 인사의 자세와 요령은 다음 표와 같다.

[표 3-3] 인사의 자세 및 요령

| 차원 | 차원 | 차원 | 차원 |
|---|---|---|---|
| 인사의 각도 | 15도 | 30도 | 45도 |
| 인사의 속도 | 구부린 다음 바로 폄 | 구부린 다음 1초 동안 멈추었다가 폄 | 구부린 다음 1초 동안 멈추었다가 폄 |
| 용도 | 고객이 들어올 때 환영 인사 | 고객이 나갈 때 감사의 인사 | 고객에게 사과하거나 특별히 도움을 받았을 때 |
| 시선 | 발끝에서 2미터 앞 | 발끝에서 1미터 앞 | 발끝 |
| 양손의 위치 (女右男左) | • 여자는 오른손을 왼손에 얹어 아랫배에 가볍게 댄다.<br>• 남자는 왼손을 오른손에 얹어 아랫배에 가볍게 대거나 차렷 자세에서 주먹을 가볍게 쥐고 바지의 재봉선에 갖다 댄다. | | |
| 발 | 뒤꿈치를 붙이고 30~45도 정도 벌린다. | | |
| 표정 | 가볍게 미소를 띈다. | | |
| 다리 | 곧게 편다. | | |
| 히프 | 뒤로 빼지 않도록 한다. | | |
| 허리와 머리 | 허리에서 머리까지 일직선을 유지한다.(머리만 숙이거나 허리만 굽히지 않도록 한다) | | |
| 주의사항 | 눈을 치켜뜨지 말아야 한다. | | |

■ 인사의 6단계

(1) 자세를 갖춘다.
(2) 적정거리를 유지한다(일반적으로 6보 앞).
(3) 얼굴을 마주하고 눈을 쳐다본다.
(4) 미소를 짓는다.
(5) 호칭과 함께 적절한 인사말을 한다.
(6) 자연스럽게 머리를 숙인다.

## 3.2 미소

미소를 지닌 표정은 첫인상과 이미지를 결정한다. 첫인상은 처음 대면 후 5초를 전후해 80%가 결정되며, 첫인상이 좋아야 그 이후의 대면이 호감있게 진행된다. 좋은 표정은 미소를 띤 밝은 얼굴로서 본인뿐만 아니라 자신의 회사에게도 이미지를 상승시켜 준다.

우리 속담에 '웃는 얼굴에 침을 뱉지 못한다' 는 말이 있다. 즉, 고객에게 범한 조금만 실수는 미소로서 커버할 수 있다. 결국 미소는 얼음이나 무쇠도 녹일 수 있는 마력을 지니고 있는 것이다. 미소가 없는 사람은 서비스요원으로서 자격이 없으며, 미소는 백 마디 친절한 말보다 더 큰 위력을 가지고 있다. 아무리 뛰어난 외모도 미소를 띤 평범한 얼굴보다는 못하고, 인공화장품은 하루만 지나면 그 빛이 사라지지만 미소와 같은 천연 화장품은 영원하다. 서비스 일류기업의 친절성은 미소로부터 출발하고 있으며, 미소는 만국 공통어이기도 하다. 따라서 좋은 미소를 짓기를 위해서는 자주 거울을 대하면서 연습을 해야 할 것이다.

# 4. 대화법과 호칭

## 4.1 대화법

### (1) 말할 때의 기본자세

말을 할 때의 기본자세는 밝게, 상냥하게, 아름답게 해야 한다는 마음의 자세를 갖추어야 한다. 말을 할 때는 정확한 발음, 밝은 목소리, 적당한 속도, 적정한 음의 고저를 유지하고, 심한 사투리, 속어, 비어, 유행어는 삼가야 한다. 또한 비꼬거나 빈정대는 말을 해서는 안 되고 기분이 상하지 않게 돌려 말한다.

특히 대화를 할 때 턱을 올렸을 경우는 매우 근엄한 목소리가 나오고, 턱을 지나치게 내렸을 경우 자신감이 없어 보인다. 고객과의 대화에서는 얼굴을 약간만 숙인 자세가 좋다.

### (2) 반토막 말 사용금지

"미안해요", "잠깐만요", "알았어요" 등의 반토막 말을 해서는 안 된다. 이 말에서 "요"를 빼버리면 반말이 되는 것이다. 따라서 다음과 같이 완전한 말을 해야 한다.

| 〈잘못된 표현〉 | | 〈바른 표현〉 |
|---|---|---|
| "미안해요" | → | "미안합니다" |
| "잠깐만요" | → | "잠깐만 기다려 주시겠습니까?" |
| "알았어요" | → | "알겠습니다." |
| "안녕하세요" | → | "안녕하십니까?" |

### (3) 완곡한 표현법(쿠숀 화법) 사용

단정적인 표현보다는 완곡한 표현을 사용하여 고객에게 부드러운 인상을 심어 주어야 한다.

| 〈단정적인 표현〉 | | 〈완곡한 표현〉 |
|---|---|---|
| "할 수 없습니다." | → | "죄송합니다만 하기 어렵습니다." |
| "~하여 주십시오." | → | "~해 주시겠습니까?" |
| "무슨 용건입니까?" | → | "무엇을 도와드릴까요?" |

### (4) 긍정적인 단어 사용

부정적인 단어보다는 보다 긍정적인 단어를 사용하여 고객으로 하여금 기분이 나쁘지 않도록 한다.

■ **따지길 좋아하는 사람에게**
→ "손님(고객님)은 아주 논리적이시군요"

■ **고집이 센 사람에게**
→ "손님(고객님)은 소신이 있고 자기 주관이 뚜렷하시군요"

■ **우유부단한 사람에게**
→ "손님(고객님)은 신중하시군요"

■ **약삭빠른 사람에게**
→ "손님(고객님)은 아주 센스가 있으시군요"

### (5) 마이너스 · 플러스 화법

마이너스 · 플러스 화법이란 같은 뜻이라도 앞의 말을 부정적으로 하고, 뒷말을 긍정적으로 표현하여 상대방에게 기분이 좋게 들리게 말하는 것이다.

| 플러스 · 마이너스(+ · −) 화법 | 마이너스 · 플러스(− · +) 화법 |
|---|---|
| "음식은 최고이지만 값이 비쌉니다" | "값은 비싸지만 음식은 최고입니다" |
| 4개를 약속하고 3개를 주는 것 | 2개를 약속하고 3개를 주는 것 |

[표 3-4] 서비스요원의 7대 금지용어

| 금지용어 | 대체용어 |
|---|---|
| "안 됩니다."또는 "곤란합니다." | "죄송합니다만 …" |
| "제 소관이 아닙니다." | "제가 할 수 있는 일은 …" |
| "잘 모르겠습니다." 또는 "글쎄요." | "제가 최선을 다해 알아보겠습니다." |
| "제 잘못이 아닙니다." | "저희가 잘못했습니다, 제가 기꺼이 도와 드리겠습니다." |
| "지금은 바쁩니다." | " 잠깐만 기다려 주시겠습니까?" |
| "다시 전화 주십시오" | "제가 다시 전화를 드리겠습니다." |
| "다음에 오세요" | "저희가 부족했습니다. 다음에 오시면 …" |

## 4.2 고객호칭

아는 고객일 경우는 그 고객의 직함에 '님' 자를 붙여 불러주면 좋으나 모르는 고객을 호칭할 때는 '손님' 이나 '고객님' 이 무난하다. 만약 40대 이상의 남자고객일 경우는 '선생님' 이나 '사장님' 이란 호칭을 사용하는 것이 좋으며, 여성에게는 가족이나 부부 동반 시는 '사모님' 이라고 불러주고, 혼자일 경우는 '손님' 또는 '고객님' 으로 불러야 한다. 왜냐하면 그 여성이 독신일 수도 있기 때문이다.

# 제2절 안내 및 물/메뉴 제공

## 1. 안내

호텔 식음료 각 업장에서는 지배인과 리셉셔니스트(receptionist)가 입구에서 고객의 안내 업무를 담당하게 되는데 그 요령은 다음과 같다.

### 1.1 입구에서의 안내

- 영접을 할 때는 밝은 얼굴로 신속하게, 친절하고 편안하게 맞이한다.
- 적절한 인사말과 함께 인사를 한다.
- 단골고객의 경우 이름이나 직함을 불러 친밀감을 표현한다.
- 예약 여부를 확인한다.
- 예약고객이 아닌 경우 인원수를 확인한다.

### 1.2 좌석안내

- 고객보다 대각선 방향으로 두발 정도 앞장서서 안내를 한다.
- 예약고객일 경우 사전에 준비된 테이블로 안내한다.
- 예약 테이블은 사전에 시간, 인원수, 특별주문사항 등을 확인하고 '예약석(RESERVED)' 이라는 푯말을 눈에 잘 띄는 곳에 놓아둔다.
- 테이블이 여유가 없을 경우 웨이팅 룸(waiting room)으로 안내하고 예상시간을 언급한 후 순서에 따라 좌석배정을 한다.
- 고객이 좌석에 착석을 하고자 할 때는 의자를 빼드리고 착석 시 가볍게 밀어준다.

- 서로 모르는 고객을 가능한 합석시켜서는 안 되고 부득이할 경우는 양 고객에게 양해를 구해야 한다.
- 홀의 한쪽으로 편중되지 않도록 좌석안배를 한다.
- 젊은 남녀고객은 벽 쪽 조용한 테이블로 안내한다.
- 멋있고 호화로운 고객은 홀의 중앙으로 안내하여 다른 고객으로 하여금 주의를 끌도록 한다.
- 같은 옷 또는 유사한 옷을 입은 사람(특히 숙녀)은 서로 떨어진 좌석으로 안내한다.
- 남녀를 불문하고 혼자 오신 고객은 벽 쪽의 전망이 좋은 창가 테이블로 안내한다.
- 연로한 고객, 지체부자유한 고객은 입구에서 가까운 테이블로 안내한다.
- 내국인과 외국인을 분리하여 좌석배정을 하지 않는다.

## 2. 물과 메뉴 제공

### 2.1 물 제공

고객이 테이블에 안내되어 착석하게 되면 가장 먼저 물 서비스가 이루어진다. 호텔에서 물은 대부분 차게 서브하므로 워터 피처(water pitcher)에 얼음물을 넣고 물을 채운 다음 서브하게 되는데 서비스 요령은 다음과 같다.

- 물 잔이 고객의 오른쪽에 있기 때문에 고객의 오른쪽에서 서비스한다.
- 한 잔의 물의 양은 2/3 정도가 적당하다.
- 암 타월을 준비하여 흐르는 물기에 대비하여야 한다.
- 워터 피처가 물 잔에 닿지 않도록 한다.
- 고객이 물을 마셔 2/3 이하로 줄었을 때는 확인 즉시 2/3 정도를 보충(refill)해 준다.

### 2.2 메뉴 제공 및 설명

메뉴판을 제시하기 전에는 메뉴판에 볼펜자국 또는 더럽거나 찢어진 부분 등이 있는지 청결상태를 먼저 점검한다. 그리고 고객의 왼쪽에서 메뉴를 제시하면서 "메뉴 보시겠습니까?"하고 말을 건네고, 개인당 한 장씩 모두에게 주어야 한다.

메뉴를 설명할 때는 손등을 보이는 것이 아니라 손바닥이 보이도록 하여 가리킨다. 손가락으로 가리키게 되면 권위적이고 위협적으로 보이게 된다.

(O)

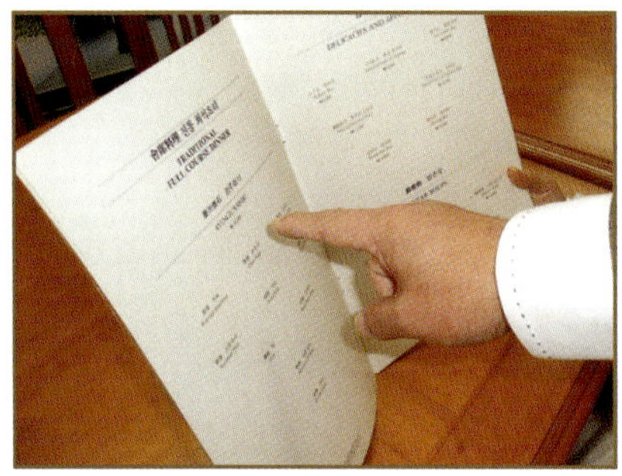

(X)

## 제3절 대기자세와 주문받기

## 1. 대기자세

### 1.1 대기자세의 의의

대기자세는 고객이 오는 것을 기다리거나 고객이 어떠한 요구사항이 있을 시 즉각 대응하여 서비스를 해주는 준비 자세이다. 올바른 대기자세를 통하여 고객이 무엇을 원하는가? 더 필요한 서비스는 없는가? 주시하면서 고객이 부르기 전에 먼저 알아서 해주는 서비스가 요구된다. 대기자세의 요령은 손을 앞으로 모아야 하는데 여자는 오른손, 남자는 왼손을 위로 올리며, 다리는 약 10cm 정도 벌려서 몸의 균형을 잡는다.

■대기자세의 모습

■암 타월을 걸쳤을 때 대기자세

## 1.2 대기 시 주의사항

- 직원 간 2명 이상이 모여 사담을 나누어서는 안 된다.
- 기침, 재채기, 코웃음 등 큰 소리를 내어서는 안 되며, 하품도 금물이다.
- 벽, 기둥, 판매대, 카운터 등에 기대거나 의자나 테이블에 의지해서는 안 된다.
- 대기의 위치는 홀(hall) 전체를 볼 수 있는 곳이어야 하고, 고객에게 등쪽을 보여서는 안 된다.
- 고객의 복장이나 갖고 있는 물건을 아래위로 쳐다본다거나 곁눈질해서는 안 된다.
- 고객을 손가락으로 가리켜서는 안 된다.
- 뒷짐을 지거나 팔짱을 껴서는 안 된다.
- 대기 중에 얼굴이나 머리 등에 손을 대지 않는다.
- 발을 떨지 않는다.

# 2. 주문받기

## 2.1 주문의 의의와 받는 자세

### (1) 주문의 의의

주문은 고객의 구매 행위이며, 메뉴라는 매개체를 통하여 이루어지고, 주문받는 것은 판매행위이다. 주문을 하고 받는 행위는 고객과의 상품거래에 대한 계약 행위라고 할 수 있으므로 이 과정에서 판매를 담당하는 서비스 요원은 서비스(service)와 환대(hospitality)를 판다는 것을 잊어서는 안 된다. 따라서 주문을 받을 때는 예의를 갖추고 정중한 자세로 친절하면서 세련되게 주문을 받아서 고객을 만족시켜 주고, 자기 업장의 매출증가에도 일조가 되도록 노력하여야 한다.

### (2) 주문받는 자세

식음료를 주문받을 때는 고객지향의 판매가 되도록 하여야 하는데 고객이 만족스럽게 자기 업장의 상품을 구매할 수 있도록 적극 조언하고 도와주어야 한다. 주문받는 자세는 다음과 같다.

- 고객의 요구에 민첩하게 대응한다.
- 메뉴의 재료와 조리방법을 숙지하고 있어야 한다.
- 고객의 취향에 따라 권유하고 추천할 수 있는 메뉴를 준비하고 있어야 한다.
- 상품에 대한 설명은 간단명료하면서 정확하게 한다.
- 고객의 흥미를 끌 수 있도록 한다.
- 고객보다 아는 체 해서는 안 된다.
- 고압적인 자세를 보여서는 안 된다.
- 고객으로부터 오해를 사는 행위나 교묘한 속임수를 쓰지 않아야 한다.

## 2.2 주문받는 요령

### (1) 주문받는 기법

- 고객의 왼쪽에서 주문을 받는다(예외도 있음).
- 항상 볼펜과 주문지(orderslip)를 준비하여 받아 적도록 한다.
- 주문받는 순서는 호스트(host)의 왼쪽 시계 방향으로 받되 숙녀 우선(lady first)에 유의한다. 여자가 복수일 때는 연장자순, 남자도 복수일 때는 연장자순으로 받은 다음 호스티스(hostess), 호스트(host) 순으로 받는다.
- 주문을 받는 자세는 바른 자세에서 고개를 약간 숙여서 받는다.
- 주문은 정확하고 잘 알아볼 수 있도록 기록한다.
- 주문받은 사항을 복창(repeat)하고 재확인하여 상호 간의 실수가 없도록 한다.
- 가능한 그날의 요리(daily menu)를 권유하고, 준비가 안 되는 요리가 있는지 매일 점검하고 정확히 알고 있어야 한다.
- 고객이 준비가 안 되는 메뉴를 요구할 시 절대 부정적인 말을 해서는 안 되고, 고객이 불평하지 않도록 잘 유도한다.

**사례** **고객이 주문한 메뉴가 준비 안 되었을 경우 대처 요령**

**예1** "죄송합니다. 이 메뉴는 사정상 오늘 준비가 되지 않습니다. OO메뉴는 저희 주방장이 특별히 추천하는 요리이고, 맛도 좋으니 한 번 드셔보시지요.

**예2** "죄송합니다. 이 메뉴는 사정상 오늘 준비가 안 됩니다. 어떻게 하죠. 마침 오늘 신선한 OOO가 들어왔는데 한 번 드셔보시지요.

**예3** "죄송합니다. 다음에 오시면 더욱 정성껏 준비하여 제공해 드리겠습니다.

- 고객이 둘 이상인 경우는 계산서의 작성은 한 장(one bill)으로 할 것인지 각각(separate check)으로 할 것인지 확인해야 한다.(특히 외국인의 경우)
- 주문을 받은 후에는 "감사합니다"라고 주문에 대한 고마움을 표시해야 한다.
- 요리에 대한 주문이 끝나면 음료 리스트(beverage list)나 와인 리스트(wine list)를 준비하여 식전주(aperitif)나 와인을 주문받도록 한다.
- 주문서(전표) 3매 중 원본은 주방이나 바(bar)로 보내고 복사지 하나는 고객에게, 다른 하나는 캐셔(cashier)에게 보낸다.

### (2) 추천 요령

고객은 메뉴를 결정할 때 망설이는 경향이 있으며, 더구나 자세한 내용을 잘 모르고 있을 때는 더욱 그러하다. 이럴 때는 판매 위주가 아닌 권유 판매(suggestive selling)를 통하여 고객의 결정을 용이하게 해준다.

추천 요령은 고급 손님이나 비즈니스(business) 고객일 경우 고가품부터 추천하고 가족 모임의 경우 중간 가격품목부터 추천한다. 단골 고객일 경우는 기호를 잘 파악하여 그에 맞는 메뉴를 추천한다. 그리고 가능한 오늘의 특별 요리나 계절별 특별 요리를 추천하여 재료의 효율화를 기하고 만약 고객이 선택을 못하고 망설일 경우는 한두 가지 품목을 구체적으로 선정하여 추천한다.

### (3) 업 셀링 요령

업 셀링(up selling)은 매출을 극대화시킬 수 있는 종사원의 판매기술이다. 한 번 주문받았다고 해서 판매행위가 완료된 것은 아니다. 유실된 매출을 찾아야 한다. 즉, 고객의 추가 주문은 없는지, 주문의 더 판매할 수 있는 부분은 없는지 잘 파악하여 적시에 접근하여야 한다. 단, 강매하는 인상을 주어서는 안 된다. 업 셀링할 때의 마음자세는 다음과 같다.

첫째, 판매에 주저하지 말아야 한다. 주문하도록 도와주는 그 자체가 서비스이다.

둘째, 가격을 걱정하지 말아야 한다. 이미 호텔에 왔을 때는 사전에 가격에 대한 정보를 가지고 있다.

셋째, 모두가 다 좋다고 말해서는 안 된다. 고객은 구체적인 것을 추천해 주기를 원한다.

넷째, 'No' 라는 단어에 두려워해서는 안 된다. 만약 고객이 마음에 들어하지 않으면 다른 것을 추천하면 된다.

사례 **Up Selling**

예1 **주스(juice)를 주문할 때**

주스에는 캔(can) 주스와 生(fresh)과일 주스가 있는데 fresh juice가 생과일을 사용하여 가격이 훨씬 높으므로 되도록 이 주스를 유도한다. 손님은 can과 fresh의 구별없이 주스를 주문하는 경우가 종종 있는데 이때 "신선한 fresh로 드릴까요?"하면 대부분 긍정적인 반응을 보인다.

예2 **맥주를 추가 주문받는 요령**

빈 맥주병을 제거할 때는 반드시 "한 병 더 하시겠습니까?"하고 여쭌다. 생각이 없었는데 권유하는 바람에 추가 주문하는 경우도 있다.

예3 **음식 주문을 받고 나서**

음식을 주문받고 나서는 식전주(aperitif)를 권유한다. "식사 전에 간단한 칵테일이나 음료수 한 잔 하시겠습니까?" 또는 "음식이 나오기까지는 시간이 걸리므로 간단한 음료수나 맥주 한 잔 하시겠습니까?"하는 식으로 Up Selling을 한다.

## 2.3 주문기록 시 주의사항과 약어 사용

### (1) 주문기록 시 주의사항

주문기록 시 조리사가 잘 알 수 있도록 쉽고 깨끗하게 기재하고, 글씨를 날려쓰거나 이중으로 기재하지 않는다. 주문지의 지정된 칸에 테이블 번호, 인원수,

주문 사항, 주문자의 이름을 기입하고 서비스 요원과 주방 요원이 인정된 약어(abbreviation)만을 사용한다. 만약 조리상 설명이 복잡할 경우 주방에 직접 구두로 설명하고 확실치 못한 사항은 양해를 구하고 다시 한번 고객에게 물어보고 반복 확인하여야 한다.

### (2) 약어 사용

메뉴에 나와 있는 각종 요리명은 대부분 길게 설명되어 있다. 고객의 요리 주문 시 주문지에 긴 설명의 요리명을 기록한다는 것은 무리이므로 서비스 요원과 주방 또는 바(bar) 요원 사이에 통하는 약어(abbreviation)를 사용하게 된다. 약어는 요리의 종류가 다양하고, 호텔마다 약속이 서로 다르므로 공식화되어 있지 않지만 대체로 선정 기준은 부수적으로 곁들이는 요리 설명은 생략하고 주요리를 중심으로 정한다.

[표 3-5] **약어의 사례**

| 주메뉴 | 약어(abbreviation) |
|---|---|
| Shrimp Cocktail | ShC |
| Fruit Cocktail | FrC |
| Orange juice | O/J, OJ |
| Tomato Juice | T/J, TJ |
| Roast Beef | RB |
| Hamburger | Burg |
| Cheese Burger | C Burg |
| Hamburger Steak | Burg S, Burg STK |
| Fillet Mignon Burger | FM STK |
| Sirloin Steak | S STK |
| Ham & Cheese Sandwich | HCs |
| Tuna Sandwich | Ts |
| Coffee | Co, Cof |

| 주메뉴 | 약어(abbreviation) |
|---|---|
| Tea | T |
| Ice Tea | IT |
| Milk | M |
| Apple Pie | A pie |

육류를 주문받고 익힌 정도를 표기할 때 레어(rare)는 Ⓡ, 미디엄(medium)은 Ⓜ, 웰단(well done)은 Ⓦ로 표기한다.

예를 들어 'Sirloin Steak'를 'Medium'으로 주문하였을 경우 약어 표기를 'S STK-Ⓜ'으로 한다.

## 제4절 계산서 취급/고객불평처리/환송

### 1. 계산서 취급

#### 1.1 계산서 확인 및 제공

계산서를 제공하기 전에 먼저 테이블 번호를 확인한다. 그리고 제공된 품목과 수량 및 가격을 확인한 다음 캐셔(cashier)에게 계산서를 발부받아 빌 홀더(bill folder)에 넣어서 호스트 테이블 위에 정중히 제공한다. 커피숍을 제외한 대부분의 호텔 레스토랑에서는 테이블 계산을 원칙으로 하고 있다.

## 1.2 결제방법에 의한 처리

호텔 레스토랑에서 고객이 식사를 하고 요금을 결제할 때는 일반적으로 현금, 신용카드, 객실후불 등 3가지의 방법으로 하게 된다. 이에 대한 각각의 처리 요령은 다음과 같다.

### (1) 현금 지불 시

고객이 준 돈의 금액과 계산서 상의 합계액을 비교 체크하여 계산서와 현금을 캐셔에게 가져간 다음 캐셔의 회계처리가 끝나면 빌 홀더에 영수증과 거스름돈을 넣어 고객에게 다시 갖다 준다.

### (2) 신용카드 지불 시

먼저 계산서를 제시하고 카드를 요구한다. 계산서와 카드를 캐셔에게 가져가고 캐셔가 카드 슬립의 작성을 끝내면 카드 슬립과 카드를 빌 홀더에 넣어 고객에게 돌려 드리고 슬립 위에 사인을 받는다. 사인이 된 슬립 3장 중 맨 마지막 장은 고객에게 드리고 나머지 2장은 캐셔에게 반납한다.

### (3) 객실후불

객실투숙 고객이 레스토랑을 이용하게 되면 대부분 체크아웃(checkout)할 때 객실요금과 한꺼번에 계산하기 위하여 객실후불로 결제를 하게 된다. 이때 반드시 계산서에 ❶ 고객의 이름 ❷ 룸 넘버(room number) ❸ 사인을 받는다. 캐셔는 단말기를 통해서 객실투숙 여부를 확인하고 계산서를 프런트 캐셔에게 넘겨 체크아웃할 때 요금을 받도록 한다.

# 2. 고객불평처리

## 2.1 고객불평처리의 의의와 중요성

컴플레인(complaint)이란 고객이 상품을 구매하는 과정에서 또는 구매한 상품에 관하여 품질이나 서비스 불량 등을 이유로 불만과 불평을 제기하는 것으로, 호텔 식음료 업장에서 종종 발생하는 사항이다. 이러한 고객의 불평불만을 처리하는 것을 '컴플레인 핸들링(complaint handling)' 이라고 한다.

호텔식음료업장에서는 고객의 불만이나 불평은 자주 발생하게 되는데 이것을 잘 해소하지 못하면 그 고객은 영원히 돌아오지 않을 것이고, 또한 그들이 주변에 부정적인 구전을 전파하기 때문에 많은 잠재고객까지도 잃을 수 있다.

따라서 고객의 불만이나 불평을 적시에 만족하게 처리해 주어야 하는데 이를 위해서는 사전에 대응책을 마련하고 숙지하고 있어야 한다. 또한 빈번하게 발생되는 불평 사례를 모아 케이스 스터디(case study)를 통하여 훈련하고, 적절한 대응책을 표준화하여 대비 자세를 갖추어야 한다.

**사례** 호텔 식음료업장에서 발생하는 주요 컴플레인 사례

1. 주문 내용과 다른 식음료가 제공되었을 경우
2. 주문 후 늦은 식음료 서비스
3. 호출이나 요구사항에 대응을 하지 않거나 늦은 서비스
4. 계산이 잘못 되었을 경우
5. 주문한 식음료에 이물질이 들어갔을 경우
6. 퉁명스러운 서비스를 했을 경우
7. 접시나 글라스가 깨졌거나 이물질이 묻었을 경우
8. 고객의 옷에 식음료를 쏟았을 경우
9. 음식의 온도, 맛 등이 불만족하였을 경우

10 가격 등에 대한 불만족의 경우

## 2.2 컴플레인 핸들링의 절차와 요령

### (1) 컴플레인 핸들링의 절차

❶ 고객의 불만이나 불평을 경청하고 겸허하게 받아들인다. 이때 고객의 입장을 동조해가면서 긍정적으로 듣는다.

❷ 논쟁이나 변명은 피하고, 정중하고 예의 바르게 사과한다.

❸ 곧 시정될 수 있는 것은 그 자리에서 즉시 조치한다.

❹ 받아들이기 힘들거나 무리한 불평일지라도 일단 수긍자세를 취한 다음 고객을 납득시킨다.

❺ 고객의 입장에서 생각하려고 노력해야 하고 성의 있는 자세를 보인다.

❻ 이미 시정할 수 없는 사항이라면 상응하는 접대 또는 기타 서비스를 이용해 고객의 마음을 풀게 한다.

❼ 그 자리에서 두세 번 반복하여 컴플레인이 발생하지 않도록 각별히 신경을 써서 서비스한다.

❽ 자신이 해결하지 못할 사항이라면 상급자에게 보고하여 조치를 취한다.

❾ 개인적인 감정보다는 회사를 대표하는 공적인 입장에서 처리한다.

❿ 고객이 나갈 때는 다시 한번 사과하며 마지막까지 세심한 배려를 한다.

⓫ 고객의 컴플레인 사항은 기록하여 관련 직원들에게 환기시킨 다음 차후 반복하지 않도록 주의한다.

### (2) 컴플레인 핸들링의 효율화

흥분한 고객이나 현장에서 불평처리가 잘되지 않을 경우에는 효율성을 높이기 위해서는 다음과 같은 세 가지의 변화를 시도한다.

#### ❶ 사람을 바꾼다

신입사원에서 경력사원으로, 사원에서 간부사원으로 바꾸어 고객의 불평을 처리한다.

### ❷ 장소를 바꾼다

영업 현장에서 처리하게 되면 타 고객들에게 불편을 줄 뿐만 아니라 군중심리에 의하여 감정이 더 격화될 수 있다. 따라서 사무실로 안내하여 혼자 있게 하고, 서서 대화하는 것보다는 앉아서 함으로서 감정을 진정시킬 수 있다.

### ❸ 시간을 바꾼다

감정이 격화되어 있는 상태에서 대화를 하게 되면 어떠한 말도 고객이 수용하려고 들지 않는다. 즉답과 변명을 피하고 약간의 냉각시간을 가진 다음 고객에게 접근을 시도해야 한다. 이때 장시간 방치하면 더 큰 불만을 초래할 수도 있다.

## 3. 환송

고객이 식사를 마치고 일어서면 "식사를 맛있게 하셨습니까?"라고 말을 건넨 뒤 고객의 소지품이나 물건 등이 좌석 및 테이블에 남아있는지 체크하고 레스토랑의 입구에서 다시 한번 "감사합니다. 안녕히 가십시오"하고 인사를 한다.

# 제4장

# 식당 서비스 기물

## 제1절 테이블 기물

### 1. 은기류

#### 1.1 은기류의 관리 및 취급

##### (1) 은기류의 관리

은기류(silver ware)는 순은제와 은도금의 두 종류가 있는데, 대부분의 호텔에서는 은도금 기물을 사용하고 있다. 은도금은 관리를 잘 해야 하는데, 대체품으로 스테인리스(stainless)를 사용하기도 한다. 나이프, 포크, 스푼 등과 같은 테이블용 은기물을 커트러리(cutlery)라고 한다.

사용된 은기물이 나오면 뜨거운 물에 세척액을 사용하여 충분히 씻어 낸 후 클리닝 타월(cleaning tower)을 이용하여 닦는다. 때가 잘 닦이지 않으면 뜨거운 물을 용기에 담아 수증기에 쏘이면 잘 닦인다. 만약 닦아도 녹이 슨 부분이나 오점이 있는 은기물은 별도의 약품 처리를 하여 관리한다.

### (2) 은기류의 취급요령

나이프, 포크 등과 같은 은기물을 테이블에 세팅할 때는 은기물을 잡은 부분에 지문이 남지 않도록 한다. 즉 은기물을 잡을 때는 손가락을 세워 은기물의 목 부분을 모로 잡아야 한다. 만약 음식이 닿는 쪽이나 넓은 면 부분에 잡게 되면 지문이 남게 된다.

[그림 4-1] 은기물 잡는 요령

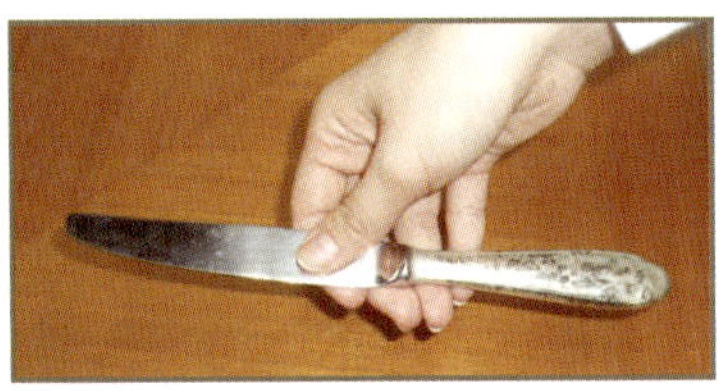

(X)

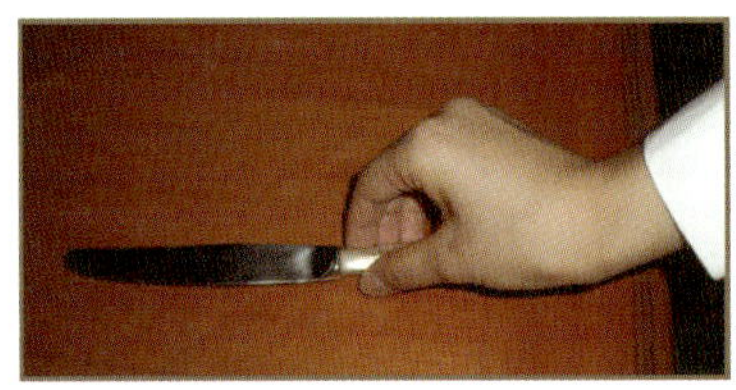

(O)

## 1.2 은기류의 종류

### (1) 나이프/포크/스푼류

식사에 필요한 나이프(knife), 포크(fork), 스푼(spoon)류의 종류와 명칭은 다음 그림과 같다.

❶ Dessert Fork
❷ Salad Fork
❸ Fish Fork
❹ Dinner Fork
❺ Steak Knife
❻ Fish Knife
❼ Butter Knife
❽ Dinner Knife
❾ Soup Spoon
❿ Tea Spoon
⓫ Iced Beverage Spoon
⓬ Demitasse Spoon

※ Table Spoon은 일반적인 수프를 먹을 때 사용하는 스푼이며, Table Folk와 Table Knife는 육류(meat)를 먹을 때 사용하는 기물이다.

### (2) 기타 은기류

Food Serving Spoon

Soup Ladle

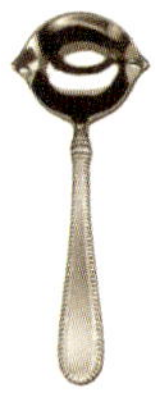
Sauce Ladle

Ice Scoop

Pie/Cake Server

Spaghetti Tong

Food Serving Tong

Ice Tong

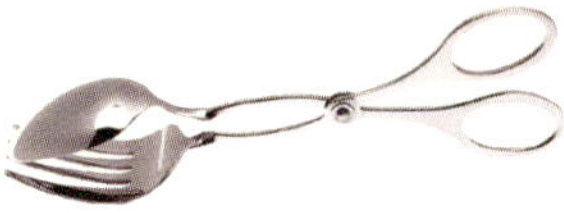
Food Serving Tong

Wine Basket & Stand

Numbering Stand

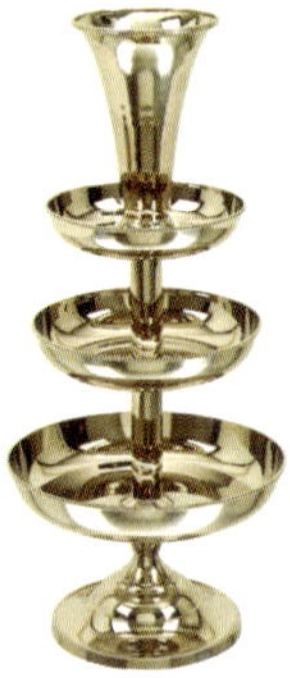
Peanut Stand

Water Pitcher

Coffee Pot

Sauce Boat

Platter/Food Tray

Punch Bowl

Chafing Dish

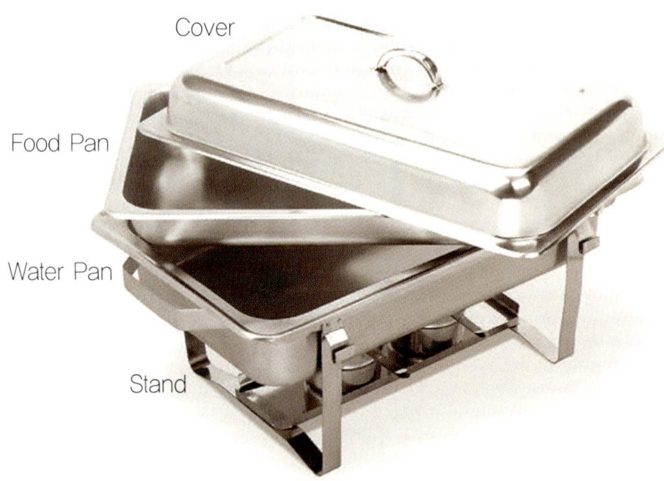


■세핑 디쉬(chafing dish) 명칭

# 2. 도기류

## 2.1 도기류(china ware)의 서비스

### (1) 서브할 때

- 접시에 오점이나 이가 빠진 것은 사용하지 않는다.
- 접시를 쥔 손의 엄지손가락이 접시의 안쪽 선을 넘어서는 안 된다.
- 접시에 로고가 있을 경우 고객이 보았을 때 바로 보여야 한다.
- 접시를 드는 요령은 다음 그림과 같다.

[그림 4-2] 한 손에 2개를 들 때

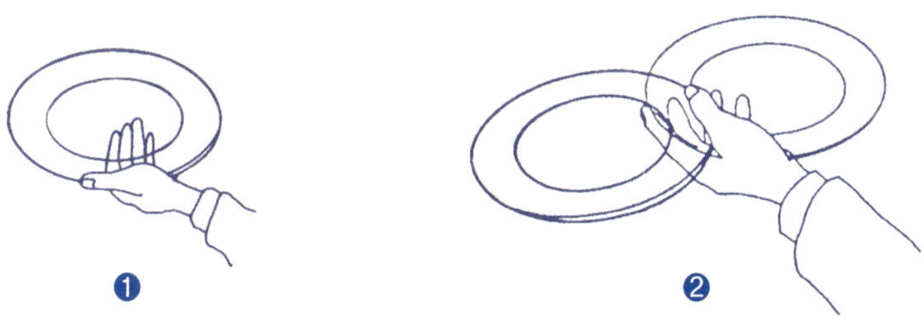

[그림 4-3] 한 손에 3개를 들 때

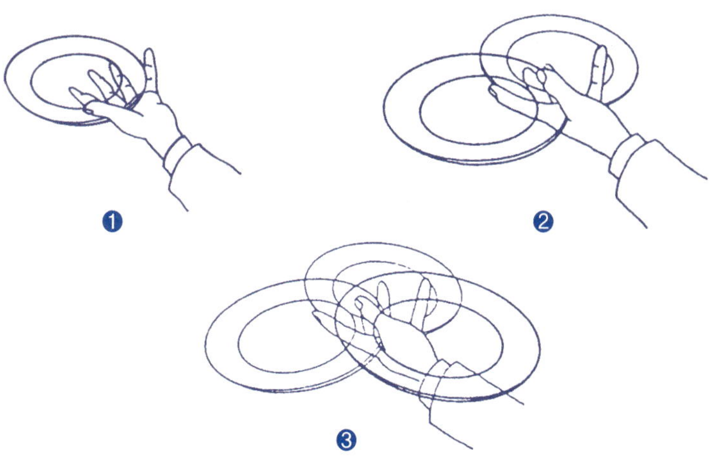

### (2) 제거(take out)할 때

- 식사가 끝난 접시 한 개를 왼손에 들고 포크를 엄지손가락으로 누른다.
- 그 접시의 나이프를 포크 밑에 열 십자 모양으로 끼운다.
- 두 번째 접시를 〈그림 4-2〉와 같이 손에 올린다.
- 두 번째 접시의 나이프를 첫 번째 포크 밑으로 끼운다.
- 두 번째 접시의 포크로 남은 음식을 첫 번째 접시에 쓸어 내린 다음 그 포크는 첫 번째 포크 밑으로 끼운다.
- 세 번째 접시를 두 번째 빈 접시에 올린다. 나이프와 포크 처리는 두 번째의 경우와 같다.

## 2.2 도기류의 종류

도기류의 종류와 명칭은 다음 그림과 같다.

❶ Dinner Plate ❷ Breakfast Plate ❸ Dessert Plate ❹ Soup Bowl
❺ Tea Pot ❻ Sauce Boat ❼ Coffee Cup ❽ Soup Tureen
❾ Salt & Pepper ❿ Oval Plate

# 3. 글라스류

## 3.1 글라스류 서비스 및 취급요령

### (1) 글라스류(glass ware) 서비스

- 글라스는 취급 시 깨지기 쉬우므로 상당한 주의와 안전을 요한다.
- 고객이 입을 대고 마시는 글라스의 상단부분을 잡아서는 안 되고 하단부분을 잡아야 한다.
- 목이 있는 글라스는 목을 잡고 서비스한다.
- 글라스 안으로 손가락을 넣어서도 안 된다.
- 츄레이로 운반 및 서비스할 때는 미끄러지지 않도록 글라스의 하단부분을 손가락으로 고정시켜도 좋다.
- 금이 가거나 얼룩이 진 글라스는 절대 사용해서는 안 된다.
- 많은 양의 글라스를 운반할 때는 컵 받침부분을 손가락에 끼워 옮긴다.

[그림 4-4] 글라스 취급요령

(O)

(X)

(O)

(X)

### (2) 글라스를 닦는 요령

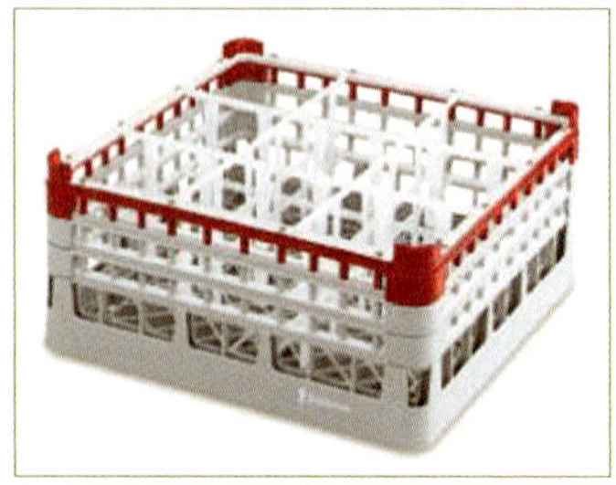

■글라스 랙(glass rack)

- 글라스 랙(glass rack)을 사용하여 세척기에서 세척한다.
- 용기에 뜨거운 물을 준비한다.
- 세척된 글라스를 뜨거운 물의 수증기에 쏘인다.
- 크리닝 타월(cleaning towel)을 왼손에 얹고 그 위에 닦을 글라스를 올린다.
- 크리닝 타월(cleaning towel)의 한쪽 부분을 글라스 안으로 넣고 엄지손가락을 넣어 돌려가면서 닦는다.
- 닦은 글라스를 밝은 쪽으로 들어 올려 잘 닦였는지 확인한다.

## 3.2 글라스류의 종류

### ❶ 위스키 잔(Whisky Glass)

위스키 그 자체를 마시기 위한 잔으로서 스트레이트(Straight) 잔이라고도 한다. 싱글과 더블이 있으며, 용량은 싱글이 30ml, 더블은 60ml가 표준이다.

### ❷ 올드 패션 잔(Old Fashioned Glass)

일명 온 더 락 잔(on the rock)이라고도 하며, 얼음을 넣고 위스키를 부어서 마실 때 주로 사용된다. 표준용량은 180ml이며, 그 이상의 용량도 있다.

### ❸ 텀블러 잔(Tumbler)

일명 하이볼 잔(Highball Glass)라고 하며, 주로 양이 많은 롱 드링크(Long Drink)의 칵테일을 낼 때 사용된다. 용량은 보통 240ml 정도이나 더 이상의 것도 있다.

### ❹ 칵테일 잔(Cocktail Glass)

삼각형 모양으로 생긴 잔으로 주로 알코올도수가 높은 숏 드링크(Short Drink)의 칵테일을 낼 때 사용된다. 용량은 75ml가 표준이나 그 보다 작거나 큰 것도 있다.

### ❺ 리큐르 잔(Liqueur Glass)

리큐르를 마실 때 사용하는 잔으로 용량은 30ml 정도이다. 보드카나 럼 등 스트레이트로 마실 때도 사용된다.

### ❻ 쉐리 와인 잔(Sherry Wine Glass)

쉐리 와인을 마실 때 사용하는 잔으로 용량은 60~75ml 정도이다. 리큐르 글라스와 와인 글라스 중간 크기이며, 위스키나 스피리츠(Spirits)를 스트레이트로 마실 때도 사용하기도 한다.

### ❼ 샴페인 잔(Champagne Glass)

샴페인을 마시기 위한 잔으로서 용량은 120ml 정도이다. 샴페인 잔은 입구부분이 넓은 소서(Saucer)형과 가늘고 긴 플루트(Flute)형이 있다. 소스형은 샴페인을 빨리 마시고자 할 때 사용하고, 프라페(Frappe)나 프로즌(Frozen) 스타일의 칵테일 등에도 쓰이며, 플루트형은 탄산가스가 잘 빠져나가지 않으므로 식사용으로 천천히 마실 때 사용한다.

### ❽ 브랜디 잔(Brandy Glass)

브랜디를 마실 때 사용되는 잔으로서 용량은 240~300ml 정도이며, 튤립 모양을 하고 있다. 잔의 대소에 관계없이 브랜디의 양을 1온스(30ml) 정도 따르고 손의 체온으로 잔을 따뜻하게 감싸고 향기를 음미하면서 마실 수 있는 잔이다.

### ❾ 포트 와인 잔(Port Wine Glass)

포트 와인을 마시는 잔으로서 용량은 90ml 정도이다.

### ❿ 화이트 와인 잔(White Wine Glass)

화이트 와인을 마시는 잔으로서 용량은 90ml가 표준이나 120ml의 잔도 있다.

### ⓫ 레드 와인 잔(Red Wine Glass)

레드 와인을 마시는 잔으로서 용량은 화이트 와인 잔보다 큰 120~150ml 정도이다.

### ⓬ 고블렛 잔(Goblet Glass)

용량은 240~300ml 정도이며, 주로 물 또는 롱 드링크를 낼 때 사용된다. 물잔을 'water goblet' 이라고 한다.

### ⓭ 사우어 잔(Sour Glass)

가늘고 긴 잔으로서 사우어를 한 칵테일을 낼 때 사용하는 잔으로서 용량은 120ml 정도이다.

**⑭ 콜린스 잔(Collins Glass)**

원통형의 대형 잔으로서 주로 양이 많은 롱 드링크를 낼 때 사용되며 용량은 360ml 정도이다. 키가 크므로 일명 톨 글라스(Tall Glass) 또는 굴뚝이란 뜻의 침니(Chimney) 글라스라고도 한다.

**⑮ 마가리타 잔(Margarita Glass)**

소서형의 샴페인 잔과 비슷한 형태인데 크기가 크며, 잔 바닥이 오목하게 들어간 부분이 있다.

**⑯ 필스너 잔(Pilsner Glass)**

원래 맥주전용 잔으로 사용하였으나 최근에는 롱 드링크 등의 칵테일용으로도 쓰인다. 용량은 240~360ml 정도이다.

## 제2절 기타 보조기물

### 1. 운반 서비스 도구

식음료업장에서 각종 음식 및 음료를 운반하고 서비스하는 도구로는 츄레이가 사용되며, 츄레이로 서비스할 수 없을 경우 카트(cart), 왜건(wagon), 트롤리(trolley) 등을 이용한다.

#### 1.1 츄레이

츄레이는 손으로 서비스하기 힘든 도기류 또는 글라스류를 안전하게 운반할 때 사용한다. 처음에는 은제류를 사용하였으나 근래에 와서는 플라스틱 제품을 많이 사용하고 있으며, 모양은 지름이 약 30cm의 원형과 직사각형이 주를 이룬다. 츄레이 취급 요령은 다음과 같다.

- 츄레이(tray)를 들 때는 손을 넓게 편 다음 손가락을 약간 오므려서 바닥의 중앙부분을 받쳐 수평으로 든다.
- 팔은 몸에 붙이고 90도 직각으로 든다.
- 옆구리에 끼거나 한 손으로 쥐고 흔들고 다녀서는 안 된다.
- 츄레이에 기물을 올릴 때는 가능한 중앙부분에 모이도록 하고 츄레이의 좌우, 앞뒤의 균형을 이루도록 한다.
- 츄레이를 테이블에 올려놓고 서비스를 해서는 안 된다.

■츄레이를 테이블에 놓고 서비스하는 하는 것이 아니라 항상 손에 들고 서비스하는 것이다.

[그림 4-5] 츄레이에 기물을 올리는 순서(내릴 때는 역순)

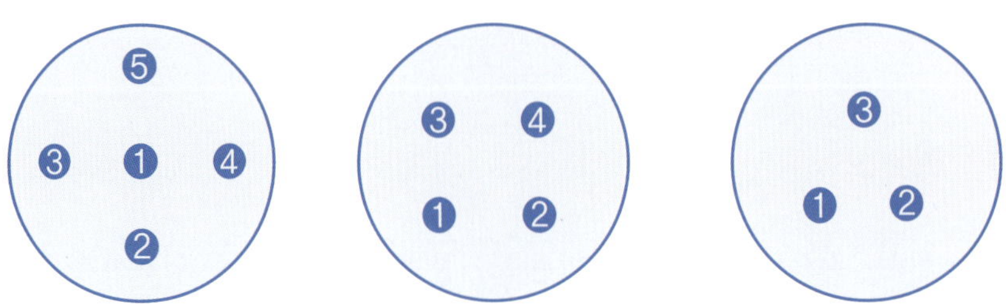

■츄레이를 든 자세(정면과 측면)

## 1.2 커트/왜건/트롤리류

카트(cart), 왜건(wagon), 트롤리(trolley) 등은 바퀴가 달려 있어 이동이 가능한 서비스 도구이다. 카트는 단순 식음료 운반 도구이고, 왜건은 고객 테이블 옆에 붙여 놓고 각종 음식을 서비스해주는 보조 도구이며, 트롤리는 음식 또는 음료를 진열하여 이동시키는 도구이다.

■Food Service Trolley

■Wine Service Trolley

■Drink Trolley

■Flambe Trolley

## 2. 린넨

### 2.1 린넨의 종류

린넨(linen)이란 천 종류를 말하는 것으로 식음료업장에서 주로 사용하는 것은 테이블 클로스(table cloth), 미팅 클로스(meeting cloth), 냅킨(napkin) 등이 있다. 특히 린넨을 사용할 때는 용도에 맞도록 사용하여야 하며 기름이나 녹이 묻지 않도록 주의하여야 한다. 특히 냅킨을 컵 등을 닦는 클리닝 타월로 대용해서는 안 된다.

#### (1) 테이블 클로스

보편적으로 깨끗한 백색의 클로스를 사용하나 근래에는 유색이나 무늬가 들어간 클로스를 사용하기도 한다. 테이블의 길이가 가로 90cm 세로 90cm일 경우 테이블 클로스는 가로 및 세로가 150cm×150cm 정도의 크기가 알맞으며, 덮었을 때 테이블 끝에서 내려온 길이가 4변 모두 30cm 정도가 가장 되도록 한다.

업장에 따라서는 테이블 클로스 밑에 언더 클로스(under cloth)를 까는 경우와 테이블 클로스 위에 탑 클로스(top cloth)를 까는 경우가 있다. 언더 클로스를 까는 목적은 식기를 세팅할 때 소음을 줄이기 위해서이며, 탑 클로스를 까는 목적은 테이블 클로스를 보호하기 위해서이다. 즉 음식이 묻은 탑 클로스만 제거하면 아래에 있는 테이블 클로스는 그대로 쓸 수 있기 때문이다.

#### (2) 미팅 클로스

회의용 테이블에 덮는 것으로 녹색의 융단(felt) 천으로 만든 것을 말한다.

#### (3) 냅킨

냅킨은 고객이 식사 중에 입을 닦거나 음식이 옷에 흘리는 것을 방지하기 위하여 무릎 위에 까는 린넨으로서 색상은 다양한 편이며, 크기는 52cm×52cm 정도이다. 냅킨은 이러한 용도 외에 레스토랑의 분위기를 살리는 장식품의 역할도 하는데 다양한 모양으로 멋을 낼 수 있다.

### 2.2 냅킨 접는 법

#### (1) 극락조(Bird of Paradise)

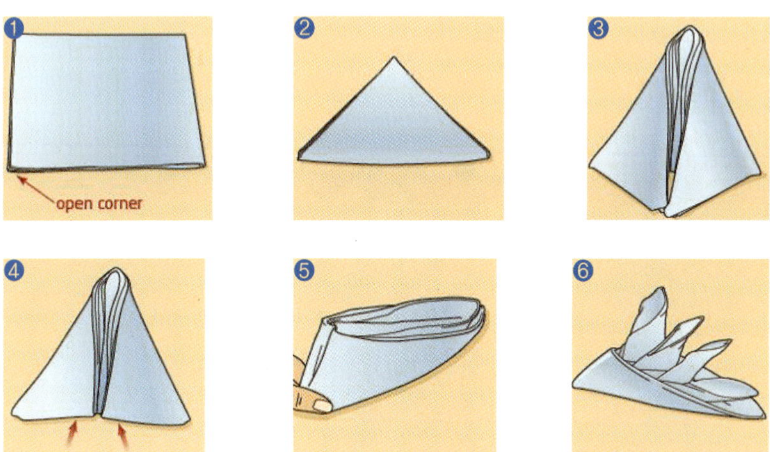

### (2) 다이아몬드 지갑(Diamond Pocket)

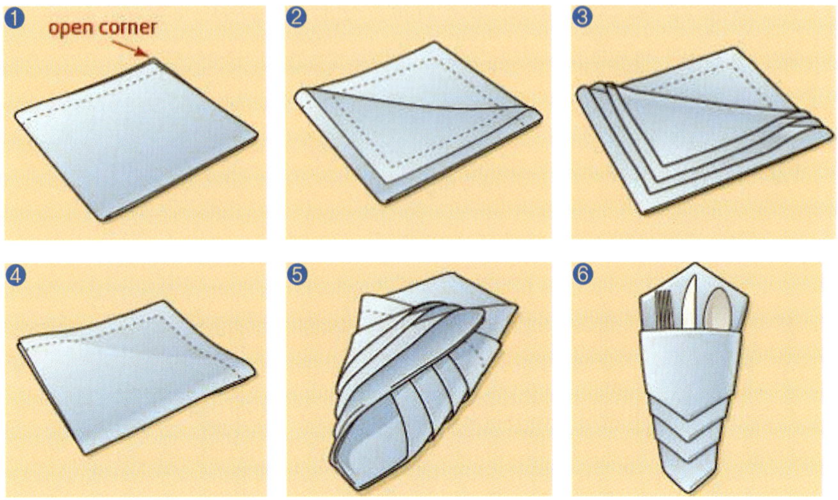


### (3) 백합장식(Fleur-de-Lis)

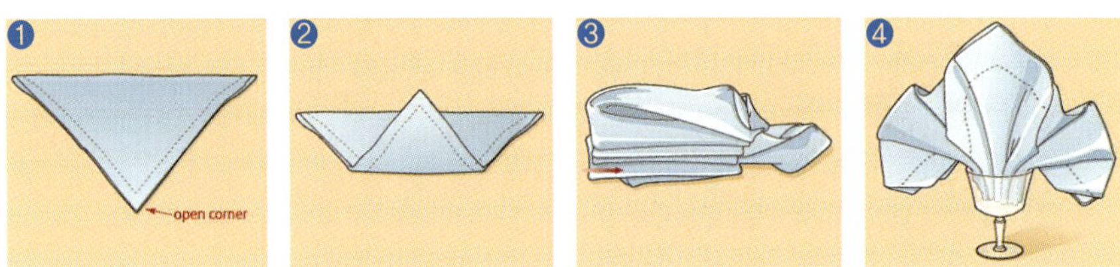


### (4) 장미꽃 봉우리(Rosebud)

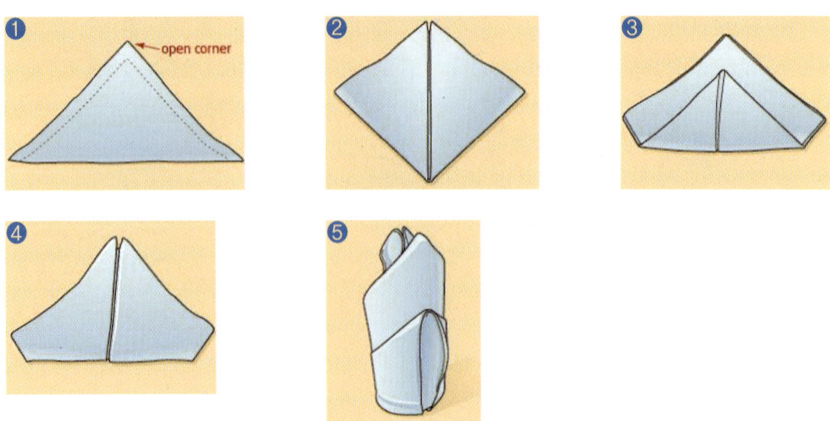

### (5) 장미(Rose)

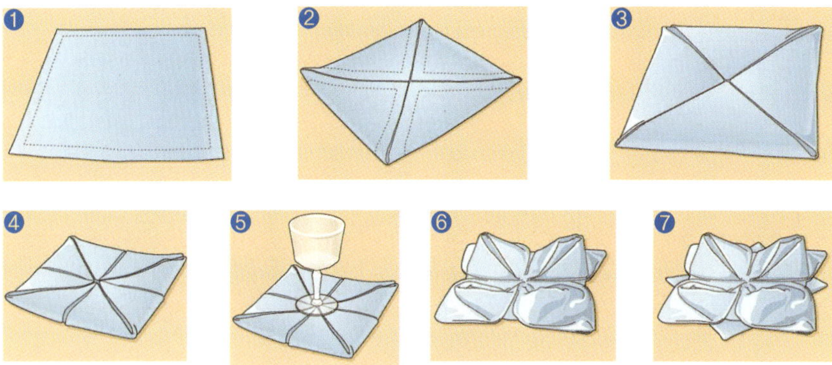

### (6) 잔 속의 부채(Fan in Glass)

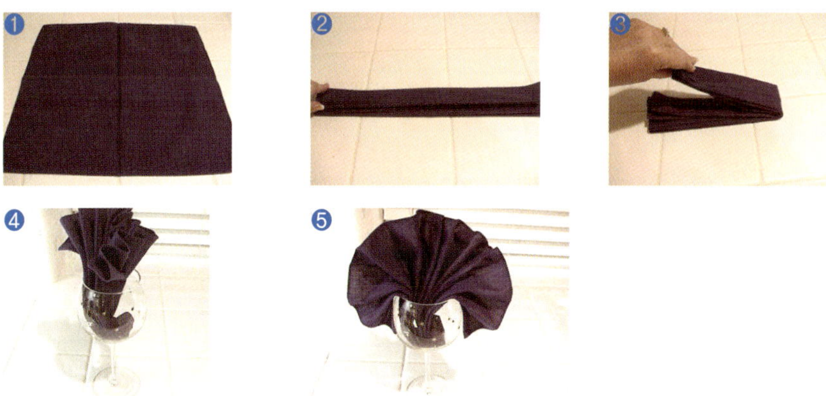

### (7) 부채(Fan)

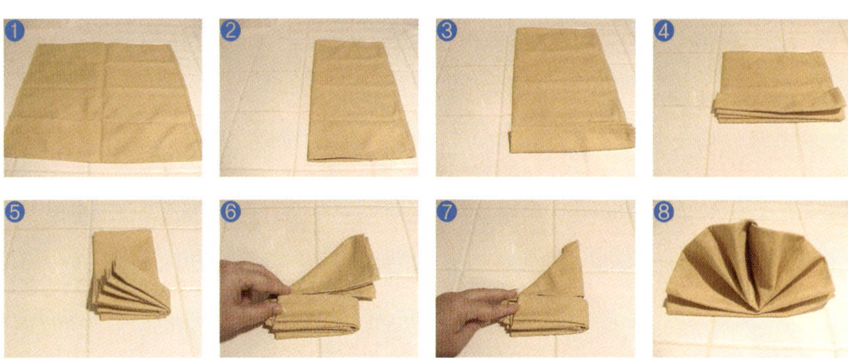

### (8) 피라미드(Pyramid)

### (9) 왕관(Crown)

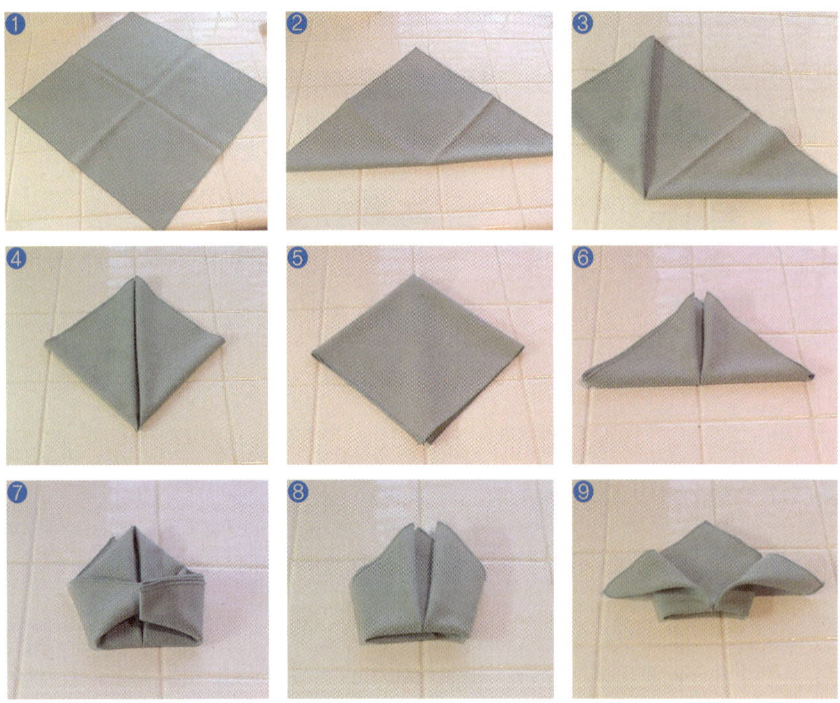

### (10) 초(Candle)

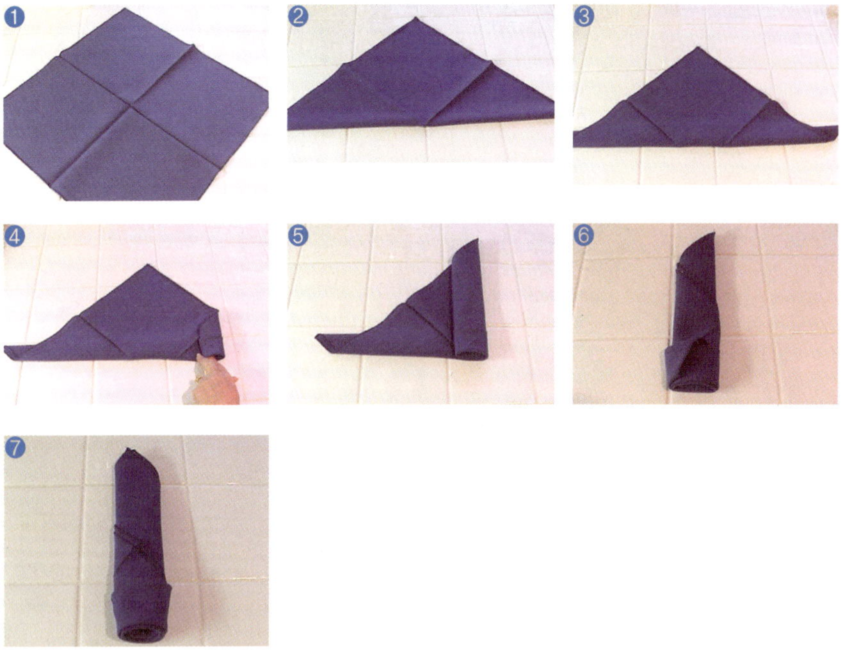

### (11) 추기경 모자(Bishop's Hat)

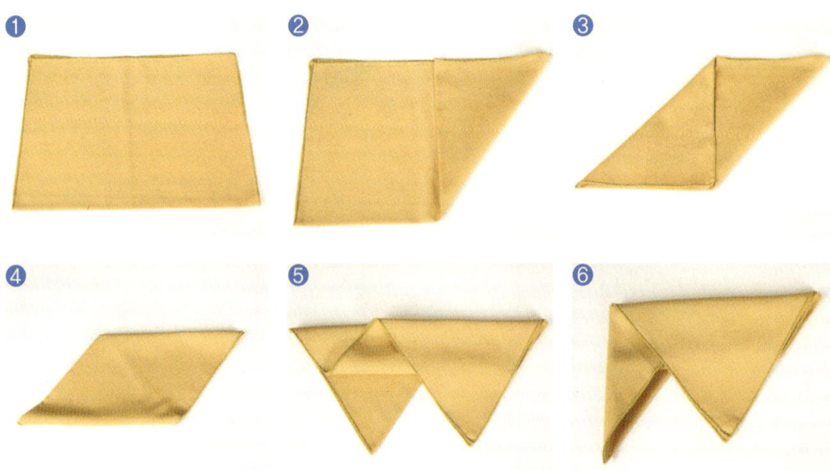

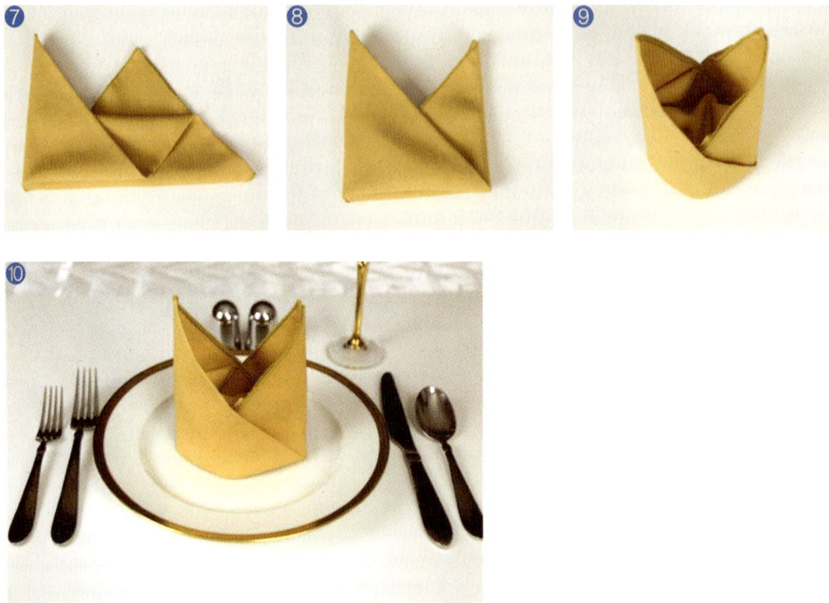

제5장

# 양식의 이해

## 제1절 전채

### 1. 전채의 의의

전채요리를 프랑스어로는 오드볼(hors d' oeuvre), 영어로는 애피타이저(appetizer), 북유럽에서는 스모거스보드(smorgasbord)라고 부른다. 오드볼의 오(hors)는 '전(前)' 의 의미이고, 드볼(d' oeuvre)은 '식사' 라는 뜻으로 식사 전 또는 본 요리 이외의 음식이라는 뜻이다.

오드볼의 기원은 일찍이 러시아에서 연회를 하기 전에 별실에서 기다리는 고객에게 독한 술과 함께 자쿠스키(Zakuski)라는 간단한 요리를 제공한데서 유래가 되어 오늘날의 오드볼이 되었다고 한다. 또 다른 학설은 14세기 초엽에 이탈리아의 탐험가 마르코폴로는 중국의 원나라에 가서 맥류 및 냉채요리를 배워 왔는데 이 요리가 이탈리아를 통하여 프랑스로 건너가 오드볼이 되었다고 한다.

오드볼의 또 다른 의미는 디너 전의 칵테일리셉션(pre-dinner cocktail reception)에 제공되는 술안주를 의미하기도 하는데 주로 야채스틱(vegetable relish), 카나페(canape), 스낵(snack)류 등이다. 카나페란 작게 자른 토스트나 크래커 위에 생선알, 앤초비, 야채, 치즈, 살라미, 훈제연어 등을 보기 좋게 얹어 한입에 먹을 수 있도록 한 음식을 말한다. 양식의 본 요리는 수프부터 시작되는데 애피타이저는 수프 전에 제공되어 식욕을 촉진시켜주고 공복을 달래주는 역할을 하므로 주 요리의 맛을 손상시키지 않는 범위 내에서 제공된다.

## 2. 애피타이저의 특징과 종류

### 2.1 애피타이저의 특징

애피타이저의 특징은 식욕을 돋구어 주어야 하므로 ❶ 우선 풍미가 있어야 하고 ❷ 다소 짠맛이나 신맛이 나야 하며 ❸ 양은 적은 편이고 ❹ 대부분 찬 음식이다.

### 2.2 애피타이저의 종류

세계 3대 애피타이저 요리는 달팽이(escargot), 철갑상어알(caviar), 거위간(foie gras) 요리이며, 그 외 애피타이저 요리로는 굴(oyster), 훈제연어(smoked salmon), 새우 칵테일(shrimp cocktail) 등이 있다.

■달팽이(escargot)요리

■철갑상어알(caviar)요리

■거위간(foie gras)요리

■새우칵테일(shrimp cocktail)

## 제2절 수프

### 1. 수프의 의의

수프(soup)의 어원은 빵에 여러 가지 국물을 붓는다는 뜻의 솝(sop)에서 유래되었다. 가벼운 저녁식사라는 서퍼(supper)도 같은 어원에서 나온 것이다. 수프를 프랑스어로는 포타지(potage)라고 한다.

수프는 양식의 코스에 있어서 실질적으로 첫 번째 해당하는 음식으로 위에 부담을 적게 주며, 영양가가 많은 것이 특징이다. 수프는 맛국물인 육수가 기본인데, 육수는 진한 맛의 스톡(stock)을 기본으로 하여 만들거나 소뼈를 넣지 않은 연한 맛의 부이용(bouillon)으로 구분된다. 스톡(stock)을 프랑스어로는 폰(fond)이라고 한다. 스톡(stock)과 부이용(bouillon)은 육류, 어류 등의 뼈에 야채와 향료를 함께 넣어 끓인 국물(육수)로 영양과 향이 용해되어 있고 수프와 소스의 기본이 되는 중요한 요소이다. 수프는 이 스톡이나 부이용에 각종 재료(육류, 생선, 야채 등)를 넣고, 우유, 계란, 버터, 크림 등을 첨가하여 만든다.

# 2. 수프의 종류

## 2.1 맑은 수프(clear soup)

■consomme

맑은 수프의 대표적인 것이 콘소메(consomme)이다. 콘소메는 스톡에 쇠고기와 야채를 넣어 끓인 다음 기름을 걸러내어 맑게 한 수프로 콘소메에 들어가는 부재료(건더기)에 따라 명칭이 달라진다. 예를 들어 콘소메 로얄(consomme royal)은 계란 노른자를 짓이겨 주사위 모양으로 만들어 넣은 것을 말한다.

## 2.2 걸쭉한 수프(thick soup)

### (1) 크림수프(cream soup)

■cream soup

밀가루를 버터에 볶은 루우(roux)에 생크림과 계란 노른자로 마무리하여 만든 수프이다.

### (2) 퓌레(puree)

■puree

당근, 감자, 옥수수, 호박 등의 야채를 부이용과 함께 끓여 바짝 졸인 후 채에 걸러내어 묽게 만들어 생크림이나 우유를 넣어 농도를 조절한다.

### 2.3 세계 각국의 수프

#### (1) 미네스트론(minestrone)

■minestrone

이탈리아의 채소 수프로 채소, 스파게티, 베이컨, 마늘 등으로 만든 수프이다.

■onion soup

#### (2) 오니온 수프(onion soup)

콘소메, 양파, 치즈를 주재료로 하여 만든 남프랑스의 대표적인 수프이다.

■clam chowder soup

#### (3) 크램 차우더 수프(clam chowder soup)

대합을 주재료로 하여 만든 미국의 대표적인 수프이다.

## 제3절 생선

### 1. 생선요리의 의의와 종류

### 1.1 생선요리의 의의

생선요리는 수프 다음에 제공되는 코스 음식에 해당되나 육류를 대신한 주요리의 역할도 한다. 생선요리는 다른 요리와 달라서 신선도가 맛에 절대적인 영향을 미치고 생선 자체에는 응집력이 없으므로 서비스할 때에는 조심스럽게 다루어야 한다. 또한 생선요리를 제공할 때는 생선의 머리가 고객의 좌측에, 배 부분은 고객의 앞쪽에 오도록 놓아야 한다.

생선요리는 지방성분이 적고 비타민과 칼슘이 매우 풍부하므로 많은 사람들이 건강식으로 즐겨 찾을 뿐만 아니라 여성들도 즐겨 찾으며 종교적인 이유로 육류 대신 선택하기도 한다.

## 1.2 생선의 종류와 조리법

### (1) 생선의 종류

| 구분 | 종류 |
|---|---|
| 바다생선<br>(fish) | 대구(cod), 청어(herring), 도미(sea bream), 농어(sea bass), 참치(tuna), 넙치(halibut), 혀가자미(sole) |
| 패류<br>(shell fish) | 전복(abalone), 홍합(mussel), 가리비(scallop), 대합(clam), 굴(oyster) |
| 갑각류(crustacea) | 게(crab), 새우(shrimp), 왕새우(prawn), 바닷가재(lobster) |
| 연체류(mollusca) | 오징어(cuttle fish), 문어(octopus) |
| 민물생선<br>(fresh water fish) | 송어(trout), 연어(salmon), 은어(sweet fish) |

### (2) 생선의 기본 조리법

| 조리법 | 내용 |
|---|---|
| 베이킹(baking) | 생선의 물기를 닦고 소금, 후추를 뿌려 열이 오른 팬에 버터를 녹이고 오븐에 넣어 익혀내는 조리방법 |
| 보일링(boiling) | 생선을 소금물에 찌거나 물에 소금, 후추, 와인, 채소, 향신료를 넣어 삶는 조리방법 |
| 브레이징(braising) | 팬에 채소와 향료를 깔고 그 위에 생선을 놓아 소량의 물로 찌는 조리방법 |
| 그릴링(grilling) | 생선에 소금, 후추를 뿌리고 샐러드 오일을 발라 석쇠로 굽는 조리방법 |

| 조리법 | 내용 |
|---|---|
| 뫼니에르(meuniere) | 밀가루를 생선에 바르고 팬에 넣은 후 구워내는 조리방법으로 보통 버터구이라고 한다. |
| 프라잉(frying) | Pan Frying : 얕은 팬에 기름을 넣고 생선이 1/3가량 잠기게 하여 튀기는 조리방법<br>Deep Frying : 깊은 팬에 기름을 넣고 조리하는 방법으로 빵가루나 계란을 묻혀 튀길 때 주로 사용한다. |
| 포오칭(poaching) | 소금, 후추, 와인을 소량 넣어 끓인 물에 생선을 데치는 조리방법 |
| 소우테(saute) | 생선에 밀가루, 빵가루, 계란 등을 묻혀 버터로 튀기는 조리방법 |
| 스모킹(smoking) | 연한 생선 즉 연어, 송어 등을 연기로 훈제시키는 조리방법 |
| 그라땅(gratin) | 생선에 버터, 밀크, 치즈, 빵가루 등을 뿌려 오븐에 넣어 구워내는 조리방법 |

■새우(shirimp) 요리

■게(crab) 요리

■바닷가재(Lobster) 요리

# 제4절 육류와 소스

양식의 주요리(main dish)를 프랑스어로는 앙뜨레(entree)라고 하며, 쇠고기, 송아지고기, 양고기, 돼지고기, 가금류 등의 육류로 만든다.

## 1. 쇠고기(beef)

### 1.1 쇠고기의 명칭

쇠고기는 육류 중에서 가장 많이 소비되며, 대부분 스테이크(steak)로 제공된다. 쇠고기의 부위별 명칭은 다음 그림과 같다.

[그림 5-1] 쇠고기의 부위별 명칭

자료 : 위키백과사전

Chuck(목심) : 불고기, 샤브샤브용
Rib(갈비살) : 스테이크, 찜, 탕, 구이용
Sirloin(등심) : 스테이크, 구이용
Bottom Sirloin(아래 등심) : 스테이크, 구이용
Round(우둔) : 육포, 육회, 장조림용
Brisket(양지머리살, 앞가슴 살) : 국거리, 장조림, 육개장용
Plate, Flank(양지살) : 국거리, 분쇄육용
Short Loin(등심 중 채끝살) : 스테이크, 구이용
Top Sirloin(윗 등심) : 스테이크, 구이용
Tenderloin(안심) : 스테이크, 구이용
Shank(사태) : 찜, 국, 육회용

## 1.2 스테이크의 종류

### (1) 안심 스테이크(tenderloin steak)

안심 스테이크는 쇠고기의 안심 부위로 만든 스테이크인데 안심(fillet)은 다섯 부위로 나누어진다. 안심 중에서 가장 연하고 부드러운 부위는 가운데 부분의 샤또브리앙(Chateau Briand)으로 19세기 프랑스 귀족 샤또브리앙 남작이 즐겨 먹었다고 하여 붙여진 이름이다.

■tenderloin fillet mignon

### (2) 등심 스테이크(sirloin steak)

쇠고기의 등심부위로 만든 스테이크인데 영국의 왕 찰스 2세가 즐겨 먹던 스테이크로 남작의 작위를 수여할 만큼 훌륭하다고 하여 로인(loin) 앞에 'Sir'를 붙여 'Sirloin'이라고 한다.

**미넛 스테이크(minute steak)** 등심 부위를 얇게 두들겨 편 다음 구운 스테이크를 말한다.

**뉴욕 컷 스테이크(New York cut steak)** 등심 중에서 기름기가 가장 적은 가운데 부분을 잘라 놓은 모습이 뉴욕주의 지도와 비슷하다고 하여 붙여진 이름이다.

**포터하우스 스테이크(porterhouse steak)** 안심 쪽에 가까운 허리 부분의 등심 스테이크로 큼직하게 제공된다.

### (3) 갈비살 스테이크(rib steak)

쇠고기의 등 쪽에 있는 갈비 부위로 만든 스테이크를 말한다. 특히 최상급 갈비살로 만든 스테이크를 리브아이(ribeye) 스테이크라고 한다.

### (4) 티본 스테이크(T-bone steak)

T자형의 뼈를 사이에 두고 한쪽은 등심, 다른 한쪽은 안심으로 되어 있어 한 번에 두 종류의 맛을 볼 수 있는 스테이크이다.

■T-bone steak

## 1.3 스테이크 굽기

쇠고기로 만든 스테이크는 다음과 같은 5가지의 굽기가 있으므로 주문 시 고객에게 확인해야 한다.

| 굽기 정도 | 조리시간 | 특징 |
|---|---|---|
| 레어(rare) | 2~3분 | 자르면 붉은 육즙이 흐르는 정도 |
| 미디엄 레어(medium rare) | 3~4분 | 레어와 미디엄의 중간 정도 |
| 미디엄(medium) | 5~6분 | 자르면 육즙은 흐르지 않지만 속은 붉은 상태 |
| 미디엄 웰던<br>(medium well done) | 8~9분 | 미디엄과 웰던의 중간 정도 |
| 웰던(well done) | 10~12분 | 속까지 완전히 익은 상태 |

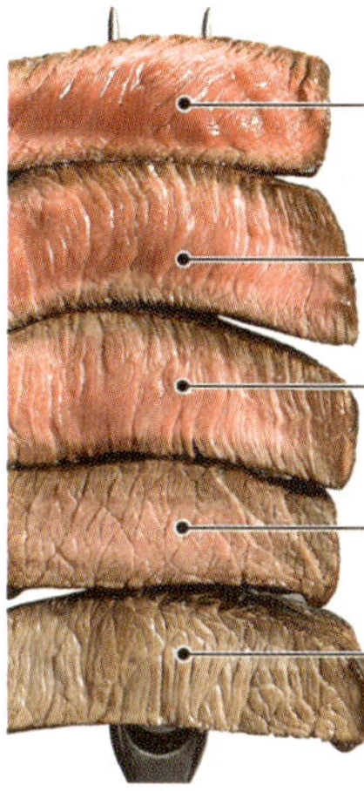


■스테이크 굽기 정도 차트

## 1.4 쇠고기의 등급과 조리법

### (1) 쇠고기의 등급

쇠고기의 품질 등급은 나이, 마블링, 육질, 색, 근육의 조밀도 등으로 결정된다. 마블링이란 근육 속에 지방이 분산되어 있는 것으로 요리를 할 때 고기의 육즙 및 향기와 밀접한 관계가 있다.

**프라임**(prime) 최상품의 품질로서 숫송아지와 어린 암소에서 얻어지는데 전체 쇠고기 중에서 4% 정도이며, 마블링이 매우 풍부하다.

**초이스**(choice) 쇠고기의 연령이 낮고 마블링이 적당한 것에서 조금 있는 것까지의 상등육을 말한다.

**실렉트**(select) 쇠고기의 연령이 낮고 마블링이 조금 있는 우량육을 말한다.

그 밖에 등급이 떨어지는 것으로 스탠다드(standard)와 커머셜(commercial) 등이 있는데 스테이크용으로는 적합하지 않으며, 주로 국거리나 햄버그용으로 쓰인다.

[그림 5-2] 쇠고기의 등급 마크

### (2) 육류의 기본 조리법

| 조리법 | 내용 |
|---|---|
| 로스팅(roasting) | 고기 덩어리를 오븐에 넣어 익혀내는 조리방법 |
| 브로일링(broiling) | 석쇠나 팬을 이용하여 굽는 조리방법 |
| 브레이징(braising) | 소량의 물을 붓고 약한 불로 장시간 찌는 조리방법 |
| 그릴링(grilling) | 고기를 석쇠에 끼워 오븐의 복사열로 짧은 시간에 요리하는 것으로 영양분과 향기가 보존된다. |
| 프라잉(frying) | 기름으로 튀기는 조리방법 |
| 소우테(saute) | 버터 또는 오일을 이용하여 굽는 조리방법 |
| 스튜잉(stewing) | 고기를 여러 가지 재료와 함께 장시간 약한 불로 졸이는 조리방법 |

# 2. 송아지/양/돼지고기/가금류

## 2.1 송아지고기

송아지고기(veal)는 생후 12주(약 3개월)를 넘기지 않은 것으로 어미 소의 젖으로만 길러서 적은 지방층과 많은 양의 수분을 갖고 있으므로 연한 맛이 난다. 주요 송아지 요리는 다음과 같다.

### (1) 스칼라핀(scaloppine)

송아지의 다리부분에서 잘라낸 작고 얇은 고기로서 소금과 후추로 양념하여 밀가루를 뿌린 후 소우테하여 조리하고 소스를 곁들인다.

### (2) 빌 커틀릿(veal cutlet)

뼈를 제거한 송아지고기를 얇게 저민 후 납작하게 두들겨서 칼집을 내고 소금과 후추를 뿌린 다음 계란, 빵가루를 입히고 소우테한 요리이다.

## 2.2 양고기

1년 이하의 어린 양고기(lamb)는 육질이 부드럽고 맛이 담백한 반면 1년 이상 자란 양고기(mutton)는 섬유질이 많아 약간 질기며 맛도 담백하지 못하다. 양고기 요리는 신앙문제로 인하여 중동인들이 즐겨 찾는다.

## 2.3 돼지고기(pork)

돼지고기는 쇠고기 다음으로 많이 소비되는 육류이고 햄, 소시지, 베이컨 등의 가공식품으로도 많이 이용된다. 돼지고기로 만든 요리로는 바비큐 폭찹(barbecued pork chop), 포크 커틀릿(pork cutlet), 햄 스테이크(ham steak) 등이 있다.

[그림 5-3] 미국색 돼지고기 부위별 명칭

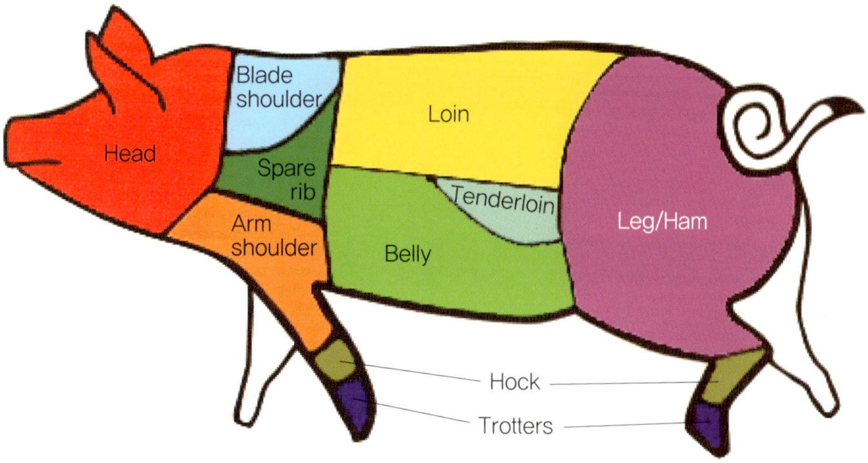


자료 : 위키백과사전에서 일부 수정

Arm shoulder(앞다리 살) : 분쇄육용
Belly(삼겹살) : 구이, 보쌈, 베이컨 용
Hock(족발) : 족발용
Blade shoulder(목살) : 소금구이, 보쌈, 주물럭용
Tenderloin(안심) : 돈가스, 꼬치구이, 탕수육용
Rib(갈비살) : 양념갈비, 찜, 구이 , 바베큐용
Ham(볼기살) : 햄(ham), 분쇄육용
Loin(등심) : 돈까스, 탕수육, 폭찹, 스테이크용

### 2.4 가금류

가금류(poultry) 요리는 영양분이 풍부하여 육류를 싫어하는 고객이 즐겨 찾는다. 호텔에서 주로 취급하는 가금류는 닭, 오리, 거위, 칠면조 등이다. 닭을 제외한 가금류는 대부분 통째로 로스트(roast)하여 요리되며, 닭고기 요리로는 닭가슴살 요리(chicken breast)가 유명하다.

## 3. 소스

육류에는 항상 소스가 곁들여진다. 소스(sauce)는 라틴어 'sal(소금이라는 뜻)' 에서 유래되었고 루우(roux)에 육수(stock)를 붓고 걸쭉하게 만든 것이다. 루우(roux)란 밀가루와 버터를 1:1로 볶은 것을 말한다.

소스의 사용 목적은 ❶ 색상을 부여하여 음식의 풍미를 높이고 ❷ 영양가를 증진시키며 ❸ 육류의 맛을 살리고 ❹ 식욕과 소화를 돕는다. 소스 사용 시 주의사항은 음식의 맛을 압도할 정도로 농후해서는 안 되고, 소스의 양은 음식의 양보다 적어야 한다. 소스의 종류는 다음 표와 같다.

[표 5-1] **소스의 종류**

| 구분 | 종류 | 내용 |
|---|---|---|
| 화이트 소스<br>(white sauce) | 베사멜 소스<br>(bechamel sauce) | 화이트 스톡에 루우, 우유, 소금, 후추 등을 넣어 만든 것으로 주로 야채요리에 사용한다. |

| 구분 | 종류 | 내용 |
|---|---|---|
| 브라운 소스 (brown sauce) | 데미글라스 소스 (demi-glace sauce) | 브라운 스톡에 소뼈, 버터, 당근, 양파, 파슬리 등을 넣어 만든 것으로 주로 스테이크에 사용된다. |
| | 그레비 소스 (gravy sauce) | 브라운 스톡에 베이컨, 버터, 당근, 양파, 샐러리, 밀가루, 소금 등을 넣어 만든 것으로 주로 스테이크에 사용된다. |
| 레드 소스 (red sauce) | 토마토 소스 (tomato sauce) | 스톡에 토마토, 베이컨, 당근, 샐러리, 양파, 소금, 후추, 밀가루 등을 넣어 만든 것으로 주로 피자를 비롯한 많은 요리에 사용된다. |
| 옐로우 소스 (yellow sauce) | 홀랜다이즈 소스 (hollandaise sauce) | 버터, 양파, 통후추, 월계수 잎, 백포도주, 소금, 후추, 레몬주스 등을 재료로 하여 만든 것으로 주로 생선의 찜이나 조림 요리에 사용된다. |
| | 마요네즈 소스 (mayonnaise sauce) | 계란 노른자, 설탕, 소금, 후추, 겨자, 식초, 샐러드 오일 등을 재료로 하여 만든 것으로 주로 샐러드, 샌드위치 등에 사용된다. |
| | 타르타르 소스 (tartar sauce) | 마요네즈, 피클, 파슬리, 피망, 양파 등을 재료로 하 여 만든 것으로 주로 생선 튀김 등의 요리에 사용된다. |
| 기성품 소스 | 핫 소스 (hot sauce) | 고추, 소금, 식초를 재료로 하여 매운 맛을 낼 때 사용한다. |
| | 타바스코 소스 (tabasco sauce) | 핫 소스보다 매운 맛이 더 강한 소스이다. |
| | 에이원 소스 (A.1 sauce) | 토마토, 식초, 건포도, 소금, 오렌지, 마늘, 향초 등을 재료로 하여 만든 것으로 주로 스테이크에 사용된다. |
| | 워스터시아 소스 (worcestershire sauce) | 식초, 설탕, 멸치 젓, 양파, 소금, 마늘, 향초를 이용하여 만든 것으로 간장과 비슷하다. |

■be´chamel sauce

■demi-glace sauce

■gravy sauce

■tomato sauce

■hollandaise sauce

■hot sauce

■be´arnaise sauce

■mayonnaise sauce

■tabasco sauce

■tartar sauce

■steak sauce

■worcestershire sauce

# 4. 육류의 가니쉬

## 4.1 가니쉬의 의의

주요리인 육류를 제공할 때는 단순히 고기만 제공되는 것이 아니라 색상이나 영양의 조화를 위하여 가니쉬(garnish)용의 더운 야채요리가 제공된다. 즉 가니쉬의 제공 목적은 ❶ 색상 면에서 고기가 놓인 위쪽에 적, 백, 녹색의 더운 야채가 놓여 시각적으로 맛을 돋우고 ❷ 영양 면에서 육류가 산성인데 비하여 야채는 알칼리성이므로 영양의 균형을 도모하는 것이다.

## 4.2 가니쉬의 종류

육류의 가니쉬는 대부분 야채로 구성되어 있으며, 색상별로 분류하면 다음의 표와 같다.

[표 5-2] 가니쉬의 종류

| 색상 | 종류 |
|---|---|
| 백(white) | 감자(potato), 버섯(mushroom), 파인애플(pineapple) |
| 녹(green) | 브로콜리(broccoli), 꽃양배추(cauliflower), 아스파라거스(asparagus), 샐러리(celery), 피망(pimento) |
| 적(red) | 당근(carrot), 토마토(tomato) |

■육류의 가니쉬

## 제5절 샐러드와 드레싱

### 1. 샐러드

샐러드(salad)란 라틴어 'sal' 에서 유래되었는데 '싱싱한 야채를 주재료로 하여 소금을 가미한 것' 이라는 뜻이다. 그러나 오늘날에는 샐러드는 야채뿐만 아니라 과일, 육류, 생선 등을 첨가하여 드레싱(dressing)과 함께 제공되기도 한다. 샐러드는 앙뜨레 전후에 제공되는데, 결국 산성인 육류를 전후해서 알칼리성인 샐러드를 섭취함으로써 영양의 균형을 도모하는 것이다. 샐러드의 종류는 다음 표와 같다.

[표 5-3] 샐러드의 종류

| 구분 | 종류 | 내용 |
|---|---|---|
| 순수 샐러드 | 믹스드 샐러드 (mixed salad) | 여러 가지의 야채를 혼합하여 만든 샐러드 |
| | 계절 샐러드 (seasonal salad) | 그 계절에 나는 야채를 이용하여 만든 샐러드 |
| | 시저 샐러드 (caesar salad) | 로마시대 시저가 즐겨 먹던 샐러드로써 만들기 전에 주문 고객의 기호에 맞는 각종 재료 및 양념을 넣어 즉석에서 만들어 주는 샐러드 |
| 혼합 샐러드 | 셉스 샐러드 (chef' s salad) | 양상치, 햄, 치즈, 닭고기, 계란, 토마토, 올리브 등을 이용하여 만든 샐러드 |
| | 과일 샐러드 (fruit salad) | 야채에 과일이 혼합된 샐러드 |
| | 생선 샐러드 (fish salad) | 야채에 생선이 혼합된 샐러드로써 참치 샐러드(tuna salad), 게맛살 샐러드(crab meat salad) 등이 있다. |
| | 육류 샐러드 (meat salad) | 야채에 육류가 혼합된 샐러드로써 쇠고기 샐러드(beef salad) 등이 있다. |

■ Caesar Salad

## 2. 드레싱

샐러드에는 반드시 드레싱을 곁들이는데 샐러드의 소스를 드레싱(dressing)이라고 한다. 미국에서는 드레싱이란 표현을 쓰지만 유럽에서는 그냥 소스라고 한다. 드레싱이란 용어는 본래 몸단장을 마무리한다는 뜻으로 소스를 샐러드 위에 뿌리면 여자가 옷을 치장하는 것처럼 여겨지는 데서 유래되었다.

드레싱은 샐러드의 맛을 한층 높여 주는데 필수적인 것으로 주로 식초와 식물성 오일류로 만든다. 육고기는 포화산지방이 많아 콜레스트롤 수치를 높이는데, 샐러드의 주재료인 식초와 식물성 기름은 불포화산지방으로 콜레스트롤 수치를 낮추는 역할을 한다. 따라서 육류 전후에는 샐러드가 곁들여지는 것이다. 주요 드레싱의 종류와 용도는 다음 표와 같다.

[표 5-4] 드레싱의 종류와 용도

| 종류 | 재료 | 용도 |
|---|---|---|
| 프렌치(French) 드레싱 | 양겨자, 레몬즙, 올리브오일, 식초, 설탕, 소금, 양파즙, 다진 올리브, 다진 오이피클, 후추가루, 파슬리 약간 | 체리토마토샐러드, 그린샐러드, 과일샐러드, 토마토샐러드 |
| 이탈리안(Italian) 드레싱 | 다진 양파, 식초, 토마토케첩, 다진 붉은 피망, 올리브오일, 다진 오이피클, 설탕, 핫소스, 레몬즙, 소금, 흰후추가루 약간 | 컬리플라워 해물샐러드, 해산물모듬샐러드, 삼겹살샐러드, 불고기샐러드 |
| 1000 아일랜드(thousand island) 드레싱 | 마요네즈, 토마토케첩, 다진 양파, 다진 오이피클, 피클물, 식초, 생크림, 소금, 후추가루 약간 | 체리토마토샐러드, 그린샐러드, 과일샐러드, 토마토샐러드 |
| 요구르트 과일 드레싱 | 플레인 요구르트, 프렌치 드레싱, 복숭아 통조림, 다진 호두, 레몬즙, 소금, 흰후추가루 약간 | 체리토마토샐러드, 그린샐러드, 과일샐러드, 토마토샐러드 |
| 허니 머스터드(honey mustard) 드레싱 | 마요네즈, 꿀, 양겨자, 다진 양파, 레몬즙, 다진 민트 약간, 소금, 흰후추가루 약간 | 치킨샐러드, 모짜렐라치즈 튀김, 양파링카레 튀김, 새우튀김 햄버거 |

■French dressing (Vinaigrette sauce)

■Italian dressing

■1000 Island dressing

## 제5절 디저트/커피/치즈

### 1. 디저트

디저트(dessert)의 어원은 프랑스어 드세뵈르(desservir)에서 유래되었는데 '치우다', '정돈하다'라는 뜻이다. 오늘날에도 디저트를 서비스할 때는 테이블 위에 모든 기물을 제거하고 깨끗하게 정돈한 후 제공한다. 디저트의 목적은 식사가 끝난 후에 입안을 개운하게 하는 것으로 맛은 감미롭고 향기롭다. 디저트는 아이스크림, 케이크, 파이, 과일, 후루츠 칵테일(fruits cocktail) 등과 같은 찬 디저트(cold dessert)와 따뜻한 디저트(hot dessert)로 구분되며 그 종류는 다음 표와 같다.

[표 5-5] 디저트의 종류

| 구분 | 디저트명 | 내용 |
|---|---|---|
| cold dessert | 아이스크림 (ice cream) | 계란 노른자, 우유, 설탕, 크림을 이용하여 만든 것에 딸기, 바닐라, 초콜릿, 멜론, 모카 등을 넣어 만들며, 명칭은 첨가하는 재료에 따라 붙여진다. |
| | 무스 (mousse) | 계란과 생크림, 과즙 등의 재료를 컵과 같은 용기에 넣어 차게 얼린 것 |

| 구분 | 디저트명 | 내용 |
|---|---|---|
| cold dessert | 샤롯트(charlotte) | 건과자류로 틀을 만들고, 그 안에 크림을 넣어 차게 만든 것 |
| | 파르페(parfait) | 아이스크림에 건과자류와 리큐르 등을 넣어 만든 것 |
| | 커스터드 푸딩(custard pudding) | 우유, 계란, 바닐라, 캐러멜, 설탕 등을 재료로 하여 만든 것 |
| | 피치멜바(peach melba) | 아이스크림 위에 복숭아 절임을 놓고, 산딸기 잼과 산딸기를 넣어 끓여서 식힌 멜바소스를 위에 뿌려 만든 것 |
| hot dessert | 푸딩(pudding) | 녹말이나 밀가루 또는 계란, 우유를 주재료로 조리해서 만든 것 |
| | 바나나 프람베(banns flambee) | 노란 설탕, 오렌지주스, 레몬주스, 버터를 끓여 만든 소스에 바나나를 넣어 익힌 다음 리큐르로 프람베해서 만든 것 |
| | 크렙수젯(crepe suzette) | 프렌치 레스토랑에서 취급하는 유명한 디저트인데 팬케이크를 말아 소스와 함께 데워서 만든다. |

■mousse

■charlotte

■parfait

■custard pudding

■peach melba

[표 5-6] 크렙수젯 재료

| 크렙 | 소스 |
| --- | --- |
| 밀가루 : 1컵<br>설탕 : 2 티스푼<br>소금 : 소량<br>계란 : 3개<br>우유 : 1컵<br>버터 : 2 티스푼<br>소금 : 아주 소량<br>물 : 1/5컵 | 설탕 : 1/2컵<br>오렌지 껍질 : 반쪽<br>버터 : 1/4컵<br>오렌지주스 : 소량 |

[그림 5-4] 크렙수젯 레시피

## 1. 크렙 레시피

❶ 버터를 제외한 재료를 사용하여 반죽을 한다.

❷ 팬에 버터를 두르고 뜨겁게 달군다.

❸ 반죽한 크렙을 팬에 둥글게 하여 얇게 편다.

❹ 크렙이 익으면(1분 정도) 뒤집어 반대편도 익힌다.

❺ 다 익으면 포크와 스푼을 이용하여 조심스럽게 말아서 접시에 들어낸다.

## 2. 소스 레시피

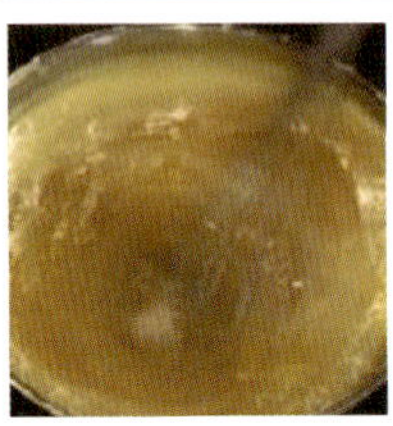

❶ 1/4컵 설탕을 팬에 넣어 저온상태에서 설탕이 캐러멀화될 때까지 젓는다. 이때 오렌지와 레몬 껍질을 첨가한다.

❷ 캐러멀화된 설탕 위에 버터를 가한 다음 오렌지 주스를 넣고, 버터가 녹을 때까지 젓는다.

❸ 소스를 완성시킨다.

**3. 크렙수젯 완성하기**

| | | | |
|---|---|---|---|
|  | ❶ 소스를 만들은 팬에 크렙을 놓고 나머지 1/4컵의 설탕을 뿌린다. |  | ❷ 크렙을 말고, 3~4 등분한다. |
|  | ❸ 그랜드 마니어 또는 꼬냑 한 스푼을 가하여 불꽃이 일어나도록 하고, 팬을 기울여 전 소스에 불꽃(flambe)이 일어나도록 한다. |  | ❹ 접시에 포크와 스푼을 이용하여 크렙을 올리고 적당히 장식(가니쉬)을 한다. |

# 2. 커피

## 2.1 커피의 의의와 종류

커피(coffee)의 어원은 이디오피아의 '카파(kaffa)'라는 말에서 유래되었다. 카파는 힘이란 뜻이고, 커피나무가 야생하는 이디오피아의 지명이기도 하다. 커피는 쓴맛, 떫은 맛, 신맛, 구수한 맛이 잘 조화되어 만들어진 음료로서 피로감을 없애주고, 머리를 맑게 하고, 혈액순환을 도와주는 성분이 함유되어 있으며, 특유의 맛과 향을 지니고 있어 세계인의 기호음료가 되었다. 커피는 기원전부터 발견되어 의약용으로 사용되어 오다가 300년 전부터 기호음료로 보편화되기 시작했다. 커피는 순수커피로만 만든 비알코올성 커피(non-alcoholic coffee)와 술이 첨가된 알코올성 커피(alcoholic coffee)로 분류되며, 그 종류는 다음 표와 같다.

[표 5-7] 커피의 종류

| 구분 | 커피명 | 내용 |
|---|---|---|
| 비알코올성 커피 | 레귤러 커피(regular coffee) | 일반적인 커피 |
| | 아메리칸 커피(American coffee) | 연한 커피 |
| | 디카페인 커피(de caffeine coffee) | 카페인이 없는 커피 |
| | 에스프레소 커피(espresso coffee) | 이탈리아식 농축 커피 |
| | 비엔나 커피(vienna coffee) | 휘핑 크림 또는 아이스크림을 얹은 커피 |
| | 카푸치노 커피 (capuccino coffee) | 전통 이탈리아 커피로서 더운 우유를 섞고 계피가루와 휘핑 크림을 얹은 커피 |
| | 카페 오레 (cafe au laite) | 커피와 우유를 반반 섞은 커피로서 유럽인들이 아침에 위의 부담을 덜고자 만들어 마셨다. |
| 알코올성 커피 | 아이리시 커피 (Irish coffee) | 아이리시 위스키와 위핑 크림을 넣은 커피 |
| | 카페 로얄 (로얄 커피 ; royal coffee) | 커피의 황제라고 불리며, 나폴레옹 황제가 좋아했다고 전해지는 커피로서 브랜디를 넣은 불꽃을 피워 만든다. |
| | 깔루아 커피(kahlua coffee) | 멕시코의 커피 리큐르 깔루아를 넣은 커피 |
| | 트로피칼 커피(tropical coffee) | 화이트 럼과 레몬에 불꽃을 피워 남국의 정열적인 이미지를 주는 커피 |

[표 5-8] 아이리시커피의 종류

| 구분 | 만드는 방법 |
|---|---|
| 트롤리 준비 | 1. 아이리시 커피용 글라스와 워머(warmer)를 준비한다.<br>2. 커피, 흰 설탕, 노란 설탕, 위핑 크림, 레몬을 준비한다.<br>3. 아이리시 위스키를 준비한다. |
| 만들기 | 1. 레몬으로 글라스의 가장자리를 문지르고 레몬액에 흰 설탕이 묻도록 찍어낸다.<br>2. 아이리시 위스키 1온스를 글라스에 붓고 뜨겁게 달군다.<br>3. 글라스를 살짝 기울여 불을 붙이고 불꽃이 일도록 하여 쇼잉(showing)을 한다.<br>4. 노란 설탕 1스푼과 커피를 2/3 정도 채운다.<br>5. 휘핑 크림을 커피 위에 띄운다. |

■아이리시 커피

[표 5-9] 카페 로얄 만들기

| 구분 | 내용 |
|---|---|
| 재료 | • 원두 커피 : 120~130cc  • 뜨거운 물<br>• 브랜디(또는 꼬냑) : 5cc  • 각설탕 |
| 만들기 | 1. 잔을 따뜻하게 데운다.<br>2. 따뜻한 커피를 붓는다.<br>3. 잔 위에 스푼을 걸치고, 그 위에 각설탕을 얹는다.<br>4. 각설탕에 브랜디를 붓고, 불을 붙여서 각설탕을 녹인다.<br>5. 각설탕이 녹으면 커피에 붓고 잘 섞어 마신다. |

■카페 로얄

## 2.2 커피 끓이는 방법

커피는 재료가 신선해야 되고, 물은 철분이 들어있지 않은 깨끗한 물을 사용하여야 한다. 커피의 양과 물의 양은 알맞아야 하고, 물의 온도는 80~83℃가 적당하며, 설탕과 크림을 넣었을 때 60~63℃가 유지될 때 가장 맛이 좋다. 커피를 끓이는 방법으로는 드립(drip)법, 사이폰(siphon)법, 전동법 등이 있다.

### (1) 드립(drip)법

일명 필터(filter)법이라고 하며, 필터를 드립에 부착시킨 후 커피를 넣고 끓는 물을 부어서 커피가 여과되도록 한다.

### (2) 사이폰(siphon)법

가는 관을 이용하여 커피를 추출하는 방법으로 위쪽에 커피를, 아래쪽에 물을 따로 분리해 놓고 밑에서 열을 가하면 위로 증기가 가해져 커피가 추출된다.

### (3) 전동법

커피 머신을 이용하여 전열기에 순간적으로 끓는 물을 중앙관을 통하여 드립 속의 커피에 분출시켜 커피를 추출하는 방법으로 호텔에서 가장 많이 쓰이는 방법이다.

## 2.3 티

차(tea)는 커피나 코코아와 같이 강한 맛은 없지만 섬세하고 독특한 향이 특색이다. 디저트 후의 음료로는 주로 커피가 애용되지만 커피를 싫어하는 사람은 차(tea)를 즐기기도 한다. 차의 성분은 카페인을 주체로 하는 알카로이드를 함유한 커피 · 코코아 등의 기호음료에 비해 탄닌 · 아미노산 · 무기질 · 비타민 등이

다량 함유된 것이 특징이다. 차에도 카페인이 들어있지만, 카페인만 들어있는 커피를 섭취했을 때보다 그 작용이 완만하게 일어나며 지속 시간도 짧다.

특히 홍차를 제공할 때는 레몬이나 우유가 곁들여지게 되는데, 레몬은 홍차의 풍미를 높여주고, 우유는 홍차의 떫은 맛을 제거시켜 맛을 부드럽게 해 준다.

# 3. 치즈

## 3.1 치즈의 의의

치즈(cheese)는 우유 · 탈지우유 · 크림 · 양젖 등을 원료로 하여 응유효소 및 젖산균 등의 세균과 푸른곰팡이 등의 곰팡이나 효모 등 각종 미생물의 변화를 이용하여 제조한 것을 말한다. 치즈의 기원은 아라비아 옛날이야기에 아라비아 상인이 양의 위로 만든 물주머니에 우유를 넣어 여행을 하는 동안 태양열로 따뜻해진 우유가 응유효소의 작용으로 굳어져 처음으로 만들어졌다고 전해지고 있다.

## 3.2 치즈의 종류와 어울리는 와인

치즈의 종류는 세계적으로 400종류 이상이 있다고 한다. 명칭은 원산지 이름이나 외관 · 형태에서 유래된 것이 많으며, 천연 치즈와 가공 치즈로 구분하기도 하고, 경질의 정도에 따라 연질치즈(soft cheese), 반경질 치즈(semi hard cheese), 경질치즈(hard cheese)로 구분하기도 한다. 특히 서양인은 와인과 함께 치즈를 즐기는데, 치즈의 종류와 그에 따른 어울리는 와인을 소개하면 다음 표와 같다.

[표 5-10] 치즈의 종류와 어울리는 와인

| 구분 | 치즈명 | 생산지역 | 특징 | 어울리는 와인 |
|---|---|---|---|---|
| 연질 | 모짜렐라 (Mozzarella) | 이탈리아 | 피자 토핑에 많이 사용되어 흔히 피자 치즈로 알려져 있다. | California-Chardonnay(W) Chabris(W) Arneis(W) |
| | 브리 (Brie) | 프랑스 | 흰색 껍질 안쪽은 노란색의 진한 크림 형태로 상온에 오래 두면 크림처럼 녹아내린다. 달콤한 비스킷 또는 과일, 수프와 함께 잘 어울린다. | Hermitage(R) Vosne-Romanee(R) Bourgogne(R) |
| | 카망베르 (Camembert) | 프랑스 | 와인과 치즈의 조화로운 맛을 아는 많은 사람들이 보편적으로 즐기는 치즈 | Saint-Emillion(R) Beaujolais(R) Bourgogne(R) |
| | 코티지 (Cottage) | 유럽 및 미국 | 저칼로리 고단백질 식품으로 미국에서 대량으로 소비된다. 샌드위치나 샐러드, 사과나 배 같은 과일, 허브 등과 잘 어울린다. | 가벼운 로제샴페인 |
| 반경질 | 체더 (Chaddar) | 영국 | 부드러운 신맛이 특징이다. | 드라이한 레드 와인, 까베르네 소비뇽이나 멜로 와인 종류 |
| | 로크포르 (Roquefort) | 프랑스 | 양젖에서 생긴 푸른곰팡이로 숙성시켜 만든 치즈 | 가벼운 레드와인이나 숙성이 잘 된 화이트 와인 |
| | 브릭(Brick) | 미국 | 약간 자극적인 맛이 있다. | 가벼운 레드와인 |
| 경질 | 에담 (Edam) | 네덜란드 | 편평한 공모양이며, 표면이 빨간색 왁스나 셀로판으로 덮여 있어서 적옥(赤玉)치즈라고도 한다. | |
| | 고다 (Gouda) | 네덜란드 | 유럽에서 생산되는 가장 오래된 치즈 중의 하나이며, 빵이나 피클과 함께 먹으면 좋고, 어린 고다는 샌드위치에 넣어 먹으면 맛있다. | Syrah(R) Shiraz(R) |
| | 에멘탈 (Emmental) | 스위스 | 탄력있는 조직을 가지고 있으며 호도와 같은 맛이 난다. | Syrah(R) Shiraz(R) |
| | 파르메산 (Parmesan) | 이탈리아 | 가루 치즈로 만들며, 주로 수프, 마카로니, 피자 등에 사용한다. | 드라이한 이탈리아산 레드 와인, 끼안띠, 바롤로 |

# 제6장

# 양식당 업무

## 제1절 양식당의 테이블 세팅

### 1. 영업 전의 업무

고객에게 완벽한 식사를 제공하기 위하여 영업 시작 전에 서비스 기물 및 비품 등을 체크하고 준비해야 하는데, 이를 미즈언 쁘라스(mise-en place)라고 한다. 완벽한 영업준비를 위해서는 체크 리스트(check list)에 의해서 점검하는 것이 바람직하다. 즉 체크할 항목을 열거하고 그에 따른 이행 여부를 체크하여 잘못되었거나 부족한 부분을 수정 보완하게 되면 완벽한 영업준비를 할 수 있다. 〈표 6-1〉은 영업준비를 위한 체크 리스트의 예이다.

[표 6-1] 영업준비를 위한 체크 리스트

| 항목 | YES | NO |
|---|---|---|
| 테이블 탑(table top)은 규정에 따라 세팅되었는가? | | |
| 차이나 웨어(china ware)는 이가 빠지거나 흠이 난 곳이 없는가? | | |
| 실버 웨어(silver ware)는 얼룩이 지고 변색이 된 것은 없는가? | | |
| 글라스 웨어(glass ware)는 이가 빠지거나 얼룩이 진 것은 없는가? | | |
| 테이블 클로스(table cloth)는 더럽거나 찢어진 곳이 없는가? | | |
| 냅킨(napkin)은 더럽거나 찢어진 곳이 없는가? | | |
| 소금과 후추는 잘 흔들어(응고 방지) 놓았는가? | | |
| 양념류는 충분히 채워져 있고 용기는 깨끗한가? | | |
| 재떨이는 깨끗한가? | | |
| 테이블 위나 의자 위에 이물질은 없는가? | | |
| 테이블과 의자가 흔들리거나 기울어진 것은 없는가? | | |
| 꽃은 신선한가? | | |
| 조명은 적당하고 불이 나간 전구는 없는가? | | |
| 음악의 볼륨은 적당한가? | | |
| 사이드 테이블(side table)의 서비스 도구는 정리정돈되어 있는가? | | |

※ 사이드 테이블(side table)은 일명 서비스 스테이션(service station)이라고도 한다.

## 2. 테이블 세팅의 의의와 종류

### 2.1 테이블 세팅의 의의

테이블 세팅(table setting)이란 고객이 테이블에서 안락하게 식사를 할 수 있도록 테이블 및 의자는 물론 테이블 클로스, 냅킨, 은기류, 도기류, 글라스류 등을 바르게 갖추어 놓는 것을 말한다. 완벽한 서비스는 완벽한 테이블 세팅으로부터 시작된다고 할 수 있다.

## 2.2 테이블 세팅의 종류

테이블 세팅의 종류는 크게 기본 차림(basic setting), 일품요리 차림(a la carte), 정식 차림(table d' hote setting) 등으로 나눌 수 있다.

### (1) 기본 차림(basic setting)

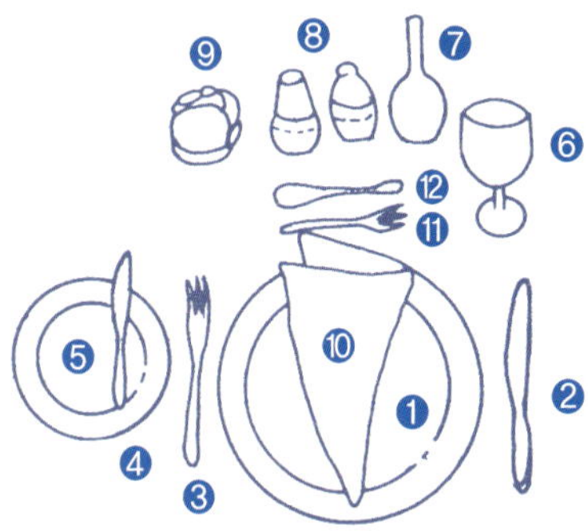

1. Show Plate
2. Dinner Knife
3. Dinner Fork
4. Butter Knife
5. B&B Plate
6. Water Gobler
7. Flower Vase
8. Caster Set
9. Ashtray
10. Napkin
11. Dessert Fork
12. Dessert Spoon

### (2) 일품요리 차림(a la carte)

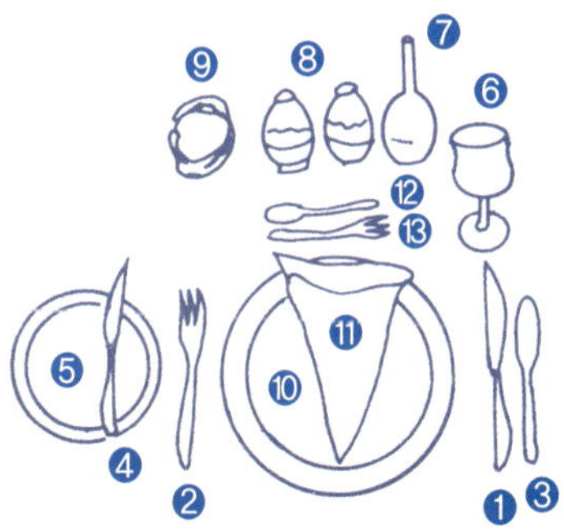

1. Dinner Knife
2. Dinner Fork
3. Soup Spoon
4. Butter Knife
5. B&B Plate
6. Water Gobler
7. Flower Vase
8. Caster Set
9. Ashtray
10. Show Plate
11. Napkin
12. Dessert Fork
13. Dessert Spoon

### (3) 정식 차림(table d' hote setting)

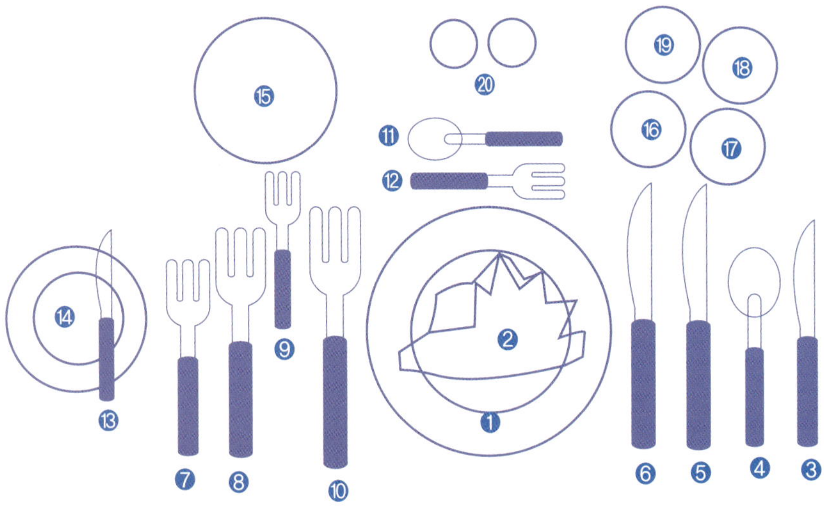

❶ Show plate ❷ Napkin ❸ Appetizer Knife
❹ Soup spoon ❺ Fish Knife ❻ Meat(Dinner) Knife
❼ Appetizer Fork ❽ Fish Fork ❾ Salad Fork
❿ Meat(Dinner) Fork ⓫ Dessert Spoon ⓬ Dessert Fork
⓭ Butter Knife ⓮ B&B Plate ⓯ Butter Bowl
⓰ Water goblet ⓱ White wine Glass ⓲ Red Wine Glass
⓳ Champagne Glass ⓴ Salt & pepper(caster)

# 3. 테이블 세팅의 순서와 유의사항

## 3.1 테이블 세팅의 순서

테이블 세팅의 순서를 풀 코스를 기준으로 나열하면 다음과 같다.

❶ 테이블 및 의자를 점검한다.

❷ 테이블 클로스를 깐다.

❸ 쇼 플레이트(show plate)를 놓는다. 이때 쇼 플레이트 위의 냅킨은 접힌 채 누워있는 상태이다. show plate는 일종의 장식용 접시로서 시각적인 효과를 줄 뿐만 아니라 테이블 세팅 시 균형을 잡아주는 역할도 한다.

❹ 육류용 나이프와 포크를 놓는다.

❺ 생선용 나이프와 포크를 놓는다.

❻ 수프 스푼과 샐러드 포크를 놓는다.

❼ 애피타이저 나이프와 포크를 놓는다.

❽ 비 · 비 플레이트(B · B plate)와 나이프를 쇼 플레이트 왼쪽에 놓는다. B&B plate란 빵(bread)과 버터(butter)를 놓는 접시를 말한다.

❾ 디저트 스푼과 포크를 쇼 플레이트 위쪽에 놓는다.

❿ 물잔(water goblet)과 와인 잔을 놓는다.

⓫ 소금과 후추(caster set) 병을 놓는다.

⓬ 꽃병과 재떨이를 놓는다.

⓭ 테이블 세팅이 정확하게 되었는지 살펴보고 이상이 없으면 냅킨을 세운다.

테이블 세팅할 때 쇼 플레이트와 나이프 포크 등의 은기류는 테이블 끝 선 1cm(또는 손톱 하나) 위에서 수평을 유지하고, 기물과 기물 사이의 간격도 1cm를 유지하는 것이 좋다.

## 3.2 테이블 세팅 시 유의사항

### (1) 테이블 및 의자

테이블은 수평을 유지하는지, 흔들리지는 않는지를 체크한다. 의자도 상태를 점검한 다음 오물 등을 제거하고 테이블의 중심에 맞추어 바르게 놓는다.

### (2) 테이블 클로스 및 냅킨

테이블 클로스와 냅킨은 깨끗하고 구김이 없어야 한다. 오물이 묻었거나 찢어진 것을 사용해서는 안 된다.

### (3) 은기류

나이프 포크 등의 은기류를 세팅할 때는 오점이 있는 것을 사용해서는 안 되고 지문이 묻지 않도록 한다. 칼날은 안쪽으로 향하게 하고 식사 코스의 순서에 따라 안쪽에서 바깥쪽으로 세팅한다.

### (4) 도기류

쇼 플레이트, 비 · 비 플레이트 등의 도기류를 세팅할 때는 오점이나 이가 빠진 것은 없는지 확인하고 지문이 묻지 않도록 주의하여 세팅한다.

### (5) 글라스류

글라스는 얼룩이나 깨진 곳이 없는지 확인하고 특히 지문이나 립스틱 등이 묻었는지 잘 체크하여 깨끗한 글라스를 세팅한다. 글라스의 오점 여부는 밝은 쪽으로 들어 올려 비추어 보면 쉽게 확인된다.

### (6) 꽃병

꽃은 테이블의 분위기를 살리는 소품으로써 항상 신선한 꽃을 사용해야 하며, 테이블의 중심에 세팅한다.

### (7) 캐스터 세트(caster set)

소금과 후추가 든 캐스터 세트는 적정한 양이 들어 있는지, 응고되어 있는지, 구멍이 막혔는지를 점검하여 꽃병 옆쪽에 세팅한다.

## 제2절 양식 서비스의 절차

양식의 서비스를 절차에 따른 동작 및 사용언어를 일목요연하게 정리하면 다음 표와 같다.

[표 6-2] 양식의 서비스 절차

| 서비스 절차 (service sequence) | 서비스 동작 | 사용 언어 |
|---|---|---|
| 식전주 주문받기 (aperitif order taking) | 고객의 왼쪽에서 주문을 받는다. | 식전에 음료 한 잔 하시겠습니까? |
| 식전주 서빙 (aperitif serving) | 고객의 오른쪽에서 서빙한다. | 실례하겠습니다. |
| 메뉴제공 (menu presentation) | 고객의 왼쪽에서 준다. | 메뉴 보시겠습니까? |
| 음식 주문받기 (food order taking) | 고객의 왼쪽에서 주문을 받는다. | 주문하시겠습니까?<br>주문하신 메뉴는 ○○입니다.<br>감사합니다. |
| 와인 리스트 제공 (wine list presentation) | 고객의 오른쪽에서 준다. | 식사와 함께 와인을 드시겠습니까?<br>와인 리스트 보시겠습니까? |
| 와인 주문받기 (wine order taking) | 고객의 왼쪽에서 주문을 받는다. | 주문하신 와인은 ○○입니다.<br>감사합니다. |
| 버터 접시 제공 (butter dish serving) | 고객의 왼쪽 B · B 플레이트 위쪽에 놓는다. | 실례하겠습니다. |
| 빵 제공 (bread serving) | 빵 바구니를 들고 고객의 왼쪽에서 보여준다. | 어떤 빵을 드시겠습니까? |
| 화이트 와인 서빙 (white wine serving) | 상표가 고객에게 보이도록 왼손에 놓고 확인시킨다. | 주문하신 ○○와인입니다. |
| 레드 와인 오픈 (red wine open) | 상표가 고객에게 보이도록 왼손에 놓고 확인시킨 다음 오픈 여부를 묻는다. | 주문하신 ○○와인입니다. |
| 애피타이저 서빙 (appetizer serving) | 고객의 오른쪽에서 서빙한다. | 실례하겠습니다.<br>주문하신 ○○입니다. |
| 애피타이저 접시 제거 (dish take out) | 고객의 오른쪽에서 뺀다. | 실례하겠습니다.<br>다 드셨습니까? |

| 서비스 절차 (service sequence) | 서비스 동작 | 사용 언어 |
|---|---|---|
| 수프 서빙 (soup serving) | 고객의 오른쪽에서 서빙한다. | 실례하겠습니다.<br>주문하신 ○○수프입니다. |
| 수프 볼 제거 (bowl take out) | 고객의 오른쪽에서 뺀다. | 실례하겠습니다.<br>다 드셨습니까? |
| 생선요리 서빙 (fish serving) | 고객의 오른쪽에서 서빙한다. | 실례하겠습니다.<br>주문하신 ○○입니다. |
| 생선요리 접시 제거 (dish take out) | 고객의 오른쪽에서 뺀다. | 실례하겠습니다.<br>다 드셨습니까? |
| 셔벳 서빙 (sherbet serving) | 고객의 오른쪽에서 서빙한다. | 실례하겠습니다.<br>○○셔벳입니다. |
| 셔벳 볼 제거 (bowl take out) | 고객의 오른쪽에서 뺀다. | 실례하겠습니다. |
| 샐러드 서빙 (salad serving) | 샐러드 볼은 고객의 오른쪽에서 서빙하고, 드레싱은 왼쪽에서 초이스할 수 있도록 한다. | 실례하겠습니다.<br>어떤 드레싱을 드릴까요? |
| 샐러드 볼 제거 (bowl take out) | 고객의 오른쪽에서 뺀다. | 실례하겠습니다. |
| 와인 서빙 (wine serving) | 고객의 오른쪽에서 따른다. | 와인 테스트를 하시겠습니까? |
| 앙뜨레 서빙 (entree serving) | 고객의 오른쪽에서 서빙한다. | 실례하겠습니다.<br>주문하신 ○○입니다. |
| 앙뜨레 접시 제거 (dish take out) | 고객의 오른쪽에서 뺀다. | 실례하겠습니다.<br>다 드셨습니까? |
| 테이블 크리닝 (table cleaning) | 고객의 왼쪽에서 한다.<br>이때 글라스 종류를 제외한 모든 기물을 제거한다. | 실례하겠습니다. |
| 디저트 메뉴 제공(dessert menu presentation) | 고객의 오른쪽에서 준다. | 디저트 메뉴를 보시겠습니까? |
| 디저트 주문받기 (dessert order taking) | 고객의 왼쪽에서 주문을 받는다. | 주문하신 ○○디저트를 곧 준비해 드리겠습니다. |
| 디저트 서빙 (dessert serving) | 고객의 오른쪽에서 준다. | 맛있게 드십시오. |
| 디저트 접시 제거 (dish take out) | 고객의 오른쪽에서 뺀다. | 실례합니다. 맛있게 드셨습니까? |
| 커피/티 주문받기(coffee or tea order taking) | 고객의 왼쪽에서 주문을 받는다. | 커피 또는 홍차를 드시겠습니까? |
| 커피/티 서빙 (coffee or tea serving) | 고객의 오른쪽에서 서빙한다. | 실례합니다.<br>커피(홍차)가 뜨겁습니다. |

제 7 장

# 커피숍/룸 서비스/뷔페식당 업무

## 제1절 커피숍 업무

### 1. 커피숍의 메뉴

커피숍은 단순히 커피 등의 음료를 판매하는 곳이 아니라 조식을 비롯하여 경양식의 음식도 판매하는 업장이다. 따라서 커피숍의 메뉴는 동서양의 조식 및 점심과 저녁을 위한 일품요리 그리고 음료(beverage) 등으로 구성되어 있다.

#### 1.1 양조식

##### (1) 콘티넨탈 조식(Continental Breakfast)

콘티넨탈 조식은 유럽풍의 조식으로서 빵, 음료, 과일 정도의 간단한 식단으로 구성되어 있다.

### (2) 아메리칸 조식(American Breakfast)

아메리칸 조식의 메뉴는 콘티넨탈 조식의 메뉴에 콘 플레이크(corn flake)와 같은 곡물(cereal)류와 계란요리가 추가된다.

#### CONTINENTAL BREAKFAST

Past of your choice, sweet roll or toast or croissants and farmer's butter marmalade, jam or honey.

#### AMERICAN BREAKFAST

Fresh farm eggs boiled scrambled, poach or omelets with ham, rashers, bacon, or breakfast sausages Pasty of your choice sweet rolls or toast or croissants and farmer's butter marmalade, jam or honey Coffee, tea or hot chocolate Choice of seasonal tropical fruit papaya, pineapple, banana, watermelon Or choice chilled fruit and vegetable juice, pineapple, tomato, orange

### (3) 잉글리쉬 조식(English breakfast)

아메리칸 조식에 육류(90g 정도의 스테이크 위에 프라이된 계란을 얹음)나 생선요리가 추가된다.

### (4) 조식 뷔페(breakfast buffet)

조식 뷔페의 메뉴는 양조식의 메뉴 아이템 즉 빵, 햄, 베이컨, 소시지, 감자, 샐러드, 과일, 음료 등을 다양하게 준비한 것이며, 동양인을 위하여 밥, 국, 죽 등도 갖추어져 있다.

## 1.2 조식에 제공되는 빵

### (1) 크로와상(croissant)

조식의 대표적인 빵으로서 버터, 계란, 우유를 넣어 만든 초생달 모양을 하고 있다.

### (2) 머핀(muffin)

영국의 전통적인 빵으로서 재료에 베이킹 파우더 등을 넣고 빨리 휘저어 된 반죽이 만들어지면 작은 머핀 컵에 담아 굽는다. 이때 반죽에 여러가지 곡물가루 · 곡류 · 기울 · 견과 · 향미료 · 과일 등 재료를 첨가하여 다양한 맛을 낼 수 있다.

### (3) 스위트 롤(sweet roll)

일명 화이트 롤(white roll) 또는 모닝 빵이라고도 하며, 소맥분으로 만든 빵이다.

### (4) 라이 브레드(rye bread)

호밀로 만든 거무스름한 빵이다.

### (5) 프렌치 브레드(French bread)

모양이 길고 속살은 말랑하며 겉은 바싹바싹한 빵. 일명 바게트(baguette)라고 하는데 프랑스어로 막대기란 뜻이다.

### (6) 페스트리(pastry)

덴마크에서 개발한 것으로 밀가루에 유지, 물을 섞어 반죽하여 바삭하게 구운 빵이다.

### (7) 토스트(toast)

일명 식빵으로서 아무 것도 바르지 않고 구운 보통의 플레인 토스트(plain toast)와 계란, 우유, 설탕을 버무린 것을 묻혀 팬에 구운 프렌치 토스트(French toast) 등이 있다.

### (8) 팬 케이크(pan cake)

밀가루, 계란, 우유, 설탕, 버터, 베이킹 파우더를 혼합하고 반죽하여 팬에 널게 펴서 익힌 것으로 주로 꿀을 얹어 먹는다.

### (9) 와플(waffle)

밀가루, 버터, 설탕, 계란, 우유, 이스트, 소금 등을 혼합아여 반죽한 다음 벌집 모양 등의 틀에 넣어 바삭하게 부풀려 구운 케이크이다.

## 1.3 계란요리의 종류

### (1) 삶은 계란(boiled egg)

삶은 계란은 끓는 물에 삶는 정도에 따라 soft(3~5분), medium(6~8분), hard(10~12분) 3가지로 나눌 수 있는데 주문받을 때 반드시 삶는 정도를 물어보아야 한다.

■삶은 계란(hard)

■삶은 계란(medium)

■삶은 계란(soft)

### (2) 프라이(fried egg)

#### ❶ 스트레이트 업(straight up)

한쪽 면만 익힌 것으로 위쪽의 노른자가 거의 안 익을 정도로 구운 것이다.

#### ❷ 써니 사이드 업(sunny side up)

한쪽 면만 익힌 것으로 위쪽의 노른자가 익을 정도로 구운 것이다.

#### ❸ 오버 이지(over easy)

양쪽 면을 익힌 것으로 안쪽의 노른자가 거의 안 익을 정도로 구운 것이다.

#### ❹ 오버 하드(over hard)

양쪽 면을 익힌 것으로 안쪽의 노른자가 거의 익을 정도로 구운 것이다.

### (3) 포치드 에그(poached egg)

식초를 가미한 물에 계란을 깨어 넣고 약 3분간 반숙 정도로 익힌 것으로 틀을 이용하여 모양을 만들기도 한다.

### (4) 스크램블 에그(scrambled egg)

노른자와 흰자를 풀어 버터를 두른 팬에 붓고 낮은 온도에서 나무주걱으로 휘저어 만든 것이다.

### (5) 오믈렛(omelet)

계란 3개를 소금과 크림을 약간 가미하여 푼 다음 팬에 얇게 익혀 말아가면서 만든 것. 양파, 햄, 베이컨 등을 첨가하기도 한다.

## 1.4 일품요리

커피숍의 점심 및 저녁 메뉴는 가벼운 일품요리(a la carte)로 구성되어 있다. 양식의 경우 코스별로 여러 가지의 메뉴를 준비하여 고객이 선택할 수 있도록 되어 있으며, 샌드위치, 파스타(pasta) 및 동양식의 코너도 준비되어 있다.

### (1) 파스타



파스타(pasta)란 이탈리아식 밀가루요리로써 대표적인 것이 스파게티이며,

계란 · 시금치 · 토마토 등의 재료를 첨가하여 맛을 내기도 한다. 면의 형태나 재료에 따라 수많은 종류의 파스타가 있으나 주요 파스타를 소개하면 다음과 같다.

### ❶ 스파게티(Spaghetti)

파스타 중 가장 많이 알려진 것으로 파스타의 대명사로 불리며, 어떤 요리나 소스에도 잘 어울린다.

### ❷ 라디아토레(Radiatore)

나사처럼 생긴 파스타로서 꼬인 틈새 사이로 소스가 들어가 맛을 낸다.

### ❸ 페츄시니(Fettucine)

우리나라의 칼국수처럼 생긴 파스타이다.

### ❹ 푸질리(Fusilli)

나선형으로 돌아가는 총알을 뜻하는 근대 이탈리아어 방언에서 유래된 파스타이다.

### ❺ 펜네(Penne)

가장 일반적이고 많이 이용되는 튜브형태의 파스타로서 'Penne'라는 이름은 그 끝이 펜촉처럼 뾰족하고, 펜대처럼 생겨서 붙여진 이름이다.

### ❻ 라쟈나(Lasagne)

판형태의 파스타로서 요리 방식은 층층이 깔고 그 사이 사이에 고기, 생선 야채 등의 속을 채워 요리하는 방식이다.

**❼ 라비올리**(Ravioli)

우리나라의 만두처럼 밀가루를 반죽하여 얇게 편 다음 잘게 썬 고기와 야채 따위를 넣어서 만든 파스타이다.

**❽ 마카로니**(Maccheroni)

가느다란 대롱같이 가운데가 구멍이 나게 만들어 말린 파스타이다.

### (2) 샌드위치

■클럽 샌드위치(Club sandwich)

샌드위치(sandwich)는 얇게 썬 두 쪽의 빵 사이에 고기조각 · 치즈 및 그 외 재료들을 끼워서 먹는 음식을 말한다. 샌드위치라는 이름은 18세기 샌드위치가(家)의 4대 백작인 존 몬터규로부터 나왔다. 그는 먹으면서 게임을 계속할 수 있도록 도박 테이블 위로 고기와 빵을 얇게 썰어서 가져오게 하였고, 그의 이름을 딴 이 음식은 곧 유럽 대륙으로 퍼지게 되었다. 당시 격식을 중요시 하는 음식문화에서 샌드위치는 획기적인 음식이었으며, 기차 등 이동 시 간편하게 즐기게 되었다. 이후 샌드위치는 만드는 방법이 간단하고, 휴대가 편리하여 재료에 따라 다양한 종류의 샌드위치가 등장하게 되었다. 특히 미국에서 개발된 정교한 샌드위치 중 가장 성공적인 클럽 샌드위치는 얇게 썬 닭고기나 칠면조고기 · 베이컨 · 양상추 · 토마토 등으로 만든다.

## 2. 커피숍의 테이블 세팅

커피숍의 테이블 세팅은 조식과 점심 및 저녁 세팅으로 구분된다. 양식당의 테이블 세팅과 큰 차이점은 쇼 플레이트 대신에 매트(천 또는 종이)를 사용하며, 나이프 포크 등의 은기물을 한꺼번에 냅킨 속에 끼워주는 것이다.

## 2.1 조식 세팅

매트를 중심으로 왼쪽에 냅킨과 은기물을 놓고, 오른쪽에 커피 잔을 세팅하고 그 위쪽에 설탕과 크림을 준비하는데 조식에는 반드시 커피 등의 음료가 수반되기 때문이다. 또한 B · B 플레이트를 세팅하지 않는데 그 이유는 조식의 빵 등은 메인 플레이트에 제공되기 때문이다.

■2인용

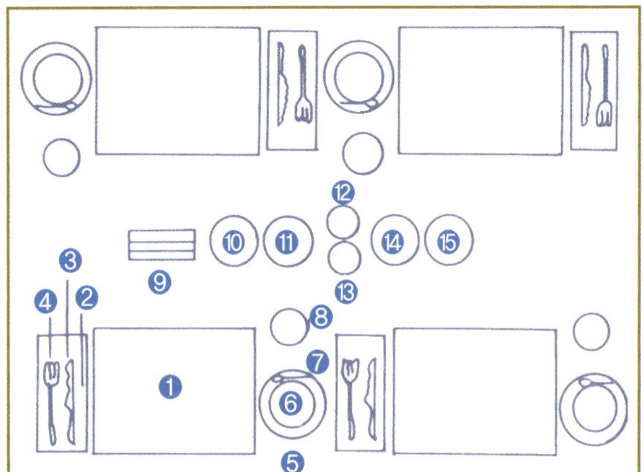

■4인용(Rectanguar)

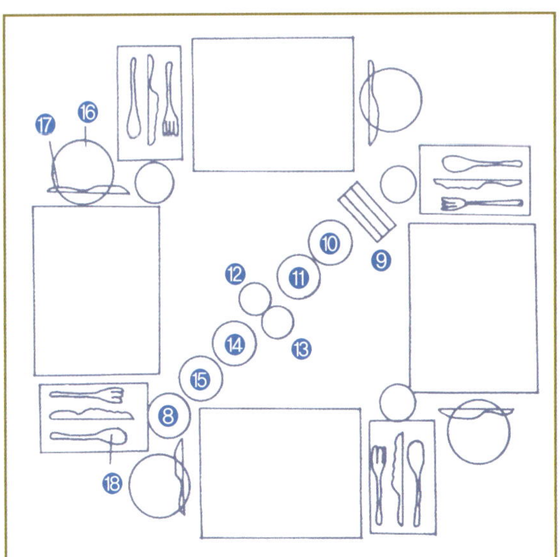

■4인용(Square)

❶ Mat menu
❷ Paper napkin
❸ Table knife
❹ Table fork
❺ Cof-cup saucer
❻ Cof-cup
❼ Tea spoon
❽ Water goblet
❾ Bill holder stand(menu)
❿ Ashtray
⓫ Flower vase
⓬ Salt Shaker
⓭ Pepper Shaker
⓮ Sugar bowl
⓯ Creamer
⓰ Bread plate
⓱ Bread knife
⓲ Soup spoon

## 2.2 점심 및 저녁 세팅

점심 및 저녁을 위한 세팅은 조식과는 달리 메트를 중심으로 왼쪽에 B · B 플레이트가 준비되며, 은기물은 냅킨 속에 스푼을 추가하여 오른쪽에 세팅한다.

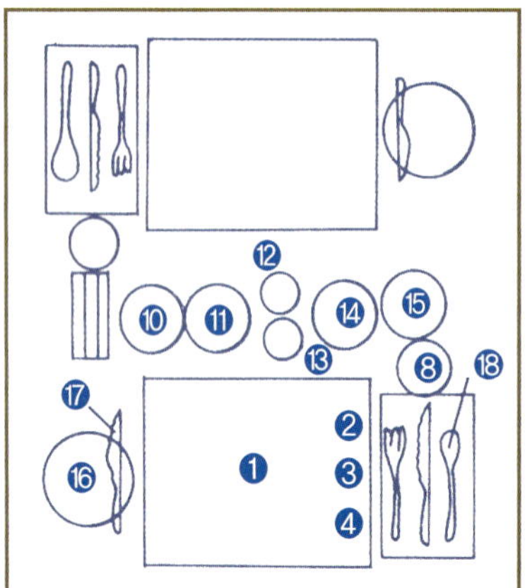

■2인용

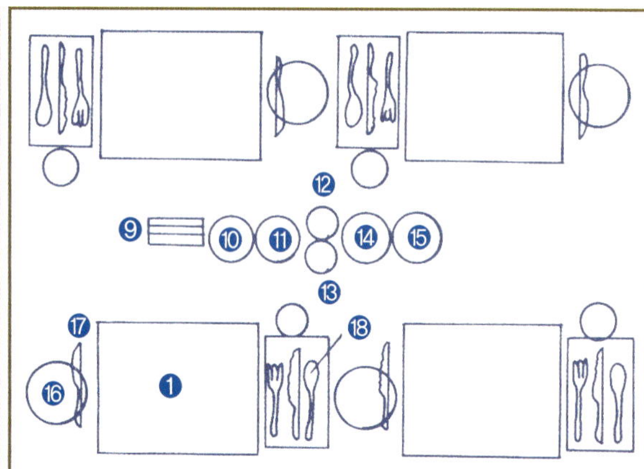

■4인용(Rectanguar)

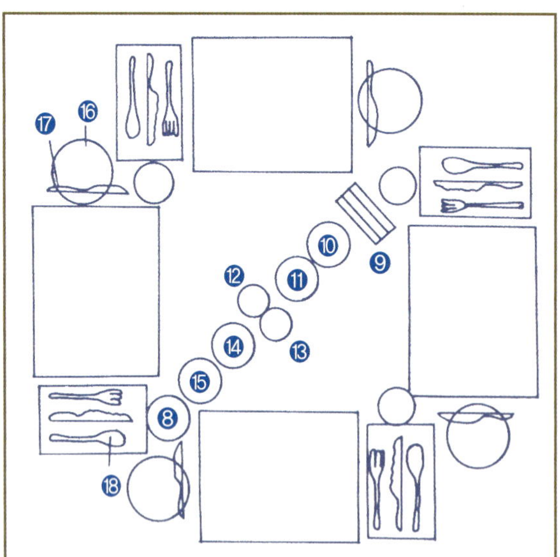

■4인용(Square)

❶ Mat menu
❷ Paper napkin
❸ Table knife
❹ Table fork
❺ Cof-cup saucer
❻ Cof-cup
❼ Tea spoon
❽ Water goblet
❾ Bill holder stand(menu)
❿ Ashtray
⓫ Flower vase
⓬ Salt Shaker
⓭ Pepper Shaker
⓮ Sugar bowl
⓯ Creamer
⓰ Bread plate
⓱ Bread knife
⓲ Soup spoon

# 제2절 룸 서비스 업무

룸 서비스(room service)는 객실의 투숙객을 상대로 식음료를 판매하는 곳이다. 투숙고객은 객실에서 전화를 이용하거나 도어 놉 메뉴(door knob menu)에 의하여 식음료를 주문하게 된다. 룸 서비스의 메뉴는 커피숍의 메뉴를 축소한 것이며, 별도의 룸 서비스용 주방이 있는 것이 아니라 일반적으로 커피숍의 주방을 겸용하여 사용한다.

## 1. 룸 서비스의 직무

### 1.1 룸 서비스 캡틴의 직무

- 룸 서비스 지배인을 보좌한다.
- 룸 서비스 웨이터를 지휘, 감독하며 서비스를 주도한다.
- 룸으로 배달되어야 할 주문품이 주문한 내용과 일치하는지 확인한다.
- VIP고객이 투숙 시 직접 시중을 드는 버틀러(butler) 역할을 한다.
- 객실복도에 서비스 도구나 기물이 나와 있는지 체크한다.

### 1.2 룸 서비스 웨이터의 직무

#### (1) 룸 서비스 절차

- 오더 테이커(order taker)로부터 주문서를 받는다.
- 주문서를 주방 또는 바(bar)에 전달한다.
- 츄레이 또는 룸 서비스용 트롤리를 준비하고 필요한 기물을 준비한다.

- 완성된 식음료를 츄레이 또는 룸 서비스용 트롤리에 올리고 객실까지 배달한다.
- 객실의 주문고객에게 빌(bill)에다 사인을 받는다.

### (2) 일반 업무

- 룸 서비스 트롤리들이 정상적인 상태인지 체크하고 사용이 불가능하거나 수리를 요하는 것은 영선부로 보내어 조치한다.
- 룸 서비스용 각종 기물을 깨끗이 닦고 정리정돈을 한다.
- 부족한 기물이나 물품을 보급한다.
- 소금, 후추 등의 양념류 기물을 깨끗이 닦고, 부족한 양은 다시 채워 넣는다.
- 각종 소스 병들의 입구를 깨끗이 닦고 양을 체크한다.
- 냅킨은 즉시 사용할 수 있도록 미리 접어놓는다.
- 장기 투숙객(long term guest)이나 VIP를 위한 과일 바구니를 준비한다.

## 1.3 오더 테이커(order taker)의 직무

- 객실고객으로부터 전화에 의한 식음료를 주문받는다.
- 메뉴의 품목과 가격 등을 숙지하고 있어야 한다.
- 전화를 끊기 전에 주문사항, 객실번호, 고객성명을 복창 확인(repeat)한다.
- 식음료부서의 영업장과 영업시간, 호텔 내 이벤트 등에 대해서도 안내할 수 있도록 내용을 숙지하고 있어야 한다.

# 2. 룸 서비스 셋업 및 유의사항

## 2.1 룸 서비스 셋업

### (1) 츄레이 셋업(tray set up)

1인분 등의 간단한 식사는 츄레이로 서비스하는데 셋업은 다음 그림과 같다.

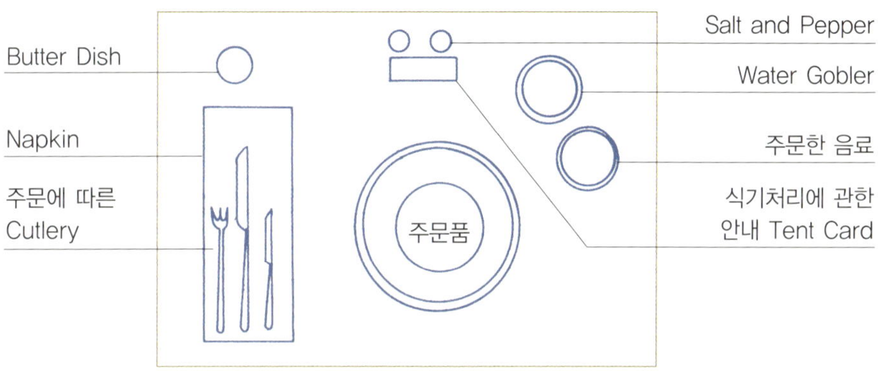


### (2) 트롤리 셋업(trolley set up)

2인분 이상의 식사는 트롤리를 사용하는데 셋업은 다음 그림과 같다.

## 2.2 룸 서비스의 유의사항

- 츄레이를 운반할 때 왼손 손바닥을 펴서 받쳐들어야 한다.
- 츄레이에 셋업된 상태에서 식사하기 때문에 츄레이 클로스를 깔아야 한다.
- 뜨거운 포트(pot)의 물이 나오는 곳을 바깥쪽을 향하게 놓는다.
- 무거운 품목은 츄레이의 중앙부에 놓아야 한다.
- 뜨거운 요리가 제공될 때는 접시에 푸드 카버(food cover)를 씌워 운반한다.
- 캐셔로부터 전표를 받아 룸 서비스를 출발하기 직전에 트롤리나 츄레이에 있는 음식과 전표상의 음식품목이 일치하는가 점검을 한다.
- 객실 문을 노크하고 고객의 허락에 따라 입실한다. 이때 문은 약간 열어 놓아야 한다.
- 츄레이를 객실 내 테이블 위에 놓을 때는 주식의 접시가 의자를 향하도록 놓아 준다.
- 병에 들어 있는 음료를 서브할 경우는 병마개를 열어 주어야 한다.
- 전표에 싸인을 받은 후에 츄레이나 트롤리 수거를 위한 안내카드(table removal tent card)를 설명하고 객실을 나온다.
- 식사시간은 대체적으로 약 한 시간 정도 소요됨을 감안하여 츄레이나 트롤리를 수거해야 하며, 이때 조직적인 수거작업을 위하여 크리어링 챠트(clearing chart)를 이용한다. 즉 수거된 방은 'off' 표시를 하여 수거되지 않은 방이 어느 방인가 한눈에 볼 수 있도록 한다. 츄레이나 트롤리 및 기타 룸 서비스용 기물을 수거하는 업무는 객실 정비 부서(house keeping)의 업무가 아니다.
- 서명 날인된 전표는 룸 서비스 도착 즉시 캐셔에게 전하고, 비정상적인 사항은 캡틴에게 즉시 보고 한다.

## 2.3 청소 및 교육



룸 서비스의 오후 시간은 한가하므로 이 시간을 이용하여 전반적인 청소, 준비물 체크 및 교육을 실시하면 효율적이다. 주간 청소 일정표 및 교육 프로그램을 예를 들면 〈표 7-1〉과 〈표 7-2〉와 같다.

[표 7-1] 주간 청소 일정표

| 요일 | 청소 및 점검 사항 |
|---|---|
| 월 | 소금 및 후추 체크 |
| 화 | 은기류, 도기류, 글라스류 체크 및 보충 |
| 수 | 냉장고 청소 및 정리 |
| 목 | 린넨류 체크 및 정리 |
| 금 | 트롤리 및 츄레이 점검 |
| 토 | 사무실, 홀 대청소 |

[표 7-2] 교육 프로그램

| 번호 | 항목 | 번호 | 항목 |
|---|---|---|---|
| 1 | 대기자세 | 16 | 룸 서비스 업무 개요 |
| 2 | 보행자세 | 17 | 객실 내에서 접객방법 |
| 3 | 츄레이 취급요령 | 18 | 도어 놉 메뉴 회수 요령 |
| 4 | 플레이트 취급요령 | 19 | 비품장소 및 위치 |
| 5 | 글라스 취급요령 | 20 | 객실안내 |
| 6 | 은기류 취급요령 | 21 | 각종 기물 명칭 |
| 7 | 테이블 클로스 취급요령 | 22 | 린넨 취급요령 |
| 8 | 피처사용 및 물 따르는 요령 | 23 | 엘리베이터 운전요령 |
| 9 | 성냥 켜기 | 24 | 무료제공에 관한 사항 |
| 10 | 재떨이 교환요령 | 25 | 바 테이블 셋업 요령 |
| 11 | 트롤리 취급요령 | 26 | 실무교육(세팅) |
| 12 | 진심의 미소 | 27 | 실무교육(배달) |
| 13 | 접객 기본용어 | 28 | 건물 내부 구조 |
| 14 | 기본 세팅요령 | 29 | 사규 및 내규 |
| 15 | 와인 및 샴페인 서비스 | 30 | 회화교육(영어, 일어) |

자료 : 롯데호텔 식음료 매뉴얼

# 제3절 뷔페식당의 업무

## 1. 뷔페식당의 특성과 메뉴

### 1.1 뷔페식당의 특성

뷔페식당은 불특정 다수의 고객을 대상으로 준비하는 상설뷔페(open buffet)로서 메뉴가 다양하며, 고객이 직접 셀프 서비스하는 것이 특징이다. 뷔페식당의 운영은 중식과 석식으로 나누어 영업하며, 조식뷔페는 뷔페식당에서 판매하는 것이 아니라 커피숍에서 판매한다.

뷔페의 장점은 신속한 식사를 할 수 있어서 시간이 절약되므로 회전이 빨라 매상이 증진되고, 소수의 종사원으로 많은 수의 고객을 맞이할 수 있으며, 종사원의 서비스 숙련도가 높지 않아도 된다. 그리고 고객은 자기의 기호에 맞는 음식을 선택해서 먹을 수 있으므로 불평사항이 비교적 적다. 단점은 다양한 음식의 준비와 재고에 따른 음식 코스트(cost)가 높다는 것이다.

### 1.2 뷔페 메뉴의 구성

뷔페 메뉴는 양식의 코스 즉 애피타이저, 수프, 샐러드, 생선, 육류, 디저트 등 코스별로 요리를 다양하게 차린 것이며, 동양식의 음식도 준비하여 여러 고객층을 흡수하도록 구성되어 있다.

## 2. 뷔페 테이블 세팅 및 서비스

### 2.1 테이블 세팅



뷔페 레스토랑의 테이블 세팅은 양식당이나 커피숍의 기본 세팅 형태에서 수프 스푼을 세팅하고 디저트 스푼 및 포크는 그 음식 옆에 별도 설치하여 고객이 셀프를 할 수 있도록 한다.

## 2.2 테이블 서비스

### (1) 테이블의 안내 및 음료 주문받기

고객이 입장하면 먼저 예약 여부를 확인하고 예약자의 경우 예약 테이블로 안내한다. 예약하지 않은 고객의 경우는 인원수에 맞는 테이블로 안내한다. 코트 등의 옷은 클락 룸(cloak room) 또는 한쪽에 위치한 옷걸이에 보관하도록 한다.

뷔페 레스토랑은 요리가 이미 차려져 있기 때문에 메뉴판이 없으며, 특별히 요리에 대한 주문은 받지 않고 음료의 주문만 받게 되는데 고객이 안내되면 시간적 여유를 드리고 고객의 신분, 식사종류 등을 고려하여 음료주문을 받도록 한다. 필요할 경우 음료 리스트를 제공하고 음료를 들지 않고 있는 고객에게는 식사 중에 음료를 권한다.

### (2) 뷔페 서비스 유의사항

- 셀프 서비스에 익숙하지 않은 노약자나 어린이의 경우 종사원이 돕는다.
- 수프와 커피 등은 가능한 종사원이 제공한다.
- 부족한 음식은 수시로 보충한다.
- 고객이 사용한 접시는 즉각 치운다.
- 고객이 자리를 떠나면 테이블 위에 남아 있는 기물은 모두 츄레이를 사용하여 신속히 치운다.
- 사용한 테이블은 새로운 고객을 위하여 테이블 클로스를 신속하게 교체하고 리세팅(resetting)한다.

제 8 장

# 한 · 일 · 중식당 업무

## 제1절 한식당 업무

### 1. 한식의 특성과 종류

예로부터 우리나라의 식문화는 기후와 토질이 좋아 농경국가로서 농작물을 위주로 하는 곡물요리가 발달하여 벼농사에 의한 쌀밥이 주식이 되었다. 부식으로는 채소, 어패류, 육류 등을 소재로 하여 반찬이 만들어져 서양요리와는 달리 주 · 부식의 구별이 뚜렷하다. 이러한 식문화는 조선시대에 와서 왕가를 중심으로 발달된 궁중 음식과 그 지방의 독특한 역사와 기류, 풍토, 풍습 등에 맞춰 조리 가공되는 향토음식으로 대별된다.

#### 1.1 한식의 특성

- 주식과 부식의 구별이 뚜렷하다.
- 부식의 가지 수가 많아 일손이 많다.
- 상차림이 복잡하다.

- 부식은 공동으로 제공되므로 낭비가 많다.
- 계절식이 발달되었다.
- 음식이 자극성을 띠며 간 맞추는 것을 중요시한다.
- 정성과 손끝이 맛을 좌우한다.

## 1.2 한식의 서비스개선

88올림픽과 2002년 월드컵을 계기로 한식도 국제화되기 시작하였으며, 최근에는 웰빙 문화의 확산에 따라 한국식 음식이 세계적으로 주목받고 있다. 김치는 물론 비빔밥 등은 세계적으로 유명한 음식이 되었으며, 한식이 더욱 국제화가 되기 위해서는 다음과 같은 서비스개선이 요구된다.

- 가장 한국적인 것이 세계적인 것이므로 독특한 요리를 창출한다.
- 부식은 공동으로 먹고 가지 수가 많으므로 별도의 앞 접시를 준비하여 개인적으로 들어먹을 수 있도록 해야 한다.
- 음식의 낭비를 줄이기 위해 기본 찬을 제외하고는 코스별로 요리가 제공되어야 한다.
- 간을 주방에서 적당히 하고 테이블에 각종 조미료를 준비하여 고객이 직접 취향에 맞추도록 한다.
- 각종 기물은 한국적인 것을 사용해야 한다.
- 요리의 맛도 중요하지만 달리하여 변화를 준다.
- 계절별로 식단을 달리하여 변화를 준다.

## 1.3. 한식의 종류

### (1) 밥류

흰쌀밥이 주류를 이루지만 콩 등의 잡곡을 섞어 잡곡밥을 짓기도 한다. 이밖에 독특한 풍미를 살린 것으로 밤을 섞어 지은 율반 등이 있다.

### (2) 죽류

곡류를 주재료로 하여 물과 함께 묽게 만든 것으로 보양을 목적으로 먹기도 한다. 쌀을 물에 담갔다가 맷돌에 갈아 참기름을 섞어 쑤는 흰죽을 비롯하여, 팥죽, 녹두죽, 잣죽, 깨죽, 밤죽 등이 있다.

### (3) 탕류

밥과 함께 차리는 국물요리로써 야채 또는 해산물을 이용한 맑은 장국, 생선을 이용한 매운탕, 닭과 인삼을 넣어 만든 삼계탕, 얼큰한 육개장, 시원한 냉국 등이 있다.

### (4) 면류

잔치나 생일날에는 장수를 비는 뜻에서 점심으로 반드시 면류를 장만하였다. 면류에는 냉면, 온면, 비빔국수가 있으며, 국물은 대개 육수를 사용한다. 이밖에 메밀 가루를 반죽하여 끓인 메밀국수, 밀가루에 콩가루를 섞어 만든 콩국수, 고기와 호박을 넣어 끓인 칼국수 등의 별미 국수 등도 있다.

### (5) 조치류

조치란 밥반찬으로 올리는 찌개를 말하는데, 고추장으로 간을 한 고추장찌개, 된장으로 간을 한 된장찌개 등이 있다.

### (6) 전골류

육류, 해물, 야채 등의 여러 가지 재료를 전골냄비에 넣고 끓이는 요리로서 쇠고기전골, 해물전골 등이 있으며, 신선로가 대표적인 요리이다.

### (7) 찜류

육류, 생선류, 버섯류, 두부 등 여러 가지 재료를 사용하여 조미를 한 후 푹 익혀서 재료의 맛이 충분히 우러나도록 한 요리이다. 쇠갈비, 닭, 생선 등의 찜은 뼈째로 푹 익혀져 있어 맛이 농후하며 소화하기도 쉬운 고급요리이다.

### (8) 전류

흰 살 생선, 육류, 조개류, 채소 등을 얇게 저며 밀가루와 계란을 풀어 입힌 뒤 기름에 부치는 요리이다. 반상, 면상, 교자상 등에 모두 잘 어울린다.

### (9) 구이류

생선 또는 육류를 석쇠에 얹어 굽는 요리로서, 재료를 알맞게 다듬어 간장, 참기름, 깨소금, 파, 마늘 다진 것 섞은 양념장에 재워 간이 밴 후 굽는 법과 간을 하지 않는 거죽에 칼자국만 내어 양념장을 발라가면서 굽는 법, 양념장 대신 소금을 뿌려 굽는 법 등이 있다.

### (10) 생채류와 숙채류

생채류는 계절의 산나물이나 채소류를 익히지 않고 갖은 양념에 무친 요리이고, 숙채류는 여러 가지 채소류와 산나물을 기름장에 볶아서 조미한 것과 데쳐서 무친 것이 있다.

### (11) 젓갈류

예로부터 우리나라의 전통 저장식품으로서 주로 어패류를 이용하는데 명란젓, 창란젓갈류는 반찬용으로 쓰이고 멸치, 새우 등의 젓갈은 김치용으로 사용한다.

### (12) 김치류

김치는 채소를 소금에 절였다가 물에 씻어 젓갈, 소금, 고춧가루, 마늘, 파 등으로 간을 하여 숙성시킨 우리의 고유 음식이다.

### (13) 정과류와 음청류

정과류란 유과, 전과, 강정 등의 과자류를 말하고, 음청류는 식사 전후에 마시거나 혹은 차처럼 마시는 음료로 뜨거운 것은 생강차, 인삼차, 유자차 등이 있고, 찬 것으로는 식혜, 수정과 등이 있다.

### (14) 조미료와 고명

조미료는 음식에 맛과 향기를 지니게 하여 식욕을 돋우는 역할을 한다. 한국요리에 쓰이는 조미료는 간장, 된장, 고추장, 참기름, 깨소금, 식초, 후춧가루, 겨자, 마늘, 생강 등이 있다. 고명이란 모양을 돋보이게 하고, 맛을 돋우려고 음식 위에 뿌리거나 얹어 놓는 장식용 재료로 잣, 버섯, 은행, 채 썬 계란이나 빨간 실고추 등이 사용된다.

[표 8-1] 한식의 상차림

| 구분 | 내용 |
|---|---|
| 반상 | 식사를 위한 상차림으로 밥, 탕, 김치, 간장은 기본으로 하고 그 외 반찬의 종류에 따라 3첩상, 7첩상, 9첩상, 12첩상 등으로 나눈다. |
| 면상 | 주로 점심 때 면류 즉 국수나 냉면 등으로 차린 상을 말한다. |
| 주안상 | 술을 낼 때 차리는 상으로 술안주가 주가 되는 상차림이다. |
| 교자상 | 연회를 할 때 차리는 상으로 과거에는 한사람 앞에 하나의 상을 차렸지만 오늘날에는 거의 사라졌다. |

사례

## 한식당의 메뉴

### ■ GRAND TABLE D' HOTE
그랜드한정식 · グレンド韓定食 ₩

| | | |
|---|---|---|
| · Standard Side ishes(8kinds) Pine Nut Porridge, jelly fish & Vegetable with Mustard, Assortment of Boiled Seafood, Fresh Ginseng with Honey Pan-Fried Meat Fish and Vegetables with Egg, Brochette of Pine Mushroom, Steamed Trumpetshell, Deep Fried Shrimp & Vegetables | · 기본찬(8가지) 잣죽, 해파리 겨자채, 해물 모둠 숙회, 수삼과 꿀 모둠전, 자연송이 산적, 소라찜, 새우 야채튀김 | · 基本おかず(八種類) 松の實お, くらげと野菜の 辛子和え物, 魚貝の煮物の盛り合せ 高麗人參と峰, 卵付け燒きの盛り合せ, 松茸の串し燒き ほらかいの物, えびと野菜の揚げ物 |
| · Shin Sul Ro | · 신선로 | · 神仙爐 |
| · Brochette of Broiled Beef | · 불고기 산적 | · 牛肉の串し燒き |
| · Stewed Beef Ribs | · 갈비찜 | · 骨付きカルビの諸め |
| · Broiled Red Seabream | · 옥도미구이 | · 燒甘 鯛 |
| · Rice & soup | · 식사와 국 | · ご飯とスープ |
| ◆DESSERTS-후식 · デザート<br>· Ginseng Tea or Dried Persimmon Punch | · 인삼차 혹은 수정과 | · 高麗人參茶又は干し柿パンチ |

### ■ ROYAL CASSEROLE
궁중전골정식 · 宮中風寄せ鋼定食 ₩

| | | |
|---|---|---|
| · Meat, Fish, Vegetables in Casserole | · 궁중전골 냄비 | · 宮中風の寄せ鍋 |
| · Chinese Cabbage(Kimchi) | · 배추김치 | · 白菜キムチ |
| · Seasonal Roots of Bellflowers | · 도라지 나물 | · ききょうの根の和え物 |
| · Seasonal Wild Green and Spinach, Agaric | · 산채, 시금치, 느타리 버섯 나물 | · 山菜, ほうれん草, 平茸の和え物 |
| · Braised Dry Shrimp in Soy Sauce | · 마른새우 조림 | · 干し海老煮諸め |
| · Sauteed Bambooshoots | · 죽순볶음 | · 竹の子の妙め |
| · Rice and Noodle | · 식사와 우동 | · ご飯とうどん |
| · Fresh Fruits in Season | · 계절과일 | · 季節の果物 |

## BEEF SPARE RIBS TABLE D'HOTE
**갈비구이정식 · カルビ焼き定食** ₩

| | | |
|---|---|---|
| · Broiled Beef Spare Ribs | · 쇠고기 갈비 | · 骨付きカルビ焼き |
| · Assorted Fresh Vegetables | · 모둠야채 | · 野菜の盛り合せ |
| · Seasonal Wild Greens & Spinach | · 시금치냐물, 산채나물 | · ほうれん草と山菜の和え物 |
| · Pan- Fried Meat Fish and Vegetables with Egg | · 모둠전 | · 付け焼きの盛り合せ |
| · Chinese Cabbage | · 배추김치 | · 白菜キムチ |
| · Water Kimchi | · 물김치 | · 水キムチ |
| · Stuffed Spicy Pickled Cucumber | · 오이 소박이 | · きゅうりキムチ |
| · Sauteed Mushrooms | · 버섯볶음 | · 雄妙め |
| · Rice and Soup | · 식사와 국 | · ご飯とスープ |
| · Fresh Fruits in Season | · 과일 | · 季節の果物 |

## BULGOGI TABLE D'HOTE
**불고기정식 · 焼き肉定食** ₩

| | | |
|---|---|---|
| · Broiled Sirloin of Beef | · 불고기 | · 牛焼肉 |
| · Assorted Fresh Vegetables | · 생야채 | · 野菜の盛り合せ |
| · Chinese Cabbage(Kimchi) | · 배추김치 | · 白菜キムチ |
| · Water Kimchi | · 물김치 | · 水キムチ |
| · Seasonal Wild Greens, Spinach, Salted Fish | · 채나물, 시금치, 젓갈 | · 山菜とほうれん草の和え物 |
| · Sauteed Mushroom & Beef | · 표고버섯볶음 | · 雄茸妙め |
| · Steamed Rice | · 식사 | · ご飯 |
| · Soup | · 국 | · スープ |
| · Fresh Fruits in Season | · 과일 | · 季節の果物 |

## 2. 한식 서비스

한식의 상차림과 서비스는 상차림의 형식은 정형화되어 있는 것이 아니라 차리는 사람, 재료, 지방 등에 따라 약간씩 다르다. 그러나 주식과 부식을 분리하여 영양의 균형을 고려하고, 재료와 조리법을 감안하여 예로부터 전해 내려오는 기본 형식과 원칙은 있는데 반상을 중심으로 살펴보면 다음과 같다.

- 반상으로 식사를 낼 때는 반상기를 사용하므로 요리를 담은 그릇은 반드시 뚜껑을 덮는다.
- 국은 밥의 오른쪽에 놓는다.
- 상의 오른쪽 윗부분은 더운 요리 중 국물이 없는 요리를 놓는다.
- 상의 오른쪽 아랫부분에는 찌개처럼 국물이 있는 더운 요리를 놓는다.
- 간장, 초장 등은 중앙에 놓는다.
- 중간 줄은 마른 반찬이나 조림을 놓는다.
- 여러 명이 식사를 할 경우 공동으로 사용하기에 부적합한 간장, 초장, 국, 물김치 등은 개인당 서비스한다.
- 공동으로 먹는 요리는 개인에게 앞 접시를 제공하여 들어먹을 수 있도록 한다.
- 음식을 먹다가 나오는 뼈, 가시 등을 담을 수 있는 빈 접시를 왼쪽 상 끝에 놓는다.
- 코스로 요리를 낼 때는 차가운 요리, 마른 요리, 국물이 없는 뜨거운 요리, 국물이 있는 뜨거운 요리 순으로 서비스한다.
- 요리는 가능한 같은 조리법 또는 재료가 중복이 되지 않도록 한다.
- 식사가 끝나면 상을 깨끗이 치우고 차와 후식을 제공한다.

# 제2절 일식당 업무

## 1. 일식의 특성과 종류

일본은 사면이 바다로 해산물요리가 발달하였으며 고온 다습한 기후로 인하여 담백한 음식이 주를 이룬다. 음식을 담을 때는 입체적인 공간의 미를 중요시하며, 신선한 어패류가 풍부하여 생식으로서의 회 요리와 스시는 일본을 대표하는 요리라고 할 수 있다. 주요 일식의 종류는 다음 표와 같다.

[표 8-2] 주요 일식의 종류

| 구분 | 내용 |
|---|---|
| 미소시루(味噌汁) | 우리나라의 된장국은 갖은 재료를 넣어 묽게 만들지만 일본식 된장국인 미소시루는 다소 맑은 편이다. |
| 가이세키(會席) | 일정식으로서 양식처럼 제공되며, '화식(和食)' 이라고도 한다. |
| 데판야키(鐵板燒き) | 카운트 형식으로 된 넓은 철판 위에서 요리를 하는 철판구이를 말하며, 조리사가 직접 고객 앞에서 서비스한다. |
| 마구노우치(幕の內) | 도시락 정식을 말한다. |
| 스시(すし) | 생선초밥 |
| 사시미(刺身) | 생선회 |
| 샤부샤부(しゃぶしゃぶ) | 육류 및 야채 또는 어패류 등을 뜨거운 물에 데쳐서 먹는 요리 |
| 미링(みりん) | 간장과 설탕을 재료로 하여 만든 일본 특유의 조미료로 조림, 구이 등의 요리에 사용된다. |

■마구노우치

사례

## 일식당의 메뉴

### JAPANESE LUNCHEON AND DINNER
일본식 · 和食 ₩

| | | |
|---|---|---|
| · Salmon Egg and Turnip | · 연어알과 무우 | · いくら |
| · Assorted Cold Plate (Chicken, Shrimp, Fish) | · 닭, 새우, 생선 모둠 | · 冷菜の盛り合せ (鶏, えび, 魚) |
| · Pine Mushroom Soup | · 자연송이 맑은 국 | · 松茸スープ |
| · Raw Abalone, Halibut, Seabream and Shrimps | · 전복, 광어, 도미, 새우 | · 鮑, 平目, 鯛, えび |
| · Braised sea Bream | · 도마조림 | · 鯛の煮物 |
| · Fried Shrimp, Vegetables and Fish | · 새우, 야채, 생선튀김 | · えび, 野菜, 魚の天歸羅 |
| · Marinated Shrimp & Octopus | · 새우, 문어초회 | · えびとたこの酲物 |
| · Miso Soup | · 된장국 | · 味增汗 |
| · Steamed Rice or Buckwheat Noodles | · 식사 또는 모밀국수 | · ご飯又はざるそば |
| · Japanese Pickles | · 야채절임 | · お新香 |
| · Fruits in Season | · 계절과일 | · 季節の果物 |

### SEAFOOD & VEGETABLE TEMPURA
튀김정식 · 天歸羅定食 ₩

| | | |
|---|---|---|
| · Assorted deepfried | · 모둠튀김 | · 天隔羅の盛り合せ |
| · Shrimp, Cuttlefish, Lotusroot, Onion Pumpkin, Pimento | · 새우, 오징어, 연근, 양파, 호박, 피망 | · えび, いか, 連根, 玉ねぎ, かばちや, ピーマン |
| · Kimchi or Japanese Pickles | · 김치 또는 야채절임 | · キムチはお新香 |
| · Steamed Rice or Bean Paste Soup | · 식사와 된장국 | · ご飯と味增汗 |

### BROILED FISH
생선구이정식 · 燒魚定食 ₩

| | | |
|---|---|---|
| · Broiled Spanish Mackerel | · 삼치구이 | · 鰆鹽燒き |
| · Egg Roll, Brasied Chestnut | · 계란말이, 밤조림 | · だし卷卵, 栗の煮物 |
| · Braised Burdock, Sliced Lemon | · 우영조림, 레몬 | · ごぼう煮, レモン |
| · Kimchi or Japanese Pickle | · 김치 또는 야채절임 | · キムチはお新香 |
| · Steamed Rice and Beanpaste Soup | · 식사, 된장국 | · ご飯と味增汗 |

## 2. 일식 서비스

일식의 테이블 세팅은 기본 세팅과 스시카운터의 세팅으로 나눌 수 있고 한식과는 달리 스푼을 세팅하지 않는 것이 특징이다. 미소시루와 같은 국은 스푼을 사용하는 것이 아니라 그릇을 들고 마신다.

일식의 서비스 방식은 다음과 같다.

### (1) 일반적인 서비스

- 식사 전에 항상 물수건과 오차를 제공한다.
- 사시미와 모둠요리가 2인분 이상일 경우엔 앞 접시를 제공한다.
- 샤부샤부 등의 냄비요리를 치울 때는 각종 접시 및 기물을 냄비 안에 담지 말고 츄레이를 이용하여 치우고 냄비는 별도로 치운다.
- 냄비요리를 제공할 때는 끓이는 소요 시간을 알려준다.

### (2) 방에서의 서비스

- 손님이 방에 들어가면 신발을 나올 때 쉽게 신을 수 있도록 돌려서 정리한다.
- 문을 열고 닫을 때는 무릎을 꿇고 앉아 양손으로 열고 닫는다.
- 방눈은 약 10~15cm 정도 열어 놓고 밖에서 대기자세를 한다.
- 서브하고 나올 때는 뒷모습이 보이지 않도록 한다.
- 음식과 츄레이가 손님의 머리 위로 가지 않도록 한다.
- 방을 들어가고 나올 때는 정중하게 목례를 하고 서비스를 한다.

■스시카운터

# 제3절 중식당 업무

## 1. 중식의 특성과 종류

### 1.1 중식의 특성

중국은 광대한 국토와 수많은 종류의 특산물로 인하여 요리가 다양하게 발전하였으며, 중국의 문화유산이라고 할 정도로 오랜 역사와 전통을 지니고 있다. 세계 도처에 중국 음식점이 산재해 있고 독특한 맛과 풍부한 영양의 요리는 국제적으로 널리 평가받고 있다.

「서채주순(西菜主純), 중채주화(中菜主和)」란 말이 있는데 서양요리는 고기나 생선을 주재료로 하는데 반면에 중국요리는 고기와 야채를 잘 조화시킨다는 뜻이다. 즉 중국요리는 여러 가지 재료의 맛을 잘 조화시켜 섬세한 맛을 낸다고 할 수 있다. 중국요리의 특징은 다음과 같다.

- 조리시간이 대체로 짧다.
- 재료를 낭비 없이 사용한다.
- 기름의 사용이 합리적이다.
- 큰 접시에 담아 여러 사람이 각자 들어먹을 수 있으므로 식기, 재료, 일손 등의 면에서 경제적이다.

### 1.2 지역적 특성

중국은 광대하여 북경, 광동, 사천, 상해 등 지역별로 요리가 발전하였다. 지역별 음식의 특징을 살펴보면 다음과 같다.

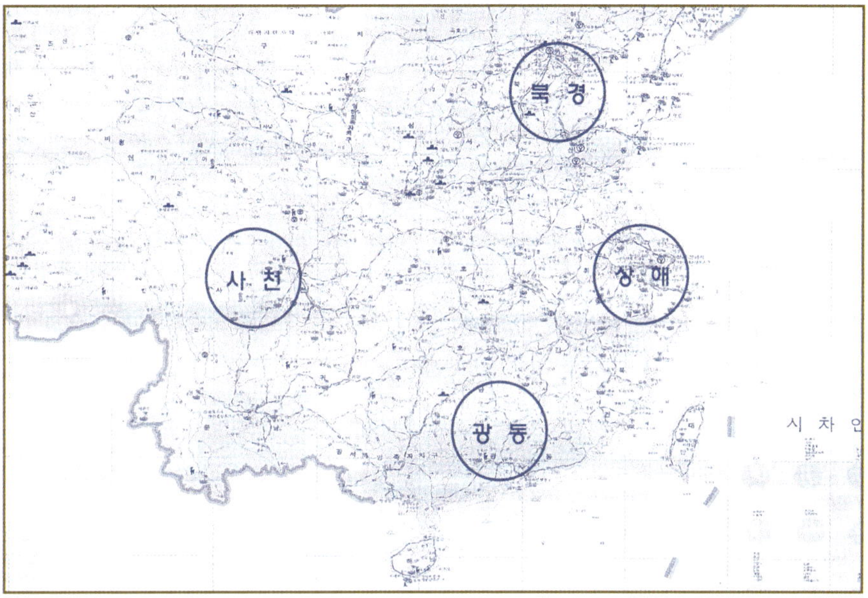


### (1) 북경요리

북경요리를 징차이라고 한다. 북경은 오랜 중국의 수도였으므로 궁정요리는 물론 민간요리도 크게 발달하였다. 특히 북경과 가까운 산둥성 출신의 요리사가 많아 산동식 요리가 도입되고, 만주지방의 요리와 역대 황제가 즐기던 소주요리가 가미되어 세련된 북경요리가 정착되었다고 한다. 북경은 추운 기후로 인하여 육류를 중심으로 한 고칼로리의 음식이 주를 이루는데, 강한 화력을 이용한 튀김과 볶음요리가 특징이며, 대표적인 요리로는 '베이징 덕' 이라고 불리는 카오야즈(오리 통구이) 등이 있다.

### (2) 광둥요리

광둥요리를 유에차이라고 한다. 광둥은 옛날부터 여러 도시와 교류가 빈번하였고 청조시대에는 북경의 요인들이 왕래를 자주 하였는데 이들을 수행한 일류 요리사가 광둥의 특산물을 사용하여 유에차이를 만들어 내었다. 또한 광둥은 바다를 면한 국제통상의 요지이기도 하여 유럽 요리의 장점을 받아들여 조리방법에 있어서 유럽풍이 많은 것이 특징이다. 광둥요리는 상어 지느러미, 제비둥지, 사슴 뿔, 곰 발바닥, 뱀의 뼈, 고양이, 원숭이 골요리 등 특수한 재료가 많으며, 식재광둥(食在廣東) 즉 '모든 음식은 광둥에 있다' 란 말이 있을 정도로 요리가 다양하다.

대표적인 요리로는 '불도장' 으로 해삼, 새우, 전복, 삭스핀, 조개, 버섯, 죽순, 대추, 토란, 닭다리, 돼지갈비 등 땅과 바다의 산해진미를 최소한 4시간 이상 달여 만들며, '불도장' 이라는 이름은 소문을 듣고 멀리서 맛 보러온 고객이 "부처님도 냄새를 맡으면 담을 넘어 온다"고 시를 지은 것에서 유래되었다.

### (3) 사천요리

사천요리를 촨차이라고 한다. 사천은 바다에서 멀리 떨어져 있는 산악지대로 해산물이 흔치 않으므로 식품 보존법이 발달하였고 조리의 변화가 풍부하며 다채로운 맛을 내는 것이 특징이다. 또한 산이나 들에서 나는 재료에 여러 가지 양념이나 향신료를 가미하는 향토식으로 발전하였다.

대표적인 요리로는 마파두부(두부와 다진 고기를 고추와 된장에 볶은 것)와 깐싸오밍(새우고추볶음) 등이 있다.

### (4) 상해요리

상해요리를 후차이라고 한다. 상해는 양자강 하류의 민물 생선과 바다와 접해있는 동부의 바다새우, 게 등 해산물로 만든 음식이 유명하다. 또한 맛이 농후하고 설탕을 넉넉히 사용하며 색채가 선명한 요리와 면류의 조리법이 뛰어난 것이 특징이다. 대표적인 요리로는 '해자대오삼' 으로 해삼을 물에 불린 후 새우, 죽순, 야채, 소스 등을 함께 조리한다.

## 사례 중식당의 메뉴

### ■ SPECIAL CHINESE LUNCHEON & DINNER
중국식 A ₩

| | | |
|---|---|---|
| · Special Assorted Cold Dishes | · 특선 모듬냉채 | · 特製盛り合せ冷菜 |
| · Shark' s Fin Soup with Bird' s Nest | · 제비집과 상어 지느러미 수프 | · ふかのひれと燕の巣 |
| · Braised Whole Shark' s Fin | · 상어 지느러미찜 | · ふかのひれ姿煮込み |
| · Braised Abalone with Pine Mushrooms | · 송이 전복 | · あわびと松茸の煮込み |
| · Roasted Peking Duck Skin | · 북경식 오리요리 | · 家鴨皮巻北京風 |
| · Sauteed Lobster with Tau-si Sauce | · 바닷가재볶음과 검은 콩 소스 | · 伊勢海老の煮込みとお好みソース |
| · Sea Cucumber With Asparagus | · 해삼과 아스파라거스요리 | · なまこの煮込みアスパラガス添え |
| · Assorted Vegetables with Oyster Sauce | · 굴소스와 야채볶음 | · 野菜 |
| · Noodles or Fried Rice | · 면 또는 볶음밥 | · ヌードル又は炒飯 |
| · Fresh Fruit in Season | · 신선한 계절과일 | · くだもの |

### ■ CHINESE LUNCHEON & DINNER
중국식 B ₩

| | | |
|---|---|---|
| · Special Assorted Cold Dishes | · 특선 모둠 냉채 | · 特製盛り合せ冷菜 |
| · Shark' s Fin Soup with Crabmeat | · 상어 지느러미 수프 | · かに肉入りふかのひれスープ |
| · Braised Abalone with Pine Mushrooms | · 송이버섯 전복 | · あわびと松茸の煮込み |
| · Roasted Peking duck skin | · 북경식 오리요리 | · 家皮巻北京風 |
| · Braised Prawn with Chili Sauce | · 왕새우와 칠리소스 | · 車海老のチリソース煮込み |
| · Sauteed Shredded Beef with Green Pimento | · 피망과 쇠고기볶음 | · 牛肉細切 リピーマン炒め |
| · Braised Mixed Seafood | · 팔보채 | · 八寶菜 |
| · Noodle Soup with Chicken | · 기스면 | · 鶏肉細切りそば |
| · Fried Glutinous Bans | · 찹쌀떡 튀김 | · 中國風だんごの揚げ物 |
| · Lychees | · 리찌 | · ライチ |

[표 8-3] 중식의 종류

| 구분 | 내용 |
|---|---|
| 탕차이 | 중국은 우리나라와 일본과는 달리 국이 없는 대신에 서양식처럼 수프를 즐기는데 이 수프를 탕차이라고 한다. |
| 샤오차이 | 기름을 넉넉히 사용하여 재료를 튀겨내는 요리 |
| 차오차이 | 소량의 기름으로 재빨리 재료를 볶아 약간의 조미료로 맛을 내고 녹말로 걸쭉하게 만든 요리 |
| 웨어차이 | 재료에 국물을 붓고 약한 불에 오랫동안 끓이는 요리 |
| 리우차이 | 재료를 튀기거나 볶거나 찌는 등의 요리에 리우라는 걸쭉한 국물을 얹는 요리 |
| 정차이 | 중국의 전통적인 찜 틀을 이용하여 수증기의 열로 찐 요리 |
| 리찌 | 중국의 전통 열매로 만든 디저트 |
| 맛탕 | 고구마와 설탕으로 만든 디저트 요리 |

## 2. 중식 서비스

중식의 테이블에는 간장, 고추기름, 식초 등의 기본 조미료와 차 컵, 수프 스푼, 빈 접시, 젓가락 등이 세팅되는 것이 특징이다. 중식의 기본적인 테이블 세팅은 다음 그림과 같다.

■중식당

중국요리 중 일품요리의 경우 1인분씩 주문받는 것이 아니고 양 또는 접시의 크기에 따라 대(大), 중(中), 소(小)로 나누어 주문을 받는다. 일반적으로 대의 경우 7~8인분, 중은 4~5인분, 소는 2~3인분의 양으로 구성되어 있다. 따라서 주문받을 때 인원수에 비하여 너무 많은 양이 주문되지 않도록 한다. 그러나 정식이나 약식의 세트 메뉴의 경우는 인원수만큼의 주문을 받을 수 있다.

중식서비스는 다음과 같다.

- 일품요리의 경우 테이블 중앙(회전판이 있을 경우 그 위에) 서비스하여 손님이 들어먹을 수 있도록 한다.
- 세트 메뉴의 경우 만들어진 요리를 테이블에서 1인분씩 개인에게 서비스해준다.
- 코스요리를 서브할 때는 그때마다 새로운 개인접시를 제공한다.
- 차가 식었을 때는 항상 뜨거운 것으로 바꾸어 주어야 한다.

# 제 9 장

# 연회예약 업무

## 제1절 연회의 개요

### 1. 연회의 의의

#### 1.1 연회의 개념

연회(宴會)란 국내 사전적 의미로는 「축하, 위로, 환영, 석별 등을 위하여 여러 사람이 모여 베푸는 잔치」로 되어 있다. 연회에 해당하는 영어인 'banquet'은 이탈리아의 고어인 'banchetto'에서 유래되었다. 'banchetto'는 'banquet' 외에 bench(벤치), bank(은행) 등의 단어를 파생시켰는데, 이들 단어의 공통점은 '사람들이 모이는 곳'이라는 뜻을 담고 있다. 웹스터 사전에서는 'banquet'을 호화로운 향연 : 특히 영예로운 사람을 위하여 혹은 참석한 많은 사람들을 위하여 정성들여 만들거나 격식을 갖춘 식사(a sumptuous feast ; especially : an elaborate and often ceremonious meal for numerous people often in honor of a person)라고 규정하고 있다. 이와 같이 연회(banquet)는 어떠한 목적으로 여러 사람이 모여 식사를 즐기면서 향연을 즐기는 것이라고 정의할 수 있다.

그러나 오늘날 호텔의 연회장에서는 식사를 즐기면서 향연을 즐기는 순수 연회(banquet)목적의 행사만 개최되는 것이 아니라 각종 회의 및 세미나, 전시회, 패션쇼, 디너쇼, 컨벤션(convention) 등 다양한 기능의 행사와 각종 이벤트 등도 개최되고 있다. 이러한 측면에서 연회장에서 개최되는 모든 행사를 포괄적으로 펑션(function)이라고 한다. 따라서 호텔의 연회장(banquet room)은 다목적의 기능을 갖추고 있다는 점에서 펑션 룸(function room)이라고 부르기도 한다.

## 1.2 연회장의 중요성

최근 여성의 사회진출로 인한 시간부족과 핵가족화 및 아파트 문화로 인한 공간의 부족에 따라 과거 집에서 행하던 각종 모임을 호텔의 연회장에서 하고 있다. 기업의 교육, 세미나, 설명회, 단합대회 등의 행사도 호텔의 연회장을 자주 이용하고 있으며, 사회적으로도 각종 모임이 증대되고 있어 호텔의 연회장은 대중화되고 있다. 또한 세계화의 추세에 따라 크고 작은 국제행사도 증대되고 있어 호텔 연회장의 중요성은 더욱 높아가고 있다.

호텔의 연회장은 식음료부서의 한 영업장으로서 가장 넓은 평수와 대 · 중 · 소의 다양한 룸을 가지고 있는 호텔의 주요 수입원이다. 연회장의 수용규모는 작게는 10명 미만에서부터 많게는 2~3천 명의 인원을 수용할 수 있으며, 식음료를 판매하거나 연회장 자체를 대여하여 영업할 수 있다. 호텔의 영업부서는 객실과 식음료부문으로 대별되지만 최근에는 식음료부문 중에서도 연회부분의 매출이 호텔에 따라서 60~90%를 차지하고 있어 객실, 식음료, 연회 등 세 부분으로 구분할 만큼 그 비중이 높아지고 있다.

특히 연회장 영업은 객실이나 한정된 일반 레스토랑과 달리 예약 및 판촉 여하에 따라 매출을 탄력적으로 신장시킬 수 있고, 비수기 타개를 위하여 연회장에서 디너쇼 등의 다양한 이벤트 등을 기획할 수 있다는 점에서 호텔영업에 있어서 매출 극대화를 위한 전략적 영업장이라고 할 수 있다.

## 1.3 연회영업의 파급효과

연회영업이 호텔 경영에 미치는 파급효과로는 첫째, 연회 행사는 단 한 번의 행사로 많은 매출을 올릴 수 있고, 둘째, 객실 · 커피숍 · 사우나 등 타 영업장의 매출에도 영향을 주는 등 부가가치가 매우 높으며, 셋째, 연회에 참석한 많은 고객을 통하여 자사의 홍보 및 판촉 효과도 기대할 수 있어 호텔 전반에 공헌도가 높다고 할 수 있다. 특히 국제회의(convention)를 유치할 경우 대량매출은 물론 세계 각국에 호텔을 홍보할 수 있는 기회를 얻을 수도 있다.

따라서 각 호텔에서는 연회고객을 유치하기 위하여 다양한 서비스의 개발과 함께 별도의 연회판촉요원을 두고 치열한 경쟁을 벌이고 있는 실정이다.

## 1.4 연회영업의 특성

연회는 식음료영업의 한 부분이지만 일반 레스토랑의 영업형태와는 달리 다음과 같은 다양한 특성을 가지고 있다.

### (1) 대량성

호텔의 연회장은 일반 레스토랑에서는 수용할 수 없는 대량의 인원을 수용하여 대량의 식음료를 서비스한다.

### (2) 동일성

호텔 연회장 참석 고객들은 사전에 예약된 동일한 메뉴에 동일한 서비스를 제공받는다.

### (3) 예약성

호텔 연회장은 반드시 사전 예약을 통하여 영업이 가능하다. 즉 사전에 연회장을 확보해야 하며, 대량 인원에 따른 음식의 준비도 해야 하기 때문이다.

### (4) 가변성

호텔의 연회장은 영업시간이 일정하지 않고, 다양한 행사로 인하여 연회장의 준비도 행사마다 달라지며, 메뉴의 가격도 일반 레스토랑처럼 메뉴판에 의하여 품목별로 고정된 것이 아니라 종류별, 등급별로 다양하고 고객과의 협의에 의하여 할인되기도 한다. 또한 연회장만 대여하여 영업이 가능하며, 호텔 외부에서 출장파티(outside catering)와 같은 서비스도 가능하다는 점에서 레스토랑과는 달리 가변성이 많다고 할 수 있다.

### (5) 창의성

연회영업은 무에서 유를 창조하는 호텔의 종합예술이라고 할 수 있다. 즉 텅 빈 연회장을 테이블 배치 및 세팅, 데코레이션, 소품활용, 조명 등을 통하여 시각적 · 공간적인 조화를 창출해야 하는데, 연회장은 이러한 점에서 창의성이 요구된다.

### (6) 비단독성

호텔의 연회장 영업은 연회담당부서 외에 시설부, 하우스키핑을 비롯한 호텔의 여러 부서와 플라워, 사진 · 비디오 또는 DVD 제작, 엔터테인먼트, 이벤트 기획사 등 외부 업자의 지원에 의해서 이루어진다.

[표 9-1] 레스토랑과 연회장 영업의 비교

| 구분 | 레스토랑 | 연회장 |
|---|---|---|
| 조직 | 레스토랑 서비스 단위 조직 | 예약, 판촉 서비스 등 3개의 조직으로 구분되어 있음 |
| 영업장 규모 | 30~100여 명 정도 수용 | 많게는 수천 명까지 수용가능 |
| 메뉴 및 서비스 | 고객의 주문 내용에 따라 달라짐 | 동일메뉴, 동일 서비스 |
| 예약 여부 | 반드시 예약을 하지 않아도 됨 | 반드시 사전 예약을 해야 함 |
| 영업시간 | 일정함 | 정해진 영업시간이 없음 |
| 홀대여영업 | 불가능 | 가능 |
| 영업범위 | 레스토랑 내에서만 가능 | 출장파티 등 외부영업이 가능함 |
| 테이블 배치 및 세팅 | 고정적 | 가변적 |
| 운영방법 | 단위 레스토랑별 독자운영 | 연회관련 부서 및 호텔 내 타 부서 와 외부에서 지원받아 운영 |

# 2. 연회영업의 절차와 조직

## 2.1 연회영업의 절차

연회영업은 연회예약과 연회판촉 담당이 예약을 접수하거나 계약을 하고, 그 내용을 연회 서비스 지배인에게 전달하여 행사당일 고객에게 서비스함으로써 이루어지는데 그 흐름은 다음 그림과 같다.

[그림 9-1] 연회영업의 흐름도

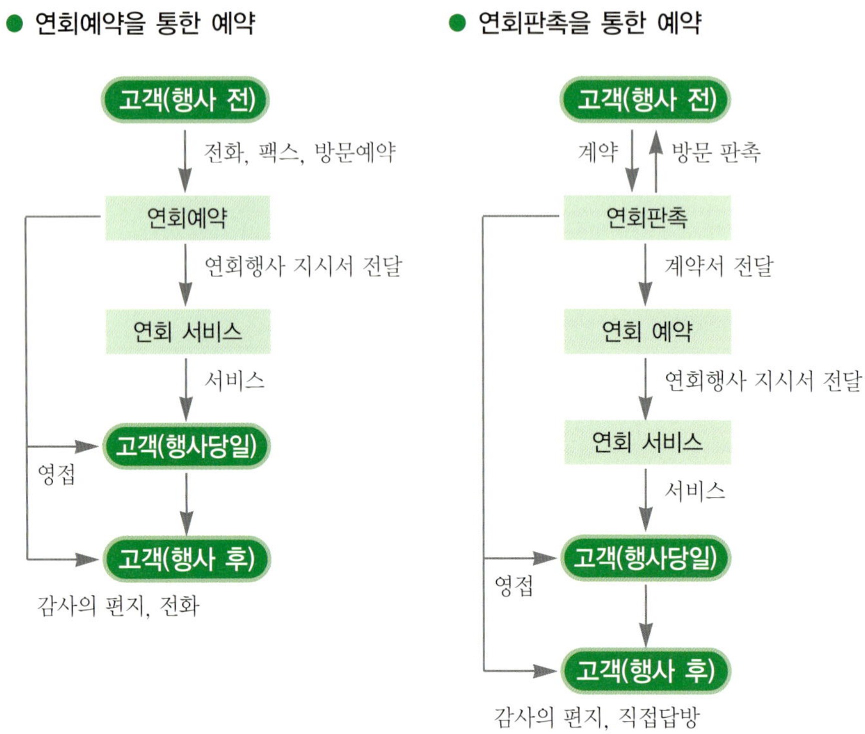


## 2.2 연회부서의 조직

연회부서는 대부분 식음료부에 속해 있으며, 연회를 담당하는 부서를 케이터링부(catering department)라고 한다. 'catering'과 'banquet'은 호텔에서는 구분 없이 혼용하여 사용하고 있는데, 'catering'이 'banquet'보다는 더 포괄적인 개념이라고 할 수 있다. 케이터링부를 더욱 세분화하면 연회예약(banquet reservation), 연회판촉(banquet sales), 연회서비스(banquet service)로 구분되며, 호텔에 따라서는 연회판촉은 판촉부에 소속되기도 한다.

연회예약은 호텔 내에서 전화문의 및 직접 내방고객에게 상담을 하거나 예약을 접수하는 곳이며, 예약을 받은 후 그 내용을 연회행사지시서(BEO ; Banquet

Event Order)로 만들어 연회서비스에 넘겨주는 역할을 한다. 연회서비스는 연회예약으로부터 받은 연회행사지시서에 의하여 행사를 준비하고 당일 고객에게 식음료 등의 서비스를 담당한다. 그리고 연회판촉은 호텔 외부로 나가서 세일즈를 통하여 연회를 유치하여 그 내용을 연회예약에 전달하는 역할을 한다.

연회예약, 연회판촉, 연회서비스 3자는 항상 밀접한 협력체계를 구축하여 고객의 다양한 요구 및 주문사항이 착오가 없도록 해야 하며, 궁극적으로는 고객의 연회행사가 성공적으로 마무리될 수 있도록 최선을 다해야 한다.

[그림 9-2] 연회부서의 조직도

● Type 1 : 연회판촉이 식음료부에 속하는 경우

● Type 2 : 연회판촉이 판촉부에 속하는 경우

## 3. 연회행사의 종류

- 연회
  - 파티형
    - 가족형 파티 : 결혼식, 약혼식, 장수연(회갑, 고희연 등), 돌잔치, 생일 및 결혼기념일 등
    - 단체 및 기업형 파티 : 동문회, 친목회, 사은회, 창립기념일, 신년회, 송년회, 단합대회, 초청행사, 인센티브 행사 등
    - 출장파티(outside catering)
    - 테마파티(theme party)
    - 가든파티(garden party)
  - 회의 및 전시형
    - 회의 : 세미나, 컨벤션 등
    - 전시 : 전시회, 무역박람회
  - 스포츠 이벤트형
    - 외부 이벤트 : 패션쇼, 콘서트, 디너쇼, 콘테스트, 시상식, 복싱 등
    - 호텔자체 이벤트 : 어린이날, 어버이날, 크리스마스, 송년의 밤 등, 디너쇼 단체
  - 식사형
    - 여행사 단체 등

### 3.1 파티형

#### (1) 가족형 파티

가족형 파티(family party)는 가족 중에 특정 의식이나 축하의 자리가 필요한 경우 식사와 더불어 개최되는 파티로 결혼식, 약혼식, 장수연(회갑, 고희연 등), 돌잔치, 생일 및 결혼기념일 등이 있다.

### (2) 단체 및 기업형 파티

단체 및 기업형 파티로는 동문회, 친목회, 사은회, 창립기념일, 신년회, 송년회, 단합대회, 초청행사, 인센티브(incentive) 등의 파티가 있다. 인센티브 파티(incentive party)란 기업에서 주어진 목적이나 목표달성을 한 직원(특히 판매원), 거래상(대리점업자), 거액 구매 고객들에게 동기 유발을 시키거나 보상을 하는 차원에서 실시하는 파티를 말한다.

### (3) 출장파티(outside catering)

호텔을 떠나 주최 측이 원하는 장소에서 식음료를 제공하는 연회행사이다. 주로 기업체의 사옥 기공 및 준공식, 일반 가정의 가족모임, 야외에서의 야유회나 특별 행사 등에서 출장파티를 요구하는 경우가 많다.

### (4) 테마파티(theme party)

일정한 주제를 정하여 그 주제에 맞는 음식, 복장, 데코레이션 등을 하고 개최되는 파티이다. 할로윈(Halloween) 파티를 예로 들 수 있으며, 사교모임이나 기업체의 인센티브 파티에서도 테마파티 형식으로 연회를 즐기는 경우도 있다. 테마는 대부분 세계 각국의 전통 민속을 소재로 하거나 현대적 개념에서 공상과학, 전쟁, 영화 등을 소재로 하기도 한다.

### (5) 가든파티(garden party)

가든을 이용하여 바비큐 등 스탠딩 뷔페 형식으로 진행되는 파티이다.

## 3.2 회의 및 전시형

### (1) 회의 및 전시형 행사의 종류

연회장에서 회의형 행사는 규모가 작은 미팅이나 세미나에서부터 대형 컨벤션까지 있는데, 연회장을 대여판매하거나 또는 회의를 전후로 식음료를 판매할 수 있는 행사이다. 전시형은 연회장을 대여하여 각종 전시회를 개최하는 것을 말한다.

### (2) 국제회의장 시설

국제회의장 시설은 전문회의시설과 준 회의시설로 구분하는데, 호텔 연회장은 준 회의장 시설로서 ❶ 600명 이상의 인원을 수용할 수 있는 대회의실이 있어야 하고 ❷ 30명 이상의 인원을 수용할 수 있는 중소회의실이 3실 이상이 있어야 하며 ❸ 5개 국어 이상의 동시통역시설을 갖추고 있어야 한다.

## 3.3 이벤트 및 단체 식사형

### (1) 이벤트형

이벤트 행사로는 외부와 호텔 자체의 이벤트 행사로 나누어지는데, 외부 이벤트 행사로는 패션쇼, 콘서트, 디너쇼, 콘테스트, 시상식 등이 있으며, 호텔 자체 이벤트 행사로는 매년 특정한 날 개최하여 홍보와 식음료 매출증진을 도모하고자 어린이날, 어버이날, 크리스마스, 송년의 밤 등의 이벤트를 개최하고 있다. 그리고 디너쇼도 호텔이 영업전략상 필요한 경우 자체적으로 개최하기도 한다.

### (2) 단체 식사형

특별한 연회의 목적은 없지만 대량인원으로 인하여 호텔 내의 식당을 이용할 수 없을 경우 연회장에서 식사를 하게 된다. 예를 들면 객실에 투숙하는 여행사

단체관광객의 경우 특별한 연회목적이 없지만 대량인원으로 인하여 호텔 내 식당을 이용할 수 없으므로 연회장에서 식사를 하게 된다.

## 4. 연회상품의 종류

- 연회상품
  - 식음료상품
    - 조찬 메뉴 : 한조식, 일조식, 양조식, 조식뷔페
    - 정찬 메뉴 : 한 · 일 · 중 · 양식의 정식
    - 뷔페 메뉴 : 시팅 뷔페, 스탠딩 뷔페
    - 칵테일리셉션 메뉴
    - 티 파티 메뉴
    - 커피 브레이크 메뉴
  - 대여상품
    - 연회장
    - 시설 기자재
  - 옵션상품
    - 꽃꽂이
    - 사진, 비디오, DVD
    - 엔터테인먼트
    - 케이크
    - 아이스 카빙
    - 배너

## 4.1 식음료상품

연회장에서는 호텔 내 식음료 업장에서 취급하는 대부분의 메뉴를 판매할 수 있으나 주방시스템 및 요원, 채산성 등을 고려하여 별도의 메뉴를 준비하고 있다. 연회장 메뉴는 고객의 선택이 용이하도록 음식종류별로 등급화되어 있고, 대량인원에게 동일한 메뉴를 제공해야 하므로 세트화하여 판매하고 있다. 물론 일품요리도 취급한다. 그리고 연회메뉴는 신축성이 강하여 고객과의 상담을 통하여 별도의 메뉴를 구성할 수도 있다. 음료의 경우도 호텔의 판매음료를 모두 취급하고 있으므로 예약 시 이를 협의해야 한다.

### (1) 조찬 메뉴

연회장은 한조식, 일조식, 양조식, 조식뷔페 등 모든 조식의 메뉴를 판매하고 있다.

### (2) 정찬 메뉴

중 · 석식에 제공되는 메뉴로써 한 · 일 · 중 · 양식의 정식이 등급별로 세트화되어 있다.

### (3) 뷔페 메뉴

뷔페메뉴도 등급별로 구성되어 있으며, 앉아서 먹는 시팅 뷔페(seating buffet)와 서서 먹는 스탠딩 뷔페(standing buffet)로 구분된다. 스탠딩 뷔페는 자유롭게 이동하면서 식사를 하므로 수프(soup) 요리가 없으며, 대부분 한 입에 먹을 수 있도록 커트되어 있으므로 나이프(knife)가 제공되지 않는다.

### (4) 칵테일리셉션(cocktail reception) 메뉴

스탠딩 뷔페 형식의 메뉴이나 비교적 가벼운 편이다. 만찬에 들어가기 전의 칵테일리셉션(pre-dinner cocktail reception) 메뉴는 칵테일 등의 술안주용으로 오드볼(hors d' oeuvre), 카나페(canape), 야채스틱(vegetable relish), 스낵(snack), 과일 등이 제공된다.

### (5) 티 파티(tea party) 메뉴

식사 전후 시간에 간단하게 쿠키, 과일, 카나페(canape), 커피, 티, 음료수 등으로 구성된 메뉴이다.

### (6) 커피 브레이크(coffee break) 메뉴

각종 회의를 진행하는 동안 쉬는 시간을 이용하여 커피, 티, 음료수 등이 제공되는 메뉴로서 다과류를 곁들이는 경우도 있다.

## 4.2 대여상품

연회장 대여는 주로 회의행사, 전시회, 패션쇼 및 각종 공연 행사 등에서 요구되는 경우가 많은데, 연회장 자체 대여를 비롯하여 각종 시설기자재의 대여가 있다.

### (1) 연회장 대여

연회장의 규모와 사용시간에 따라 요금이 달라지고, 식사 여부에 따라서 무료와 일부 유료를 적용하는 경우도 있다. 이와 같은 연회장 대여는 주로 전시회 및 패션쇼 등의 행사에서 많이 요구되고 있다.

### (2) 시설 기자재 대여

마이크 등과 같은 기본적인 시설기자재는 무료로 제공되지만 동시통역시설 등 고가의 장비에 대해서는 대여료를 받는다.

## 4.3 옵션(option)상품

연회장에서는 고객과 옵션을 통하여 부수적인 상품을 판매할 수 있는데, 그 종류는 다음과 같다.

### (1) 꽃

연회행사에서 요구되는 꽃으로는 화환, 꽃다발, 수반, 부케, 코사지(corsage : 가슴에 꽂는 꽃), 특별 꽃장식 등이 있다.

### (2) 사진, 비디오, DVD

사진(스냅, 원판, 앨범제작 등)과 비디오, DVD 등의 촬영 및 제작은 주로 가족모임에서 요구되고 있다.

### (3) 엔터테인먼트(entertainment)

음악연주가, 사회자(MC), 연예인 등을 호텔 측에서 소개를 해주고 있는데, 요금은 등급에 따라 다르다.

### (4) 케이크(cake)

케이크는 가족모임을 비롯하여 각종 축하 또는 기념행사에는 대부분 요구된다. 케이크는 1단에서부터 5단까지 있다.

### (5) 아이스 카빙(ice carving)

아이스 카빙은 행사장의 분위를 고취시키는데 일조를 한다. 크기는 일반적으로 2단이며, 특별주문 제작하는 경우도 있다.

### (6) 배너(banner)

배너는 천으로 만든 현수막으로 대부분의 연회행사에서 요구하고 있다.

# 제2절 연회예약 업무

## 1. 연회예약실 업무의 기본

### 1.1 연회예약실 근무의 기본자세

연회예약실(banquet reservation office)은 내방고객, 인터넷, Fax 및 전화 등을 통하여 상담을 하거나 예약을 담당하는 곳이다. 연회예약을 접수할 때는 SS정신 즉 서비스(service)와 세일즈(sales) 정신을 최대한 발휘하여 한 건의 전화문의나 내방고객을 놓쳐서는 안 된다. 연회예약실 직원은 고객에게 원활한 예약 서비스를 제공하기 위해서 연회장에서 판매하고 있는 각종 식음료 상품의 종류와 가격, 각 연회장의 수용력과 테이블 배치도(table layout), 그리고 각종 기자재 보유 및 시설현황 등에 대하여 사전에 충분한 지식을 습득하고 있어야 한다. 따라서 연회예약실 직원은 고객의 문의 시 자신 있게 답을 할 수 있어야 할 뿐만 아니라 고도의 협상(negotiation) 기술이 요구된다.

### 1.2 방문고객의 안내

연회예약 고객은 대부분 자신이 주최하는 행사가 개최될 연회장을 사전에 둘러보고 최종 예약을 하고자 한다. 이때는 적절한 안내를 해야 하는데, 출발하기 전에 연회 서비스에 연락을 하여 해당 연회장의 문을 오픈시키고 불을 밝히도록 한다. 혹시 주변의 연회장도 같이 보기를 희망하는 경우가 많으므로 연회장의 키를 관리하는 연회 서비스 직원이 대기하는 것도 필요하다.

## 2. 연회예약실의 직무

### 2.1. 연회예약 지배인(banquet reservation manager)

- 연회예약실을 총괄 운영한다.
- 연회예약의 코디네이터와 클럭을 교육 · 훈련하고 통제한다.
- 주 · 월 · 연간 단위로 연회행사 계획을 체크한다.
- 연회행사지시서의 발행을 체크한다.
- 필요한 경우 관련부서와 업무협조를 위한 회의를 개최한다.
- 연회서비스는 물론 관련부서와의 협조를 통하여 연회상품을 개발한다.

### 2.2. 연회예약 코디네이터(banquet reservation coordinator)

- 고객의 연회예약에 대하여 상담하거나 예약을 받는다.
- 방문고객이 연회장을 보기를 원하면 안내를 한다.
- 연회행사지시서를 발행한다.
- 연회 서비스의 준비상황과 관련부서의 업무협조를 체크한다.
- 플라워, 배너, 사진 · 비디오 또는 DVD 제작, 엔터테인먼트, 이벤트 등에 대하여 고객의 요구사항이 있을 경우 외부 업자에게 연락하고 체크한다.

### 2.3. 연회예약 클럭(banquet reservation clerk)

- 고객의 연회예약에 대하여 상담하거나 예약을 받는다.
- 연회행사지시서를 발행한다.
- 연회행사지시서를 복사하여 관련부서에 배부한다.
- 연회예약 장부를 정리한다.
- 월간 연회행사 예정표(monthly banquet forecast)를 정리하고, 일정 주기로 업데이터(up date)하여 G.M을 비롯한 관련부서에 배부한다.

- 각종 서식을 체크한다.
- 행사가 끝난 고객의 자료를 파일(file)화한다.

# 3. 연회예약의 절차와 상담

## 3.1 연회예약의 절차

고객이 연회에 대하여 문의를 하거나 예약을 하고자 할 때는 일정한 절차에 의하여 하나씩 협의해 나가야 하는데, 그 절차 및 내용은 다음 표와 같다.

| 조리법 | 내용 |
|---|---|
| 1. 날짜 및 시간 상담 | 예약장부를 열람하여 날짜와 시간이 가능한지 여부 |
| 2. 펑션 룸(function room) 배정 | 행사규모에 따른 적절한 펑션 룸의 배정 |
| 3. 식수 인원의 협의 | • 지불보증(guarantee)과 예상(expect) 인원의 적용<br>• 뷔페와 칵테일리셉션의 최저인원 등 |
| 4. 음료(beverage) 협의 | 테이블(table) 서비스, 바(bar) 서비스, 콜케이지 요금(corkage charge) 등 |
| 5. 배너와 싸인보드 협의 | 유료 및 무료 여부 등 |
| 6. 기타 옵션 협의 | 꽃장식과 테커레이션, 아이스카빙, 사진 및 비디오 · DVD 제작, 케이크, 엔터테인먼트 등 |

## 3.2 연회예약 상담의 일반

### (1) 연회날짜 상담

고객이 원하는 날짜를 제시하면 예약장부를 열람하여 연회장의 사용 여부를 체크한다. 만약 그 날짜에 고객이 원하는 규모의 연회장이 선 예약이 되어 있다면 그 예약이 확정적 예약(definite reservation)인지 잠정적 예약(tentative reservation)인지를 파악한다. 잠정적 예약이라면 그 예약단체에게 연락을 취해 빠른 결정을 요구하고 예약금(deposit)으로 구체화시켜 놓는다. 그러나 잠정적

예약이 확정적 예약으로 확인되면 연회장 사용이 불가능하므로 문의고객에게 다른 날짜를 유도해 본다.

### (2) 연회시간 상담

연회예약에 있어서 시간 조정은 연회장의 효율적인 운영을 위해 중요한 요소이다. 연회장의 사용시간대는 크게 조 · 중 · 석식의 시간대로 나누어지는데 적절하게 운영하면 매출의 극대화를 기할 수 있다.

예를 들어 식사예약을 받을 때 중식시간대는 12:00~16:00으로 한정하고 석식은 18:00 이후로 예약을 받음으로써 연회장 가동을 2회전 할 수 있으며, 또한 중식 후 석식을 준비할 수 있는 시간적 여유도 가질 수 있다.

### (3) 펑션 룸(function room) 배정

날짜와 시간이 확인되면 펑션 룸을 배정해야 하는데, 호텔은 대 · 중 · 소규모의 연회장을 다수 가지고 있으므로 적절한 펑션 룸의 배정도 연회장의 효율적인 운영과 매출의 극대화를 기할 수 있다. 따라서 펑션 룸을 배정할 때는 행사의 규모나 성격을 고려하여 연회장을 배정해야 하는데, 다음과 같은 원칙이 요구된다.

첫째, 인원수에 맞는 적정한 연회장을 배정한다.
둘째, 테이블 플랜을 고려하여 연회장을 배정한다.
셋째, 앞 · 뒤의 행사시간을 고려하여 연회장을 배정한다.
넷째, 대연회장을 파티션하여 배정할 때는 바로 옆의 연회장에서 음악소리 등의 소음으로 인하여 행사에 지장을 주는지를 고려하여 배정한다.

### (4) 지불보증(guarantee)과 예상(expect) 인원의 적용

연회행사는 정확한 인원수를 예측하기 힘들다. 행사 당일 예약인원보다 많이 올 수도 있고 적게 올 수도 있다. 이러한 변동 폭이 심하면 호텔과 예약고객 모두에게 피해가 오므로 서로 증감의 폭을 줄여야 한다. 행사당일 인원이 적게 왔다고 하여 만들어 놓은 음식을 줄여달라거나 인원이 많이 왔다고 해서 음식을 더 만들어 달라는 것은 무리이다.

따라서 호텔에서는 지불보증과 예상 인원제도를 두고 있는데, 지불보증(guarantee)이란 인원의 감소에 관계없이 고객이 지불을 보증하는 인원수이고, 예상(expect)이란 인원의 증가에 대비하여 음식의 양을 더 준비해 놓는 것이다. 지불보증과 예상 인원수와의 갭(gap)은 10% 내에서 유지하는 것이 통례이다. 인원수는 호텔이나 고객 양자 모두 민감한 문제이므로 행사가 가까워지면 인원에 대하여 재확인을 할 필요가 있다.

특히 결혼식 피로연과 고희연과 같은 가족모임은 예상인원을 예측하기 힘든데, 예상인원을 초과하여 음식이 부족할 경우 타 레스토랑으로 유도하고, 같은 가격대의 메뉴를 제공하는 것을 주최 측과 협의한다.

**예제**

(1) 연회장 뷔페인원을 100명으로 지불보증하였는데 당일 90명밖에 오지 않았다. 몇 명분을 계산해야 하는가?

답 : 100명

(2) 양식 세트 메뉴로 50명을 지불보증하였다면 예상인원을 몇 명으로 한정하는 것이 좋은가?

답 : 55명

(3) 양식 세트 메뉴로 50명을 지불보증하고 예상인원을 55명으로 하였는데 당일 53명이 참석하였다. 몇 명분을 계산해야 하는가?

답 : 53명

### (5) 뷔페와 칵테일리셉션 협의

뷔페와 칵테일리셉션의 음식은 종류별로 한 번 준비하는데 일반적으로 최소 50~60인분이므로 그 이하의 인원수를 받아서는 안 된다. 만약 고객의 강한 요구로 인하여 40명 정도의 뷔페를 받을 경우 객단가를 올려 받을 수 있다. 그 방법은 다음의 예제로 설명할 수 있다.

**예제**

(4) A 호텔의 연회장 뷔페는 최소 인원 50명을 기준으로 하고 있으며, 단가는 30,000원이다. 그런데 주최 측에서 40명으로 뷔페를 하고자 하였을 경우 1인당 객단가는 얼마를 받으면 되는가?

최소 매출액 ·························· 50명 × 30,000원 = 1,500,000원
최소 매출액을 40명으로 환산 ··· 1,500,000원 ÷ 40명 = 37,500원
답 : 37,500원

## 3.3 음료(beverage) 협의

연회장에서는 모든 음료를 취급할 수 있는데, 음료판매 방법은 테이블 서비스 형식과 바(bar) 서비스 형식이 있다.

### (1) 테이블(table) 서비스

테이블 서비스는 고객이 원하는 음료를 테이블 위에 올려놓고 직접 따서 마시며, 소비량만큼 계산하는 방법이다.

### (2) 바(bar) 서비스

바 서비스는 이동식 연회장용 바를 설치하여 고객이 직접 바에 와서 음료를 선택하여 마시는 경우이다. 바는 국산과 하우스 브랜드(house brand)의 음료들

로 구성된 스탠다드 바(standard bar)와 수입 음료 및 프리미엄(premium)급으로 구성된 딜럭스 바(deluxe bar)가 있으며, 계산방법은 소모량 또는 시간당 계산하는 방법이 있다. 시간당 계산 방법은 예약 시간과 참석자 1명 기준으로 가격이 결정되는데, 주어진 시간 내에 음료의 종류와 양에 관계없이 무제한으로 마실 수 있다.

하우스 브랜드(house brand)란 호텔 내부에서 와인 등 음료를 잔 단위로 판매할 때 사용하는 것으로 품질은 보통급 이하이다.

[표 9-2] **바 서비스의 시간당 계산(예)**

| 구분 | 아이템 | 1시간/1인 | 2시간/1인 |
|---|---|---|---|
| 스탠다드 바 | 국산(맥주, 와인, 위스키, 브랜디, 진, 보드카, 럼 등) 및 하우스 브랜드 | 20,000 | 30,000 |
| 딜럭스 바 | 수입(맥주, 와인, 위스키, 브랜디, 진, 보드카, 럼 등) 음료 및 프리미엄급 | 30,000 | 45,000 |

### (3) 콜케이지 요금(corkage charge)

원칙적으로 음료는 호텔 외부에서 반입이 안 된다. 그러나 고객이 예산 등의 이유로 부득이 반입을 요구할 때는 일차적으로 콜케이지 요금을 부가하고 그것도 여의치 않으면 호텔의 음료와 반입의 음료를 절충한다.

콜케이지 요금이란 손님이 호텔의 음료(beverage)를 사용하지 않고 직접 가져온 음료를 호텔 측에서 바(bar) 또는 테이블에 세팅하여 잔과 얼음 및 생수를 제공하고 병당 서비스 요금을 받는 것을 말한다. 일반적으로 값이 비싼 위스키나 와인의 경우 병당 콜케이지 요금이 높으며, 진 · 보드카 등 값이 싼 음료일수록 콜케이지 요금이 낮게 책정된다.

## 3.4 배너와 싸인보드 협의

일반적으로 연회고객은 행사장에 설치할 배너(banner) 및 호텔 로비와 연회장 입구에 안내를 할 수 있는 싸인보드(sign board)를 요청하게 되는데, 싸인 보드는 호텔에서 무료로 작성해 주지만 배너는 유료가 원칙이다. 왜냐하면 대부분의 호텔은 배너 제작을 자체적으로 하는 것이 아니라 외주업체에 비용을 들여 의뢰를 하기 때문이다. 그러나 행사의 규모 및 매출에 따라 배너를 무료(complimentary ; comp.)로 제공하는 경우도 있다.

싸인보드나 배너의 문구는 정확히 받아서 오자가 없도록 하고, 특히 단체나 기업의 로고를 삽입할 때는 모양이나 색상에 유의해야 한다. 외주업체로부터 들어온 배너는 행사 전에 체크하여 오자의 실수를 예방해야 한다. 천으로 된 배너는 당일 수정이 어렵다. 종종 호텔에서는 배너의 문구나 로고가 잘못되어 행사 당일 낭패를 보는 경우가 발생된다.

## 3.5 기타 옵션 협의

### (1) 꽃장식과 데커레이션

테이블 위의 꽃이나 기본적인 꽃 장식은 호텔 연회장 측에서 준비를 하지만, 결혼식, 약혼식 등과 같은 행사에 고객이 특별 꽃(화환, 꽃다발, 수반, 부케, 코사지 등)을 주문할 때는 요금을 받는다. 또한 칵테일 리셉션 행사 시 고객이 미니 정원과 같은 특별한 데커레이션을 원할 경우 그에 따른 제작 및 설치 요금을 받는다.

### (2) 아이스 카빙

아이스 카빙 제작은 모양만 만들거나 모양 밑에 문구나 로고를 삽입하는 경우가 있다. 문구나 로고를 삽입할 경우는 사전에 그 내용을 받아서 디자인 작업 및 코팅처리 후 얼음 속에 넣을 수 있도록 아이스 카빙 담당자에게 전달해야 한다.

아이스 카빙의 일반적인 크기는 2단과 3단이지만, 특별히 주문하여 대형을 만들기도 한다. 요금은 크기에 따라 다르며, 행사의 매출 규모에 따라 호텔 측에서 무료로 제공하기도 한다.

■아이스 카빙

### (3) 케이크

약혼식, 장수연 등의 행사는 물론 특정 기념행사에는 반드시 케이크가 요청된다. 케이크의 일반적인 크기는 1단에서부터 5단까지이며, 특별 주문 케이크도 있다. 요금은 크기에 따라 다르며, 행사 매출 규모에 따라 크기가 작은 케이크의 경우 무료로 제공하거나 할인을 해 주는 경우도 있다.

■케이크

### (4) 사진 및 비디오 · DVD 제작

결혼식, 약혼식 등과 같은 가족모임 행사에는 사진 및 비디오 촬영 및 DVD 제작 등이 수반되는데, 샘플 사진 앨범 등을 통하여 가격을 제시하고 협의를 해야 한다.

#### (5) 엔터테인먼트

행사의 성격에 따라 음악연주가, 사회자(MC), 가수 등의 엔터테인먼트를 요구하는 경우가 있는데, 특히 사회자(MC), 가수 등의 엔터테인먼트 섭외는 즉석에서 답을 줄 수 없고, 해당 엔터테이너(entertainer) 측과 스케줄 및 요금을 협의한 후 고객에게 연락을 한다.

## 4. 출장파티 협의

### 4.1 메뉴 및 요금 협의

#### (1) 메뉴협의

출장 파티는 호텔 외부에서 요리가 제공되는 특수성으로 인하여 메뉴는 한계가 있는데, 즉 외부에서 음식을 제공해야 하므로 사실상 세트 코스 음식의 제공은 불가능하다. 따라서 시팅(seatting) 및 스탠딩 뷔페와 칵테일리셉션 메뉴를 추천하도록 한다.

#### (2) 요금협의

음식요금 외에 출장 서비스에 대한 추가 요금을 받아야 하는데, 음식은 호텔의 케이터링 카(catering car)로 운반하면 되지만, 테이블 등의 기물은 일반 트럭을 사용해야 하므로 이에 대한 요금을 산정하고, 또한 호텔 내 연회장에 행사가 많을 때는 자체 인력만으로는 출장 서비스를 담당할 수 없으므로 아르바이트 등 지원인력에 대한 요금도 감안해야 한다.

### 4.2 현장답사

출장 파티의 장소는 주최 측과 협의하여 반드시 사전에 현장을 답사하여 음식

테이블 위치, 백 사이드 위치 등을 확인해야 하는데, 답사를 갈 때는 연회 서비스 등 관련부서의 담당자와 함께 가서 서비스에 차질이 없도록 한다. 준비 및 현장에서의 서비스 계획은 연회 서비스에 일임한다.

# 5. 회의행사 예약접수

## 5.1 회의행사 예약접수의 개요

오늘날 국제회의뿐만 아니라 기업체 및 일반 단체에서도 쾌적한 호텔의 연회장을 이용하여 각종 회의를 개최하고 있다. 회의형 행사는 회의가 주가 되고 식사는 부수적이라고 할 수 있으며, 회의준비와 진행에 초점을 맞추어 주최 측과 세밀한 협의가 필요하다. 회의행사의 예약을 접수받을 때는 가장 먼저 주최 측으로부터 일정표를 받아서 ❶ 회의장 및 식사장소 배정 ❷ 회의장 테이블 플랜 및 필요한 기자재 협의 ❸ 대여료 및 식사 · 커피 브레이크 메뉴의 가격 등 협의 ❹ 배너 및 기타 준비사항 등의 순으로 협의하면 된다.

회의행사의 요금은 회의장 대여료와 시설기자재 사용료, 회의참석자들의 식사요금 등으로 나눌 수 있는데, 식사를 어떻게 하느냐에 따라서 연회장의 대여료가 달라진다.

## 5.2 회의장 및 식사장소 배정

❶ 회의장 및 식사장소 배정은 적정규모의 연회장에서 할 수 있도록 한다.

❷ 배정을 할 때는 앞뒤행사의 스케줄을 고려하여 연회 서비스가 준비작업을 할 수 있는 시간적 여유를 두어야 한다.

❸ 회의가 연속적으로 있을 경우 회의장은 가능한 한 곳에 배정한다.

❹ 중식과 석식의 장소는 별도의 연회장을 배정한다.

❺ 조식은 100명 이상 인원이 많을 경우 연회장에 배정하고, 그 이하의 인원

일 경우 커피숍을 이용하도록 한다. 이때는 조식 쿠폰을 발행하여 자유이용을 하도록 한다.

❻ 커피 브레이크 장소는 회의장 바로 앞쪽의 복도를 이용한다.

# 제3절 연회관련 주요서식 작성

## 1. 연회예약접수명세서 작성

연회예약접수명세서(banquet reservation sheet)는 고객과의 협의내용을 간략히 정리한 내부 직원용의 형식과 고객과 상호협의된 내용에 대하여 문서로서 효력을 발생시키기 위한 계약서(agreement) 형식의 두 가지 형태가 있다. 호텔 사정에 따라 내부 직원용과 계약서 형식을 사용하는 호텔이 있는데, 그 양식은 비슷하다. 다만 계약서는 카피 본으로 되어 있으며, 고객과 연회예약 담당자가 서로 서명을 할 수 있는 난이 있다는 것이다. 본서에서는 연회예약접수명세서를 계약서 형식으로 소개하고자 한다. 계약서의 첫 장은 고객용이고, 뒷장은 예약실 보관용인데, 앞장에만 기입하면 뒷장은 자동적으로 카피가 되도록 되어 있다. 작성방법은 다음과 같다.

❶ 연회행사를 예약한 단체명을 기입한다.

❷ 연회행사를 예약한 고객의 성명을 기입한다.

❸ 연회행사를 예약한 고객의 연락처를 기입한다.

❹ 확정적 예약이면 ㅁ칸에 √를 한다.

❺ 잠정적 예약이면 ㅁ칸에 √를 한다.

❻ 예약금액(deposit)을 기입한다.

## Banquet Reservation Sheet/Agreement

Name of Organization : ①

Contact person : ② Tel : ③

□ Definite ④ □ Tentative ⑤

Deposit : ⑥ Payment : ⑦

| Date(Day) | Time | Room | Function/Menu Guarantee | Expected | Person | Price |
|---|---|---|---|---|---|---|
| ⑧ | ⑨ | ⑩ | ⑪ | ⑫ | ⑬ | ⑭ |
| | | | | | | |
| | | | | | | |

Beverage : ⑮

Other : ⑯

Sign Board & Banner Wording : ⑰

20 . . .⑱

Guest Signature : ⑲ Book by : ⑳

❼ 지불방법. 즉 현금, 카드, 후불 등을 기입한다.

❽ 연회행사의 날짜(요일)를 기입한다.

❾ 연회행사의 시간을 기입한다.

❿ 배정된 연회장명을 기입한다.

⓫ 행사의 성격 또는 메뉴를 기입한다.

⓬ 지불보증 인원수를 기입한다.

⓭ 예상 인원수를 기입한다.

⑭ 1인당 음식가격을 기입한다. 이때 반드시 봉사료와 세금의 부가 여부를 표기해야 한다. 예를 들어 1인당 음식요금이 40,000원일 경우에 봉사료와 세금을 부가해야 할 경우는 40,000++, 봉사료와 세금이 포함되었을 경우는 40,000(Inc.)으로 표기한다. 여기서 ++는 봉사료 10%와 세금 10%를 의미하는 것이고, Inc.는 포함되어 있다는 영어 'Inclusive' 또는 'Included'의 약어이다. 고객에게 이 부분을 명확히 해야 한다.

⑮ 음료에 관한 사항. 즉 종류, 수량, 가격 등을 기입한다.

⑯ 테이블 배치(table arrangement) 및 기자재 요구사항, 옵션(플라워, 엔터테인먼트, 사진 · 비디오 또는 DVD 제작, 아이스카빙, 케이크 등), 대여료 등을 기입한다. 만약 테이블 배치가 복잡할 경우 별도의 연회장 도면을 활용하여 그림으로 표시하고 첨부해 놓는다. 연회예약실에는 연회장별로 각각 인쇄 또는 복사된 도면 및 테이블 배치도를 갖추고 있다.

⑰ 싸인보드 및 배너 문구를 기입한다.

⑱ 예약은 받은 날짜를 기입한다.

⑲ 연회행사 주최자의 서명을 받는다.

⑳ 연회예약을 받은 호텔 내 담당자의 서명을 표기한다.

## 2. 연회예약 장부 작성

연회예약 장부(control chart)는 1월 1일부터 12월 31일까지 하루 한 페이지씩 일년 분량 365장이 날짜순으로 일련화되어 있다. 만약 부피가 많을 경우 3, 4개월 또는 6개월 단위로 나누어 사용할 수 있다. 연회예약 장부는 연회예약실에 항상 비치해 두고 예약상황을 수시로 열람할 수 있도록 해야 하고, 연회예약 장부에 표기를 할 때는 취소, 변경, 수정을 할 수 있도록 연필로 기재해야 한다. 작성방법은 다음과 같다.

| Date/Day : ① | | | | | | | |
|---|---|---|---|---|---|---|---|
| Function Room | Time | No. of Person ⑤ | Type ⑥ | Organization ⑦ | Definite/ Tentative ⑧ | Contact Person ⑨ | Tel ⑩ |
| Grand Ballroom (A+B+C) | ② | | | | | | |
| | ③ | | | | | | |
| | ④ | | | | | | |
| Ballroom A | | | | | | | |
| | | | | | | | |
| | | | | | | | |
| Ballroom B | | | | | | | |
| | | | | | | | |
| | | | | | | | |
| Ballroom C | | | | | | | |
| | | | | | | | |
| | | | | | | | |
| ○○○ | | | | | | | |
| | | | | | | | |
| | | | | | | | |
| △△△ | | | | | | | |
| | | | | | | | |
| | | | | | | | |
| Outside Catering | ⑪ | | | | | | |

❶ 해당 날짜와 요일(하루에 한 장씩)

❷ 조식을 겸한 연회행사 시간 기입

❸ 중식을 겸한 연회행사 시간 기입

❹ 석식을 겸한 연회행사 시간 기입

❺ 인원수

❻ 연회행사의 타입. 예를 들어 뷔페는 'buffet', 양식 코스메뉴는 'W/S'(western set menu), 회의는 'meeting'이라고 표기한다.

❼ 단체명

❽ 확정적(definite) 예약인지 잠정적(tentative) 예약인지를 표기한다. 확정적 예약이라면 D, 잠정적 예약이라면 T라고 표기한다.

❾ 연회예약을 의뢰한 고객의 성명

❿ 연회예약을 의뢰한 고객의 연락처

⓫ 출장 파티가 있을 경우 표기한다.

# 3. 연회행사지시서 작성

## 3.1 연회행사지시서 작성방법

모든 협의가 끝나고, 연회예약이 완료되면 대략 행사 일주일 전에 연회행사지시서(banquet event order)를 만들어 연회서비스를 비롯한 관련 부서에 배부하여 고객의 예약사항이 행사당일 차질 없이 진행될 수 있도록 해야 한다. 연회부서에서 가장 힘든 것은 고객서비스가 아니라 내부고객인 관련부서의 업무협조이다. 따라서 연회부서 직원은 연회행사지시서가 배부되는 협조부서를 중심으로 긴밀한 인간관계를 형성할 필요가 있다.

특히 VIP들이 참석하여 총지배인을 비롯한 간부들의 영접이 필요하거나 각별히 신경을 써야 할 행사의 경우는 'VIP' 라는 스탬프를 찍어 배부한다. 연회행사지시서의 작성 및 배부처 관련 업무는 다음과 같다.

❶ 연회행사지시서의 발행 고유번호를 기입한다.

❷ 행사날짜를 기입한다.

❸ 연회장 명을 기입한다.

❹ 연회행사의 시간을 기입한다.

❺ 행사의 성격. 즉 식사형태, 회의형태, 이벤트 등의 성격을 기입한다.

❻ 단체명을 기입한다.

# BANQUET EVENT ORDER

No. ①

| | |
|---|---|
| Date : ② | Function Room : ③ |
| Time : ④ | Natural of Function : ⑤ |
| Name of Organization : ⑥ | Price Per Person Food : ⑦ |
| In-house Contact : ⑧ | Guaranteed No. of Person : ⑨ |
| Payment : ⑩ | Expected No. of Person : ⑪ |
| Deposit : ⑫ | Rental Charge : ⑬ |
| Contact Person : ⑭ | Tel : ⑮ |
| Menu : ⑯ | Banquet Service : ⑰ |
| Engineering : ⑱ | |
| Other : ⑲ | Sign Board & Banner Wording : ⑳ |

Distribution :*

| | | | |
|---|---|---|---|
| G.M | Duty Manager | Director of F/B | Executive Chef |
| Banquet Kitchen | Bakerly | Steward | Room Division |
| Housekeeping | Operator | Sales Department | Art Room |
| Accounting | Banquet Service | | |

❼ 1인당 음식요금을 기입한다. 이때 반드시 봉사료와 세금의 부가 여부를 표기해야 한다.

❽ 연회예약을 받은 직원의 이름을 기입하여 행사내용에 대하여 궁금한 점이 있으면 예약을 받은 담당자에게 연락을 취할 수 있도록 한다. 연회예약은 호텔 내에서 연회예약실 직원뿐만 아니라 연회판촉, 지역 판촉 사무소 등의 직원이 받을 수 있다.

❾ 고객으로부터 약속한 지불보증 인원수를 기입한다. 만약 행사 당일 예약인원수보다 적게 왔을 때 준비된 음식에 대한 지불보증을 확보하기 위해서이다.

❿ 현금, 후불 등의 지불방법에 대하여 기입한다.

⓫ 예상 인원수. 즉 고객이 정확한 인원수를 확신하지 못할 경우 음식준비를 위하여 예상 인원수를 고려해야 하는데, 일반적으로 지불보증 인원수에 10% 정도를 예상인원수로 감안한다.

⓬ 예약금(선수금)을 기입한다. 행사가 끝나고 연회 서비스에서 고객에게 계산을 할 때는 이 금액만큼 빼고 계산하여야 한다.

⓭ 연회장을 대여하였을 경우 그에 대한 요금을 기입한다.

⓮ 연회예약을 의뢰한 고객의 성명을 기입한다.

⓯ 연회예약을 의뢰한 고객의 연락처를 기입한다.

⓰ 고객이 주문한 메뉴를 기입하는데, 연회장의 메뉴는 종류별로 A · B · C 등으로 세트화 및 등급화되어 있으므로 간략히 표기하면 된다. 예를 들어 'Buffet A' 등으로 표기하면 된다. 만약 추가 메뉴나 특별사항이 있을 경우 별도로 표기한다.

⓱ 연회서비스에서 테이블 배치, 기자재 위치, 도구 등 준비내용을 기입한다. 테이블 배치가 복잡할 경우 별도의 연회장 도면을 활용하여 그림으로 표시하고 첨부한다. 음료에 대한 주문사항도 여기에 표기하면 된다.

⓲ 시설부에서 준비해야 할 사항. 즉 마이크 종류와 수, 조명 및 음향, 시청각 도구 등에 대하여 기입한다.



⓳ 플라워, 엔터테인먼트, 사진 · 비디오 또는 DVD 제작, 아이스 카빙, 케이

크 등 고객의 옵션사항을 기입하는데, 그에 따른 가격도 명기해야 한다. 호텔 자체 내에서 준비되는 아이스 카빙이나 케이크 등은 봉사료와 세금이 가산되지만, 외부 업자 즉 플라워, 엔터테인먼트, 사진 · 비디오 또는 DVD 제작 요금은 세금 10%만 부가된다. 만약 고객이 외부 업자의 옵션에 한하여 직접 업자에 계산할 경우 세금은 가산되지 않는다.

⑳ 싸인보드와 배너의 문구를 기입한다. 만약 배너가 유료일 경우 요금을 명기해야 한다.

* Distribution은 연회행사지시서를 복사하여 배부를 해야 하는 곳인데 해당 배부처에 마크하여 전달하여야 한다.

## 3.2 연회행사지시서 배부처 및 관련업무

연회행사지시서 배부처 및 관련 업무에 관한 사항은 다음 표와 같다.

| 조리법 | 내용 |
|---|---|
| 총지배인(G.M) | 총괄업무 및 VIP 파악 |
| 당직지배인(Duty Manager) | VIP 파악 및 의전 |
| 식음료부장(Director of F/B) | 해당 부서장으로서의 업무 파악 |
| 총주방장(Executive Chef) | 음식계획 및 주방 간의 업무분장, 아이스 카빙 체크 |
| 연회장 주방(Banquet Kitchen) | 음식준비 |
| 베이커리(Bakerly) | 케이크 및 디저트 준비 |
| 스튜어드(Steward) | 기물지원 및 처리 |
| 객실부(Room Division) | 객실관련 업무 지원 |
| 하우스키핑(Housekeeping) | 연회장 청소 및 꽃꽂이 협조 |
| 교환실(Operator) | 각 행사장 전화연결 |
| 판촉부(Sales Department) | 담당행사 파악 및 고객관리 |
| 아트/디자인실(Art Room) | 배너 발주, 싸인보드 · 명찰(name tag) · 명패(place card) 작성, 행사장 내 데커레이션 등 |
| 경리부(Accounting) | 계산관계 및 후불 처리, 원가관리 |
| 연회 서비스(Banquet Service) | 연회장 행사준비 및 식음료 서비스 |

제 10 장

# 연회 서비스의 업무

## 1. 연회 서비스의 개요

### 1.1. 연회 서비스의 의의

연회 서비스는 연회예약에서 넘겨준 연회행사지시서의 내용을 현장에서 집행하는 부서이다. 연회 서비스는 일반 레스토랑과는 달리 고객의 요구사항에 따라 사전에 테이블 세팅 등을 통하여 고객이 식사 또는 회의를 할 수 있도록 연회장을 꾸며야 하고, 고객이 참석하면 식사 등의 서비스를 해야 하며, 행사가 끝나면 다시 연회장을 깨끗이 치워야 하는 등 한 번의 고객 서비스를 위하여 많은 시간과 노력이 필요한 부서이다.

또한 연회 서비스의 직원은 연회장에서 모든 종류의 식사가 가능하다는 점에서 한 · 중 · 일 · 양식의 테이블 세팅 및 서비스가 가능해야 하고, 연회장의 기물 및 장비는 물론 회의에 필요한 각종 기자재를 다룰 줄도 알아야 한다.

이와 같이 연회장 직원은 무에서 유를 창조하고, 식음료를 비롯한 토탈 서비스(total service)를 수행하는 전문가로서 연회 서비스 지배인을 중심으로 일사불란한 팀워크를 구축하여 행사 준비에서부터 마무리까지 완벽을 기해야 한다.

## 1.2. 연회 서비스의 중요성

연회예약실과 연회판촉부서에서 연회행사를 아무리 잘 유치하여도 당일 연회 서비스에서 대고객 서비스에 문제가 발생한다면 다음 연회행사를 유치하는데 어려운 점이 따른다. 일반적으로 고객이 서비스를 구매하여 만족하게 되면 재구매로 이어지고, 고정고객을 확보할 수 있으며, 주변에 좋은 구전을 전파하여 신규고객도 창출되어 결국 매출이 증대된다.

그러나 불만족하게 되면 재구매가 중단되어 고객을 상실하게 되고, 나쁜 구전을 주변에 전파함으로써 잠재고객까지도 상실되므로 매출의 감소를 가져다준다. 따라서 연회 서비스 직원은 고객만족 서비스를 위하여 투철한 사명과 서비스정신이 요구된다.

## 1.3 연회 서비스의 직무

### (1) 연회 서비스 지배인(banquet service manager)

- 연회장의 대고객 서비스를 책임진다.
- 연회예약 및 연회판촉과 유기적으로 연락 및 회의를 하여 행사준비 및 진행에 차질이 없도록 한다.
- 연회행사지시서(BEO ; Banquet Event Order)를 토대로 주간, 월간 준비 계획을 수립하고 직원들의 근무 스케줄 작성 및 업무분장을 한다. 스케줄을 짤 때는 가능한 한 날에 휴무일이 몰리지 않도록 한다.
- 연회장의 캡틴(captain), 웨이터/웨이트리스(waiter/waitress), 실습생(trainee) 등의 부하 직원을 관리 · 감독하고 교육 · 훈련을 시킨다.
- 고객을 영접 및 환송하고 불편사항(complaint)을 처리한다.
- 주방과 연회장 직원 사이에 업무협조가 잘 되도록 조정 역할을 한다.
- 청소, 수선 등 관련 부서와의 업무협조가 잘 되도록 조정 역할을 한다.
- 연회장을 유지 · 관리한다.

### (2) 연회장 캡틴(banquet captain)

- 연회 서비스 지배인을 보좌하고 부하직원을 지휘한다.
- 연회행사지시서를 토대로 행사준비 및 서비스에 만전을 기한다.
- 연회 서비스를 주도적으로 담당한다.
- 행사 후 고객의 계산을 처리한다.
- 행사 후 뒤처리와 사후 행사 스케줄에 따라 행사장을 준비한다.
- 일일 매출과 업무일지(log book)를 작성한다. 업무일지는 당일 영업상황과 특이한 사항을 기록하여 부서장에게 문서로 보고하는 것이다.

### (3) 연회장 웨이터(banquet waiter)

- 지배인이나 캡틴의 지시에 의하여 행사장 준비를 한다.
- 연회행사지시서에 의하여 테이블 배치 및 세팅 등을 한다.
- 고객에게 식음료 서비스를 한다.
- 글라스, 도기류, 은기류 등을 닦고, 정리정돈을 한다.
- 연회장 테이블 및 의자 등의 기물을 정리정돈 한다.
- 연회 기물 및 비품 등의 파손에 대해서는 보고를 하고 적절히 대처한다.
- 테이블 클로스 등의 린넨(linen)을 비롯한 물품을 수불한다.
- 음료를 적정재고(par stock)만큼 신청하여 보충한다.

## 1.4 연회 서비스 절차

연회의 준비에서 마감까지는 연회행사지시서에 의하여 진행되며, 크게 사전준비단계, 영접 및 서비스 단계, 사후 단계 등의 3단계로 구분된다. 특히 사전준비 단계는 성공적인 연회 서비스를 위하여 많은 시간과 노력이 요구되는 단계인데, 역할 분담을 위한 미팅 → 테이블 플랜 확정 → 테이블 및 기자재 등 세팅 → 최종 점검의 순으로 한다.

[그림 10-1] 연회 서비스 절차

미팅을 통한 역할 분담
↓
테이블 플랜(table plan) 확정
↓
테이블 및 기자재 등 세팅
↓
최종 점검
↓
영접 및 서비스
↓
계산 및 환송

## 2. 테이블 플랜

### 2.1 라운드 테이블 배열(round table arrangement)

주로 많은 인원수가 식사를 할 때 필요한 테이블 배치이다. 테이블과 테이블의 간격은 3.3m 정도가 적당하며, 테이블을 종으로 여러 줄을 배열을 할 때는 무대를 중심으로 횡으로 앞줄을 고정한 다음 뒷줄부터는 테이블 사이로 어긋나게 배열하면 뒷줄의 테이블에 앉은 사람들이 무대 쪽 시야를 보다 쉽게 확보할 수 있다.

## 2.2 교실형 배열(school, classroom style)

45cm×153cm의 세미나 테이블을 이용하여 학교 교실처럼 설명을 듣고 필기를 할 수 있는 회의형태에 유용한 배열이다. 1개의 세미나 테이블에 3명이 앉도록 하며, 중앙에 복도를 마련할 때는 1.5m 정도의 간격을 유지한다.

## 2.3 극장식 배열(theater style)

의자만을 배치하는 형태인데 의자와 의자 사이를 공간이라고 하고, 의자의 앞줄과 뒷줄 사이를 간격이라고 한다. 연설자의 연단 또는 테이블 위치가 정해지면 그로부터 2m 정도 떨어진 곳에 첫 번째 의자 줄을 배치한다. 많은 의자를 배치할 경우 1.5m 넓이 정도의 통로복도를 적정하게 만들어 주어야 하고 의자의 줄을 바르게 하기 위해서 긴 줄을 이용하여 가로와 세로를 맞춘다.

## 2.4 U자형(U-shape) 배열

주로 회의를 하거나 소수 인원이 식사할 때 많이 쓰이는 배열이며, 76cm×153cm의 직사각형 테이블을 사용한다. 테이블 클로스는 양쪽이 균형있게 내려와야 하며, U자의 안쪽부분에는 드레이프(drape)를 쳐서 다리가 보이지 않게 한다.

## 2.5 리셉션(reception) 배열

스탠딩으로 리셉션할 때 쓰이는 배열로 의자는 없고 음식을 배열하는 테이블만 놓게 되는데, 여러 가지 형태의 테이블 모양을 만들 수 있다.

## 2.6 기타 테이블 배치

### (1) T자형(T-shape) 배열

헤드테이블에 많은 인원이 앉을 때 유용한 배열이다.

### (2) I자형(I-shape) 배열

작은 인원이 회의나 식사를 할 때 유용한 배열이다.

### (3) 타원형(oval shape) 배열

상석의 개념이 필요 없는 회의나 식사를 할 때 유용한 배열이다.

### (4) 사각형(hollow, square shape)

주로 회의를 겸한 식사를 할 때 유용한 배열이다. 사각형 안쪽에는 들어갈 수 없으므로 의자를 바깥쪽으로만 배열한다.

### (5) V자형(V-shape) 배열

20명 이내의 인원이 프리젠테이션(presentation)을 할 때 많이 이용되는 배열이다.

# 3. 연회장의 식음료 서비스

## 3.1 연회장 식음료 서비스의 개요

파티형 연회는 대부분 식음료를 즐기는데, 식사는 크게 한 · 일 · 중 · 양정식의 세트 코스(set course), 시팅 뷔페(seating buffet), 스탠딩 뷔페(standing buffet) 및 칵테일 리셉션(cocktail reception) 형식이 있다. 연회장에서의 식음료 서비스 방법은 일반 레스토랑과 동일하나 단지 사전에 예약이 되어 있기 때문에 개별 주문을 받지 않는다는 것이다. 그리고 스탠딩 뷔페 및 칵테일 리셉션에 대한 서비스는 일반 레스토랑에서는 할 수 없다는 점에서 연회장의 특징적인 식음료 서비스라고 할 수 있다.

특히 연회장에서 식음료를 서비스하기 위해서는 연회장의 인력만으로는 부족한 경우가 많다. 즉 한꺼번에 연회행사가 몰렸거나 대연회장에 대량인원의 세트 코스의 음식 서비스 등이 발생할 때는 타 업장으로부터 헬퍼(helper)를 지원받아야 하는데, 연회 서비스 지배인은 사전에 인원계획에 의하여 서면으로 식음료 부서장에게 지원요청을 해야 하고, 만약 식음료 부서 자체의 지원 인력만으로 부족한 경우는 타 부서 또는 파트 타이머 인원을 요청해야 한다. 일반적으로 연회장에서 식음료에 대한 서비스 인원은 다음 표와 같다.

[표 10-1] 식사별 서비스 인원

| 종류 | 서비스 인원 | 비고 |
|---|---|---|
| 한 · 일 · 중 · 양정식(set course) | 테이블당 2~3명 | 10인용 테이블 기준 |
| 시팅 뷔페(seating buffet) | 고객 20~30명당 1명 | |
| 칵테일 리셉션(cocktail reception) | 고객 40~50명당 1명 | 바텐더 제외 |

연회행사 시작 즉 고객이 입장하기 10분 전에는 연회장 직원은 제 위치에서 고객을 맞을 준비를 한다. 즉 연회장 지배인 또는 캡틴은 입구에서 고객을 영접하고, 서비스의 직원은 각자 맡은 테이블에 대기의 자세로 취하고 있다가 고객이 자기의 테이블 근처에 오면 반갑게 인사를 하고 착석을 도와준다.

## 3.2 식사형태별 서비스

### (1) 정식(set course) 서비스

연회장에서 한 · 일 · 중 · 양정식의 세트 코스 서비스는 다음과 같은 방법으로 한다.

❶ 연회 서비스 지배인은 서비스 요원들의 담당 테이블을 사전에 할당한다.
❷ 첫 번째 코스의 음식은 전체 인원에게 동시에 서브되어야 하는데 주빈석에 서브가 되는 것을 기점으로 일제히 담당 테이블에 서브되어야 한다.
❸ 주빈석은 경험이 많고 능숙한 캡틴이 담당한다.
❹ 지배인은 코스가 진행되는 사항을 파악하여 원활한 서비스가 될 수 있도록 지휘 및 통솔을 한다.

### (2) 뷔페 서비스

❶ 따뜻한 음식을 위한 고체연료는 식사시작 한 시간 전에 불을 붙인다.
❷ 음식을 덮은 랩은 식사시작 10~20분 전에 벗긴다.
❸ 뷔페의 접시는 식수인원의 3배 정도를 준비한다.
❹ 고객이 사용한 접시는 즉시 치운다.
❺ 부족한 음식은 주방에 연락하여 보충하도록 한다.
❻ 부족한 물은 보충(refill)해 준다.
❼ 커피는 고객의 테이블에서 직접 서비스한다.
❽ 스탠딩 뷔페는 고객이 접시를 들고 포크로 돌아다니면서 먹으므로 수프

(soup)는 제공되지 않고, 음식은 한 입에 먹을 수 있도록 커트되어 나오므로 나이프(knife)는 준비할 필요가 없다.

### (3) 칵테일 리셉션 서비스

칵테일 리셉션은 디너 전의 칵테일 리셉션(pre-dinner cocktail reception)과 디너를 겸한 리셉션이 있다. 첫째, 디너 전의 칵테일 리셉션은 디너 장 앞의 복도(foyer)나 별실을 이용하여 개최하는데, 음식은 간단한 오드볼 정도이고, 바(bar)는 인원의 규모에 따라 적당한 위치에 1~4군데에 설치한다. 음료는 1인당 1.5잔 정도의 양을 준비한다. 오드볼은 참석고객들이 자유로이 다니면서 먹지만 음료는 서비스 요원들이 츄레이에 몇 가지 아이템을 담아 고객 사이로 다니면서 고객에게 권하거나 선택할 수 있도록 서비스한다. 이때 음료가 담긴 잔을 전달할 때는 종이 냅킨을 바깥쪽으로 싸서 전달하여 물기가 흘러내리지 않도록 한다.

둘째, 디너를 겸한 칵테일 리셉션의 서비스 방식은 디너 전의 칵테일 리셉션 방식과 동일하나 음식 자체는 스탠딩 뷔페 형식이고, 바(bar)도 디너장 안에 설치된다. 음료는 1인당 3잔 정도의 양을 준비한다. 연회장의 바는 이동식으로 되어 있다.

■칵테일 리셉션에서 서비스하는 모습

### (4) 티 파티 서비스

티 파티(tea party)는 식사시간을 피하여 특별한 자리를 마련하여 다과회를 갖는 것을 말한다. 커피 브레이크와 유사하나 쿠키, 과일, 카나페 등의 간단한 음식이 곁들여지고 파티의 시간도 커피 브레이크보다는 다소 길다는 점이 다르다. 티 파티 서비스는 사전에 준비된 간단한 음식을 체크하고 시작 10분 전에 랩을 벗긴 후 고객들이 입장하면 커피, 티, 음료수 등을 서빙한다.

## 3.3 회의행사 서비스

### (1) 회의행사 서비스의 개요

회의행사는 사전에 행사장 안에 배너, 싸인 보드, 명찰(name tag), 방명록, 마이크, 연단, 화이트 보드, 빔 프로젝트 등 각종 기자재와 등록데스크만 완벽하게 준비해 주고, 회의 테이블 위의 물잔에 물만 서비스하면 회의 중에는 별다른 서비스가 없다. 그러나 행사장 내에 1~2명의 직원을 배치하여 주최 측의 담당자로부터 돌발적인 주문사항에 대처할 수 있도록 해야 하며, 만약 회의 중간에 커피 브레이크가 있다면 그 시간을 이용하여 회의장을 재정리 또는 필요한 기자재의 이동 등을 서비스하고, 테이블 위의 물 잔에 물을 보충해 준다.

### (2) 커피 브레이크 서비스

회의행사에는 회의 중간에 커피 브레이크(coffee break)를 갖는 경우가 많다. 이와 같은 커피 브레이크는 회의 일정표상에 나와 있으므로 그 시간에 맞춰 회의장 앞 복도 한 쪽에 준비한다. 커피 브레이크 서비스 방법은 다음과 같다.

❶ 커피 브레이크 예정시간 30분 전에 세팅을 완료한다.

❷ 커피 포트에 커피를 준비하여 참석자들이 주변에 오면 서빙해 준다(보온물통을 준비하여 참석자들이 셀프로 커피를 타서 마시는 경우도 있음. 이 때는 쓰레기통을 옆에다 준비한다).

❸ 커피를 싫어하는 사람을 위하여 티(tea)를 준비하고, 뜨거운 물도 준비해 놓는다.

❹ 커피 잔은 참석인원 수보다 약간 여유있게 준비한다.

❺ 쿠키나 과일 등이 있을 때는 랩을 시작 10분 전에 벗긴다.

# 4. 패밀리 파티 서비스

## 4.1 결혼식 서비스

### (1) 결혼식 테이블 배치

결혼식의 테이블 배치(table arrangement)는 식장과 식사 장소를 겸하는 경우와 별도로 하는 경우가 있다. 식장과 식사장소를 겸하는 경우 라운드 테이블의 연회 스타일로 꾸미게 되고, 식장과 식사 장소를 별도로 할 경우 식장은 일반 예식장처럼 의자만 놓는 극장식 스타일로 하고, 식사 장소는 별도의 연회장 및 레스토랑을 이용한다.

### (2) 결혼식의 진행

결혼식의 진행은 사전에 식장만 완벽하게 준비해주면 진행은 자체적으로 하므로 특별히 호텔의 연회장 측에서 서비스해야 할 사항은 없다. 다만 연회 서비스에서는 결혼식의 진행사항을 파악할 수 있어야 하고, 고객이 결혼식 진행순서에 대하여 문의를 하면 다음 표와 같은 내용을 전달하여 자체적으로 원활히 진행될 수 있도록 협조하면 된다.

[표 10-2] 결혼식 식순 및 진행

| 순서 | 진행 |
|---|---|
| 개식선언 | "저는 사회를 맡은 (신랑)의 ( )되는 ( )입니다. 지금부터 ( )선생 ( )남 ( )군과 ( )선생 ( )녀 ( )양의 결혼식을 시작하겠습니다" |
| 양가 어머니 화촉 점화 | "오늘의 성스러운 예식을 위하여 양가 모친께서 축복의 촛불을 점등하는 순서가 있겠습니다. 양가 모친께서는 입장하여 주시기 바랍니다"<br>〈진행방법〉<br>1. 양가 모친 손잡고 입장<br>2. 식단에 올라 신랑모친이 먼저 촛불점화 후 신부모친이 점화<br>3. 점화 후 단상 밑으로 내려와 상호 간에 인사<br>4. 내빈을 향하여 인사하고 자리에 착석 |
| 주례소개 | "오늘 양인을 위하여 주례를 맡아주신 ○○○선생님을 소개하겠습니다. ○○○선생님께서는 …" (약력 등 소개) |
| 신랑입장 | "신랑입장! 뜨거운 박수로 축하해 주시기 바랍니다" |
| 신부입장 | "신부입장! 오늘의 주인공인 신부에게 뜨거운 박수로 축하해 주시기 바랍니다" |
| 신랑신부 맞절 | "여러 증인과 가족 앞에서 혼인의 예를 드리는 신랑신부의 맞절이 있겠습니다" (이후 진행은 주례가 함). |
| 혼인서약 | "귀중한 혼인서약을 받는 순서가 되겠습니다" (이후 진행은 주례가함)<br>〈진행방법〉<br>① 주례자가 신랑에게 묻습니다. 신랑은 신부를…<br>② 주례자가 신부에게 묻습니다. 신부는 신랑을… |
| 성혼선언문 낭독 | "혼인서약에 이어 이제 두 사람이 완전한 부부가 됨을 선언하는 성혼선언문의 낭독이 있겠습니다" (낭독은 주례가 함) |
| 주례사 | 주례가 함 |
| 신랑신부 내빈께 인사 | "신랑신부가 내빈께 인사를 하는 순서가 갖도록 하겠습니다" (이후 진행은 주례가 함) |
| 축가 또는 축주 | "산랑신부의 앞날을 축복하는 축가(또는 축주)가 있겠습니다" |
| 신랑신부 행진 | "신랑신부의 행진이 있겠습니다. 축하의 박수를 보내주시기 바랍니다" |
| 폐회선언 | "이것으로 신랑( )군과 신부( )양의 결혼식을 모두 마치도록 하겠습니다" |

## 4.2 약혼식 서비스

### (1) 약혼식 테이블 배치

약혼식의 테이블 배치는 일반적으로 U자형이 적합하나 인원이 많을 경우는 라운드 테이블을 사용하기도 한다.

[그림 10-2] 약혼식의 테이블 배치

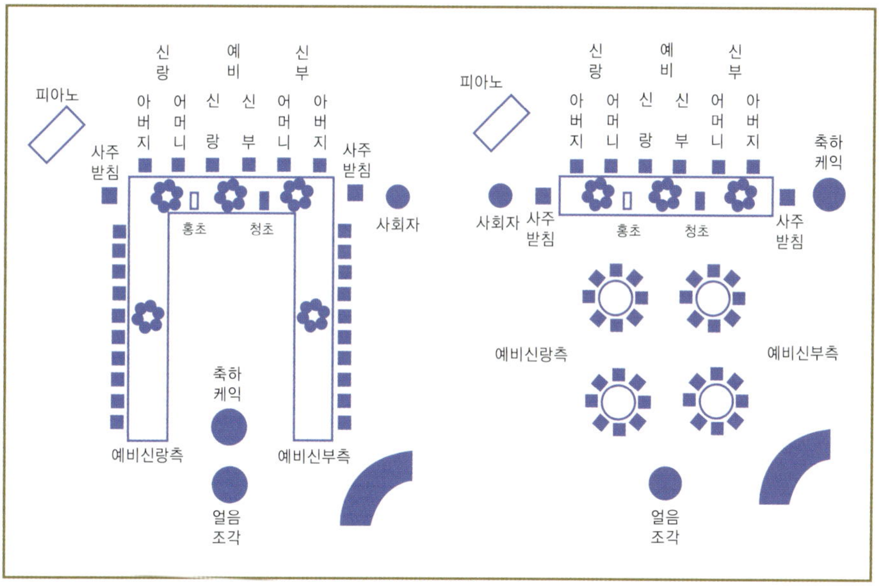


### (2) 약혼식의 진행

약혼식도 결혼식처럼 주최 측이 전체적으로 진행을 하지만 케이크 커팅과 축배 등의 순서가 있기 때문에 연회 서비스 직원은 대기를 하여 이에 대한 서비스를 제공해야 한다.

[표 10-3] 약혼식 식순 및 진행

| 식순 | 진행 | 서비스 |
|---|---|---|
| 1. 개식선언 | 장내정리 후 약혼식 개식을 선언 | |
| 2. 예비신랑 · 신부 입장 및 점촉 | 예비신랑 · 신부는 장외에서 손을 잡고 입장. 조명이 어두워지면서 준비한 점화봉을 예비신랑 · 신부가 들고 입장하여 기념 초에 점화하고 자리에 착석한다. | 점화봉 준비 및 조명 서비스 |
| 3. 예비신랑 · 신부 소개 | 예비신랑 · 신부의 학력 및 직업, 장래 비전 등 | |
| 4. 사주전달 | 신랑측 어머니께서 신부측 어머니께 사주를 전달하고, 다음으로 신부측 어머니께서 신랑측 어머니께 전달함.<br>신부 아버지께서는 사주를 꺼내 읽어보시고, 양가 어머니께서는 예물을 꺼내어 보신 후 신랑 · 신부 앞에 놓아 둠 | |
| 5. 예물교환 | 예비신랑 · 신부가 나와서 서로 교환 | |
| 6. 예비신랑 · 신부 내빈께 인사 | 큰절을 올림 | |
| 7. 양가대표 인사 | 예비신랑 · 신부의 아버지가 나와서 하객들에게 인사말을 함 | |
| 8. 가족 및 친지 소개 | 예비신랑 · 신부의 아버지가 직접 자기 측의 가족 및 친지를 소개함 | |
| 9. 케이크 커팅 | 예비신랑 · 신부가 케이크 앞으로 나와서 초의 불을 끄고 케이크를 커팅함 | 포그 머신(안개와 같은 연기를 내뿜는 기계) 작동, 샴페인 오픈, 팡파레 |
| 10. 샴페인 축배 | 사회자의 건배제의에 따라 다 같이 축배 | 샴페인 서비스 |
| 11. 축가 및 축주 | 준비된 축가 및 축하 연주를 진행함 | |
| 12. 폐식 | 약혼식의 폐회를 선언함 | |
| 식사 | | 음식 서비스 |

## 4.3 장수연 서비스

### (1) 장수연 테이블 배치

회갑연, 고희연 등 장수연의 테이블 배치는 다소 복잡한데, 무대 위에는 주인공 앞에 별도의 상차림을 해야 하고, 무대 바로 아래쪽에는 술을 따르고 권할 수 있는 권주상을 배치해야 한다. 무대 위의 상차림을 실제 음식으로 하는 경우와 모조품(고임상)을 올려놓는 경우가 있는데, 이미 연회예약 시 협의가 되어 있으므로 그에 따라 준비하면 된다.

[그림 10-3] 장수연의 테이블 배치

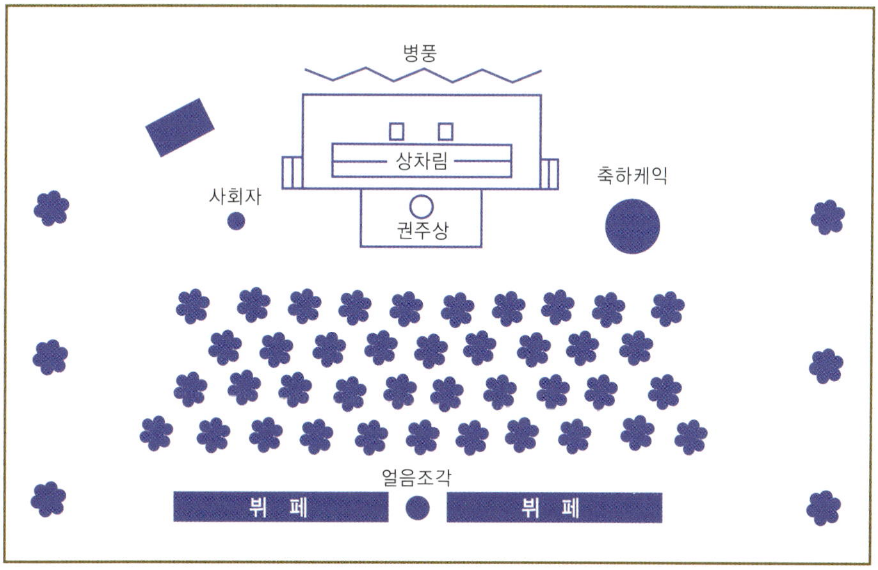


### (2) 장수연의 진행

장수연은 약혼식처럼 주최 측이 전체적으로 진행을 하지만 케이크 커팅과 축배 등의 순서가 있기 때문에 연회 서비스 직원은 대기를 하여 이에 대한 서비스를 제공해야 한다. 장수연의 식순에 의한 진행은 다음과 같다.

[표 10-4] 장수연 식순 및 진행

| 식순 | 진행 | 서비스 |
|---|---|---|
| 1. 개식선언 | 장내정리 후 개식을 선언 | |
| 2. 약력소개 | 출생일 및 고향, 학력, 사회경력 및 업적, 좌우명 및 인생관, 자녀관계 등의 순으로 소개 | 어버이 은혜 (B.G.M) |
| 3. 가족대표 인사 | 장남이 하객에게 인사 말씀을 올림, 자녀가 딸만 있을 때는 맏사위가 인사 | |
| 4. 가족소개 | 장남, 차남, 막내, 딸의 순으로 내외 및 손자를 함께 소개 | |
| 5. 헌수(권주) | 장남, 차남, 막내, 딸의 순으로 내외 및 손자가 부모님에게 만수무강을 기원하는 뜻에서 술을 올리고 절을 함 | |
| 6. 헌화 | 손자나 하객이 주인공에게 꽃을 전달함. 선물을 준비하였을 경우 이때 전달함. | |
| 7. 케이크 점화 및 커팅 | 주인공 내외가 준비된 케이크 앞으로 와서 케이크의 불을 끄고 커팅함 | 포그 머신(안개와 같은 연기를 내뿜는 기계) 작동. 샴페인 오픈. 팡파레 |
| 8. 생일축하 노래 합창 | 가족 및 하객 반주에 맞춰 합창 | |
| 9. 축배 | 하객 중 주인공과 평소 친분이 두터운 분 또는 연장자가 건배제의를 함 | 주인공의 잔에 샴페인을 서비스. 축하 BGM |
| 10. 부모님 은혜 합창 | 주인공의 직계가족이 모두 나와 합창 | |
| 11. 축사, 축가, 축시 | 하객 중 축사, 축가, 축시를 하실 분은 앞으로 나와 진행함 | |
| 12. 답사 | 주인공이 하객에 대하여 감사의 인사말을 함 | |
| 13. 폐식 | 1부 공식적인 행사의 폐회를 선언함 | |
| 식사 | 하객들이 먼저 식사를 함. 하객들이 식사를 하는 동안 가족 친지들은 기념 촬영 | 음식 서비스 |
| 2부 개회 | 식사 후 어느 정도 장내가 정리되면 2부 여흥 개회 | |
| 여흥 | 노래 및 장기 자랑 | |
| 2부 폐회 | 모든 행사의 종료를 선언함 | |

# 5. 연회장의 기물 및 장비

## 5.1 연회장 테이블 및 의자의 종류

연회장의 테이블은 식사를 위한 용도뿐만 아니라 커피브레이크 · 칵테일 리셉션 등의 행사에서 음식이나 음료를 진열하는 용도로도 쓰인다. 테이블 및 의자의 종류, 규격, 용도는 다음 표와 같다.

| 종류 | 규격(cm) | 용도 |
|---|---|---|
| 대형 라운드 테이블<br>(large round table) | 지름 : 183cm(72″)<br>높이 : 75cm | 스타킹 체어 사용 시<br>10~12인 식사용 |
| 중형 라운드 테이블<br>(middle round table) | 지름 : 153cm(60″)<br>높이 : 75cm | 스타킹 체어 사용 시 8~10인 식사용(암 체어 사용 시 6인) |
| 소형 라운드 테이블<br>(small round table) | 지름 : 137cm(54″)<br>높이 : 75cm | 스타킹 체어 사용 시 6인 식사용(암 체어 사용 시 4인) |
| 직사각형 테이블<br>(rectangular table) | 76cm×153cm×75cm(H) | 식사용, 등록 데스크 및 헤드 테이블 |
| 세미나 테이블<br>(seminar table) | 45cm×180cm×75cm(H) | 회의용 |
| 정사각형 테이블<br>(square table) | 76cm×76cm×75cm(H) | 사각 모서리를 처리할 때 사용 |
| 반원 테이블<br>(half round table) | 153cm | 사각형 테이블에서 타원형을 만들 때 사용하거나 벽에 붙여 음식이나 기물을 올려놓을 때 사용 |
| 초승달형 테이블<br>(crescent table) | | 칵테일 리셉션 등에서 음식을 배열할 때 쓰는 테이블 |
| 쿼터 라운드 테이블<br>(quarter round table) | | 1/4원형 테이블로서 사각 모서리를 처리할 때 사용 |
| 스타킹 체어<br>(stacking chair) | | 여러 개 겹쳐서 보관할 수 있는 의자 |
| 암 체어(arm chair) | | 팔걸이가 있는 의자 |

■라운드 테이블(Round Table)

■직사각형 테이블(Rectangular Table)

■세미나 테이블(Seminar Table)

■정사각형 테이블(Square Table)

■반원 테이블(Half Round Table)

■초승달형 테이블(Crescent Table)

■ 1/4 라운드 테이블(Quarter Round Table)

■ 스타킹 체어 카트(Stacking Chair & Cart)

■ 암 체어(arm chair)

■ 연회장 테이블 카트(Banquet Table Cart)

## 5.2 린넨의 종류와 용도

연회장에서 사용되는 린넨류는 테이블 클로스, 러너(runner), 냅킨 그리고 일명 스커트(skirt)라고 불리는 드레이프(drape), 스타킹 체어 커버(stacking chair cover) 등이 있다. 종류별 규격 및 사용 용도는 다음과 같다.

| 종류 | 규격(cm) | 용도 |
|---|---|---|
| 테이블 클로스 (식사용) | 210×210 | 소형 라운드 테이블용(칵테일 리셉션 테이블 등) |
| | 245×245 | 중형 라운드 테이블의 식사용 |
| | 270×270 | 대형 라운드 테이블의 식사용 |
| | 230×280 | 직사각형 테이블의 식사용 |
| 테이블 클로스 (회의용) | 244×137 | 세미나 테이블에 사용하며, 녹색의 펠트(felt)로 되어 있다. |
| 러너(runner) | 폭은 20~30, 길이는 테이블 클로스와 동일 | 고급 정찬 테이블 중앙에 데커레이션을 위하여 까는 색띠 천 |
| 냅킨(napkin) | 52×52 | 고객 식사용 |
| 드레이프 (drape) | 길이 : 다양<br>높이 : 75 | 헤드 테이블, 등록데스크 등의 앞면에 두르는 주름치마 형태로서 고객의 다리를 보이지 않도록 막아주는 역할을 한다. 일명 스커트(skirt)라고도 한다. |
| 스타킹 체어 커버 (stacking chair cover) | 의자의 크기에 맞게 | 고급 정찬 분위기를 위하여 스타킹 체어에 덮어씩 우는 커버 |

■연회장에 사용된 각종 린넨 모습

## 5.3 연회장의 기자재

### (1) 일반 기자재

| 종류 | 용도 |
|---|---|
| 싸인 보드<br>(sign board) | 행사의 명칭, 시간, 장소 등을 표시한 안내판으로 행사 전 로비 및 연회장 입구에 설치하여 손님을 안내하는 역할을 한다. |
| 플립 차트<br>(flip chart) | 일종의 괘도걸이로 종이를 집게에 꽂도록 되어 있으며 종이를 빼면 소형 화이트 보드가 된다. 주로 브리핑할 때 쓰이며, 회의장에 식순을 부착하기도 한다. |
| 포디엄(podium) | 스피치를 하기 위한 연단으로 마이크, 물 컵, 원고 등을 올려놓을 수 있다. |
| 화이트 보드<br>(white board) | 회의나 강연을 할 때 마크 펜으로 필기를 할 수 있으며, 연회장 입구에 설치하여 좌석표(table arrangement)를 부착하기도 한다. |
| 이동식 무대<br>(portable stage) | 조립식 무대로 높낮이를 조절할 수도 있다. |
| 이동식 스크린<br>(portable screen) | 이동을 할 수 있고, 접을 수 있는 스크린 |
| 댄스 플로어<br>(dance floor) | 연회장의 바닥은 카페트로 되어 있으므로 춤을 추기 위해서는 바닥에 조립식 목재로 된 댄스 플로어를 깔아야 한다. |
| 플래트폼<br>(platform) | 일반 무대 및 패션쇼 등의 무대를 만들 때 사용되는 것으로 높이는 20cm 단위로 1m까지 조절이 가능하다. |
| 피아노(piano) | 연회장에는 고객이 가져오기 힘든 그랜드 피아노와 이동식 피아노 등을 준비하고 있다. 피아노는 한 달에 한 번 정도 조율하는 등의 관리가 필요하다. |
| 넘버링 스탠드<br>(numbering stand) | 번호 등의 표식을 꽂아 테이블 위에 올려놓는 것으로 테이블 번호를 알려주는 역할을 한다. |

### (2) 시청각 기자재

| 종류 | 용도 |
|---|---|
| 마이크(microphone) | 용도에 따라 포디엄(podium), 스탠드(stand), 핀(pin), 무선(wireless) 마이크 등이 있다. |
| 노트북 PC | 노트북 PC를 빔 프로젝터에 연결하여 프리젠테이션 내용을 스크린에 비추고자 할 때 사용하는 기자재 |
| 오버 헤드 프로젝터(OHP : Over Head Projector) | OHP용 필름을 올려 스크린에 보여 주는 기자재 |
| 슬라이드 프로젝트 (slide projector) | 슬라이드용 필름을 하나씩 스크린에 보여주는 기자재 |
| 빔 프로젝터 (beam projector) | 컴퓨터를 연결시키거나 비디오 테이프를 꽂아 스크린에 보여주는 기자재 |
| 레이저 포인터 (laser pointer) | 스크린의 내용을 프리젠테이션할 때 레이저를 쏘아서 표시하는 기자재 |
| 비디오, DVD 플레이어 | 비디오, DVD의 영상을 보여주는 기계 |
| TV 모니터 및 멀티비전 | TV 모니터는 인치별, TV 종류(프로젝션, PDP, LCD)별로 다양하며, 멀티비전은 TV를 여러 개 붙여 놓은 것이다. |
| 동시통역 시스템(SIS : Simultaneous Interpretation System) | 동시통역사가 부스 안에서 통역을 하면 청중은 이어폰(ear phone)을 통해서 자국의 언어로 들을 수 있는 기자재 |
| 무전기(walkie talkie) | 음향 및 조명실과 행사장, 연회장 직원과 행사담당자, 연회 장 직원 간에 의사소통을 위하여 유용하게 사용된다. |

### (3) 조명 기자재

| 종류 | 용도 |
| --- | --- |
| 핀 스포트 라이트<br>(pin spot light) | 아이스 카빙(ice carving) 등의 한 목적물에 고정시켜 사용하는 조명기구 |
| 롱 핀 스포트 라이트<br>(long pin spot light) | 주위를 어둡게 하고, 무대 위의 주인공을 중심으로 비춰주는 조명기구 |
| 보더 라이트(border light) | 무대 위의 천장에 둘러 싼 조명기구 |
| 허라이즌탈 라이트<br>(horizontal light) | 무대 위쪽에 수평으로 연결된 조명기구 |
| 미러 볼(mirror ball) | 무대 위에서 돌아가는 공모양의 조명기구 |
| 스트로브 라이트<br>(strobe light) | 섬광을 내는 조명기구 |
| 렉턴(lectern) | 실내에 소등을 하고 사회석의 포디엄 위에만 불을 밝히는 스탠드형의 전등 |

제 11 장

# 주장관리

## 제1절 주장의 개요

### 1. 주장의 개념 및 중요성

#### 1.1 주장의 개념

주장(酒場)은 주로 음료(beverage)를 판매하는 곳으로 식당이 음식을 통하여 고객에게 식욕을 충족시켜주는 물적 공간이라면 주장은 음료와 유흥적 요소를 제공함으로서 고객의 기분을 회복시켜주는 정신적 공간이라고 할 수 있다. 일반적으로 주장(酒場)이라고 하면 음료(beverage)를 위주로 판매하는 각종 영업장을 말하는데 총칭하여 바(bar)라고 한다. 왜냐하면 대부분의 주장에는 바가 설치되어 칵테일을 비롯한 각종 음료가 만들어지거나 제공되기 때문이다.

'bar' 는 바텐더와 고객 사이에 가로지르는 카운터 형의 널빤지에서 유래되었다. 바(bar)는 식당과는 달리 정신이나 기분을 회복시켜주는 공간으로 아늑한 분위기와 시설을 갖추고, 조명과 음악 그리고 바텐더에 의해서 영업이 이루어지는 공간이다.

### 1.2 음료영업의 중요성

음료(beverage)란 알코올성 음료와 비알코올성 음료를 포함하여 마실 수 있는 것을 모두 총칭하는 단어이다. 호텔의 경우 식음료 영업은 크게 음식(food)과 음료(beverage)로 구분하고 있다. 음식은 레스토랑에서, 음료는 주장에서 판매하고 있는데 레스토랑에서도 음식과 더불어 음료를 판매하고 있다. 그런데 음식 코스트는 일반적으로 판매금액의 30~35% 정도를 차지하는데 비하여 음료 코스트는 15~25% 정도이다. 또한 음식은 주방인원을 고려할 때 단위당 노동생산성이 낮지만 음료는 높다고 할 수 있다. 따라서 음료는 음식보다 부가가치가 높다는 점에서 각 호텔에서는 음료판매에 주력하고 있는 실정이다.

## 2. 주장의 조직과 직무

### 2.1 주장의 조직

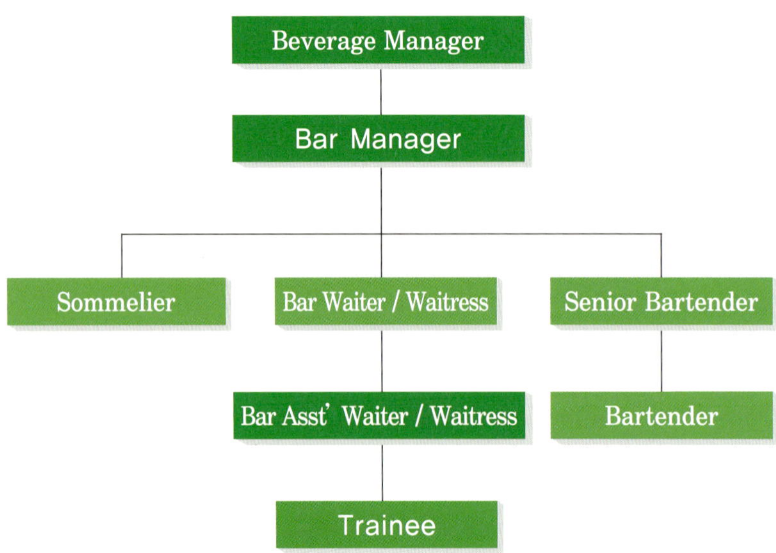

## 2.2 주장의 직무

### (1) 바 지배인(bar manager)

바 지배인은 관리자로서 경영마인드를 가지고 자신이 맡고 있는 업장의 영업에 대하여 총괄책임을 지고 부하 직원을 지휘 감독을 하며, 음료에 대하여 풍부한 지식을 습득하고 있어야 한다. 구체적인 직무는 다음과 같다.

- 직원들의 근무를 편성하고 교육훈련을 담당한다.
- 고객영접과 불평처리를 담당한다.
- 영업향상을 위한 상품 및 촉진(promotion)을 기획한다.
- 영업 종료 후 영업일지 점검 및 마감작업 확인을 한다.
- 기물 파손(breakage) 등에 대해서는 적절한 조치를 취한다.

### (2) 바 캡틴(bar captain)

바 캡틴은 바 지배인을 보좌하고 부재 시 그 업무를 대행하며 접객 서비스에 있어서 바텐더(bartender), 웨이터/웨이츄레스 등 부하 직원을 통솔하는 조장으로서의 역할을 한다. 구체적인 직무는 다음과 같다.

- 영입 진후의 업무를 관장한다.
- 고객을 영접하고 주문 및 서비스를 지휘한다.
- 음료 및 소모품 등의 재고를 파악하여 보충을 지시한다.
- 바의 청결 및 칵테일 도구, 제빙기, 냉장고 등을 점검한다.
- 바쁠 때는 바텐더를 도와서 직접 조주한다.
- 일일영업일지를 작성하여 지배인에게 보고한다.
- 칵테일 레시피(recipe)에 대한 교육을 실시한다.
- 판매하는 품목의 상품지식과 서비스시간을 숙지하여야 한다.

### (3) 조주사 / 바텐더(bartender)

바텐더는 칵테일 조주법뿐만 아니라 각종 음료에 대한 지식을 가지고 있어야 하며, 바 카운터에 앉은 고객에게 직접 주문받고 서빙하기도 한다. 와인의 전문적인 판매는 소믈리에(sommelier)가 담당한다. 바텐더의 구체적인 직무는 다음과 같다.

- 바의 청결상태를 유지한다.
- 글라스류 및 바 기물을 정비한다.
- 음료의 일일 적정재고(par stock)를 파악하여 사전에 준비한다.
- 칵테일 부재료 및 비품 등을 파악하여 사전 준비 및 보충 관리한다.
- 영업종료 후 재고조사표(inventory sheet)를 작성하여 지배인에게 보고한다.

### (4) 바 웨이터 / 웨이츄레스(bar waiter / waitress)

바 웨이터/웨이츄레스는 고객에게 주문을 받아 바텐더에게 전달하고 바텐더로부터 생산된 칵테일 및 음료를 고객에게 서빙하는 역할을 한다. 구체적인 직무는 다음과 같다.

- 영업 전후의 업무를 수행한다.
- 테이블 및 서비스 기물을 정리정돈한다.
- 고객에게 주문을 받는다.
- 자기가 맡은 테이블의 주문 서비스를 능동적으로 처리한다.
- 계산서와 주문내용이 일치하는지 체크한다.
- 고객이 떠난 테이블을 재정비(resetting)한다.
- 실습생을 지도하고 지배인 및 캡틴을 보좌한다.
- 칵테일 및 음료에 대한 지식과 서비스방법 등을 숙지한다.

### (5) 바 보조(bus boy)

바 보조는 일반적으로 실습생(trainee)이 담당하며 바에서 바텐더를 보조하고 각종 잡무를 담당한다. 구체적인 직무는 다음과 같다.

- 바텐더의 지시에 따라 음료, 얼음, 가니쉬(garnish)용 과일, 글라스류, 은기류 등 바에서 필요한 모든 물품을 보급한다.
- 바의 비품을 정리정돈하고 카운터 주위를 항상 청결하게 유지한다.
- 사용된 기물 및 글라스류 등을 씻고 닦는다.
- 홀이 바쁠 때는 웨이터/웨이츄레스의 업무를 도와준다.
- 틈틈이 음료에 대한 공부를 하고 조주법을 익힌다.

### (6) 소믈리에(sommelier)

- 와인 등 음료의 맛을 테스팅(tasting)하고 관리한다.
- 와인 등의 음료를 전문적으로 판매한다.
- 와인의 진열과 음료재고를 관리한다.
- 주문받은 와인을 규정에 의하여 서브한다.
- 동료직원이 바쁠 때는 협조한다.

[표 11-1] 소믈리에 시험과목 및 평가기준

| 구분 | 평가방법 | 배점 | 평가기준 |
|---|---|---|---|
| 필기시험 | 일반음료, 와인, 시가, 치즈, 서비스 등 100문항, 60분 | - 일반음료 : 15%<br>- 와인 : 70%<br>- 시가 : 5%<br>- 치즈 : 5%<br>- 서비스 : 5% | 100점 만점에 60점 합격 |
| 실기시험 | 면접 : 직업관, 사명감, 가치관, 예의, 서비스관, 용모 및 성품, 언어영역, 와인상식, 와인지식 등 | 소믈리에 : 20%<br>Wine Adviser : 40% | 총 100점 만점<br>60점 이상 합격 |
| | 1. Blind Tasting : 총 5가지의 와인 : 총 30분 각각 6분<br>2. Food Match & Service : 와인추천, 서비스(디캔팅포함)<br>* 입실 후 상황 설정 및 메뉴제공<br>* 전체적으로 시험관은 질문하지 않고, 고객이 음식과 기타 시나리오에 의한 질문 | 1. Blind Tasting : 40%<br>2. Food Match & Service : 40% (Wine Adviser 20%) | |

## 제2절 주장관리 및 서비스

### 1. 음료의 표준화 관리

#### 1.1 음료의 표준화 기본

음료의 표준화 관리는 표준 레시피(recipe)로서 가능하다. 즉 적정량의 표준(standard yield)을 정하여 음료가 허비되는 경우를 막고 항상 똑같은 맛과 양을 유지해야 한다. 예를 들어 와인 1병의 양은 75cl이고 한잔의 표준 양을 15cl 라고 한다면 5잔이 나와야 한다. 'cl' 은 centiliter의 약어로 'ml' 로 환산하면 1cl는 10ml이다. 따라서 75cl는 750ml이다.

또한 각 음료의 종류마다 표준 글라스를 지정하여 사용한다. 같은 양이라도 표준 글라스보다 큰잔을 사용하면 양이 작아 보일 수도 있다.

## 1.2 적정재고관리

재고관리는 적정량의 주류를 항상 보유함으로써 연속적인 판매를 촉진시키고 주류의 유통량이나 가격의 변동에서 오는 불확실성을 대비하는데 있다. 만약 재고가 적정량 이하가 되면 판매에 차질을 빚어 결국 고객의 상실로 인하여 사업의 기회를 놓치게 되고, 적정량 이상이 되면 유지 관리비용의 부담 및 품질의 저하를 초래할 수 있다. 따라서 주장에서는 판매예측을 통한 적정재고(par stock)를 항상 유지하도록 한다.

## 1.3 저장관리

주류의 저장은 적정 온도의 유지에 있다. 즉 주류 저장고의 위치는 통풍이 잘 되고 직사광선을 피할 수 있어야 하며, 습기가 없는 건조한 장소의 어두운 곳이 적합하다. 주류별 저장온도는 다음 표와 같으며, 저장온도와 서비스할 때의 온도는 차이가 있다는 점에 유의할 필요성이 있다. 특히 와인은 보관 여부에 따라 색, 향, 맛이 유지 또는 변질될 수 있으므로 와인의 보관장소(wine cellar)는 다음과 같은 사항을 고려해야 한다.

- 햇빛이 들지 않고 서늘하며 습기가 약간 있는 곳이 좋다.
- 온도는 섭씨 13도 내외로 연중 급격한 변화가 없는 곳이어야 한다.
- 와인에 전해지는 충격이나 진동이 없는 곳이 좋다.
- 습도는 60~80% 정도가 유지되어야 한다. 습도가 너무 높으면 곰팡이가 피고, 너무 낮으면 코르크마개가 건조해져 와인의 변질을 초래할 수 있다.
- 코르크가 젖어 있도록 병을 눕혀서 보관해야 한다.

[표 11-2] 주류 저장온도와 서비스온도

| 구분 | 저장온도 | 서비스온도 |
|---|---|---|
| 레드 와인 | 13~16℃ | 18℃ |
| 화이트 와인/샴페인 | 10℃ | 6~8℃ |
| 스피리츠(증류주)류 | 13~16℃ | 18℃ |
| 병맥주 | 6~10℃ | 여름철 : 6~8℃<br>겨울철 : 10~12℃ |
| 생맥주 | 2~3℃ | 4℃ |
| 청량음료 | 13℃ | 여름철 : 6~8℃<br>겨울철 : 10~12℃ |

## 2. 원가 및 판매관리

### 2.1 원가관리

음료판매가격은 총원가에 일정 이익을 붙여서 결정되는데 총원가를 구성하는 요소는 재료비, 노무비, 판매비, 일반관리비 등의 경비로 구성된다. 특히 재료비는 직접원가로서 관리 여하에 따라 수익에 결정적으로 영향을 미친다. 따라서 재료의 낭비는 곧 원가상승의 원인이 되므로 효율적인 원가관리가 요구된다.

원가관리는 일별, 월별 등 정기적으로 실시하는 재고조사에 의하여 통제가 가능하며, 과학적이고 합리적인 재고조사를 위해서 칵테일의 경우 단위당 표준 조주명세서를 만들어 표준화할 필요성이 있다. 결국 표준 조주명세(standard recipe)는 칵테일의 양과 맛에 대한 동일성을 유지할 수 있고, 재료의 손실과 낭비도 막을 수 있는 원가관리의 근거가 되며, 빠른 조주에 의한 노무비 절감의 효과를 가져다주는 수단이다.

## 2.2 판매관리

주류의 판매가격은 먼저 재료의 원가를 판매가격의 몇 %로 할 것인지 목표원가를 설정한 다음 판매가격을 산출한다. 물론 목표원가를 설정할 때는 인건비, 일반관리비, 판매경비 그리고 마진 등을 고려하여 배분해야 할 것이다. 예를 들어 판매가격을 100으로 하였을 때 인건비를 30%, 각종 비용을 30%, 마진을 20%로 상정한다면 직접 재료의 목표원가는 20%가 된다. 판매가격 산출의 공식은 다음과 같다.

**판매가격=원가÷목표원가**

### (1) 병당 판매가격 산정법

예를 들어 맥주 1병의 원가가 1,000원이고, 이 재료비의 목표원가를 판매가격의 20%로 정한다면 맥주 1병의 판매가(P)는 다음과 같다.

**P×20%=1,000원**

**P=1,000원÷20%=1,000원÷0.2=5,000원**

**예제**

(1) 국산양주 한 병의 원가는 24,000원이고, 이 재료비의 목표원가를 판매가격의 20%로 정한다면 이 국산양주의 판매가(P)는 얼마인가?

P×20%=24,000원

P=24,000원÷20%=24,000원÷0.2=120,000원

∴ 답 : 120,000원

### (2) 잔당 판매가격 산정법

주장에서는 양주와 와인의 경우 잔 단위로 판매하기도 한다. 잔당 판매가격 산정법을 예제를 통하여 설명하면 다음과 같다.

**예제**

(2) 〈예제 1〉의 국산양주 한 병의 양은 720ml이다. 잔당 얼마에 판매하면 되는가? 양주 스트레이트 1잔의 양은 30ml, 즉 1온스(oz)이다.

720ml÷30ml=24잔

120,000원÷24잔=5,000원

∴ 답 : 5,000원

### (3) 칵테일 판매가격 산정법

칵테일의 경우 2종류 이상의 음료 재료가 들어가게 되는데 판매가격 산정법을 예제로 설명하면 다음과 같다.

**예제**

(3) 스크류 드라이브 칵테일의 재료비 목표원가를 판매가격의 20%로 하여 가격책정을 하려고 한다. 스크류 드라이브의 표준 레시피는 보드카 $1\frac{1}{2}$온스, 오렌지 주스 5온스이다. 보드카 한 병의 원가는 12,000원이고 용량은 720ml(24온스)이며, 오렌지 주스의 원가는 2,500원이고 용량은 1,500ml(50온스)이다. 이 스크류 드라이브의 판매가격은?(1온스=30ml)

① 보드카의 양의 가격($1\frac{1}{2}$온스)

12,000원÷24온스=500원(즉, 보드카는 1온스당 500원)

보드카 $1\frac{1}{2}$온스=500원+250원=750원

② 오렌지 주스 양의 가격(5온스)

2,500원÷50온스=50원(즉, 오렌지 주스는 1온스당 50원)

오렌지 주스 5온스=50원×5온스=250원

스크류 드라이브의 재료비(①+②)는 750원+250원=1,000원이다.

따라서 스크류 드라이브 판매가격(P)은 다음과 같다.

P×20%(목표원가)=1,000원

P=1,000원÷20%=1,000원÷0.2=5,000원

∴ 답 : 5,000원

# 3. 주장 서비스관리

## 3.1 글라스 서비스의 원칙

- 음료 글라스를 서빙할 때는 항상 츄레이(tray)를 사용하여야 한다.
- 글라스의 손잡이가 있는 것은 손잡이(stem)를 잡고 서빙하고, 손잡이가 없는 글라스는 글라스의 아래(bottom)부분을 잡고 서빙한다. 즉 고객이 입을 대는 위(rim)부분을 잡아서는 안 된다.
- 코스터(coaster)가 있을 때는 코스터를 먼저 깔고 그 위에 글라스를 놓는다.
- 글라스를 놓을 때는 새끼손가락과 약지를 테이블에 대고 엄지, 검지, 중지로 쥐고 있는 글라스를 살짝 내리면 소리가 나지 않는다.

## 3.2 와인 서비스

### (1) 와인 보관 및 와인 디캔팅(decanting)

와인은 코르크 마개를 통하여 공기와 접촉을 하여 병에 들어있는 상태에서도 계속 느린 속도로 숙성을 하고 있는데 이것을 와인과 공기가 결혼한다고 표현한다. 따라서 병을 세워서 보관하면 코르크 마개가 마르면서 와인이 변질되므로 반드시 눕혀서 보관해야 한다.

레드 와인은 장기간 저장하게 되면 앙금(sediment)이 가라앉는데 와인 캐비넷에서 꺼내어 서비스할 때는 먼지만 살짝 털어서 앙금이 흔들리지 않도록 해야 한다. 와인 디캔팅(decanting)이란 병을 서비스하기 전에 미리 1시간 정도 세워서 앙금을 가라앉히고 디캔터(decanter)에 조심스럽게 붓다가 앙금이 나오면 멈추고 다시 디캔터에 와인을 따르는 등 앙금과 와인을 분리하는 작업을 말한다. 따라서 레드 와인을 서비스할 때 마지막 한잔 정도 남은 것은 따르지 않는다.

■디캔팅한 와인을 잔에 따르는 모습

### (2) 와인 서비스 절차

❶ 와인 리스트에 의하여 주문을 받는다.

❷ 화이트 와인 또는 샴페인을 주문할 경우 와인 스탠드와 얼음 쿨러를 준비한다.

❸ 레드 와인일 경우 보관된 장소에서 흔들리지 않도록 조심해서 꺼낸다.

❹ 주문된 와인은 냅킨에 싸서 받쳐들고 주문한 고객에게 상표를 확인받는다.

❺ 화이트 와인의 경우 고객 테이블 옆에 와인 스탠드와 쿨러 속에 와인을 꽂고, 레드 와인의 경우는 와인 바스켓에 꽂아 테이블 위에 놓는다.

❻ 고객 앞에서 코르크 스크류를 이용하여 마개를 오픈시킨다.

❼ 코르크 마개를 빼낸 병입구를 암 타월로 닦아낸다.

❽ 코르크 마개를 스크류에서 빼내어 주문한 고객에게 테스팅시킨다.

❾ 와인을 주문한 고객(host)에게 1온스 정도 따른 다음 와인 테스팅을 시킨다.

❿ 여성과 게스트에게 잔의 6부 정도를 따르고, 호스트에게는 마지막으로 잔의 6부 정도 채워준다.

⓫ 와인을 따르고 나서 들어올릴 때는 트위스트를 하여 주변에 방울이 떨어지지 않도록 주의를 기울인다.

⓬ 화이트 와인을 서비스할 때는 병의 목부분에 냅킨을 감싸서 서비스 중에 물기가 흐르는 것을 방지한다.

⓭ 와인은 잔의 6부 정도 따른다.

⓮ 와인의 양이 줄면 즉시 본래의 양만큼 리필(refill)한다.

■ 레드 와인 서비스

### (3) 여러 와인을 서빙할 때

❶ 화이트 와인을 레드 와인보다 먼저 서비스한다.

❷ 드라이 와인을 스위트 와인보다 먼저 서비스한다.

❸ 맛이 가벼운 와인을 맛이 중후한 와인보다 먼저 서비스한다.

❹ 숙성기간이 짧은 와인을 오랜 숙성 와인보다 먼저 서비스한다.

### (4) 샴페인 서비스

❶ 병목을 감싸고 있는 호일 캡을 벗긴다.

❷ 한 손으로 코르크 마개를 누르고 다른 손으로 코르크 마개를 감싸고 있는 철사를 푼다.

❸ 코르크 마개가 튀어 나가지 않도록 조심스럽게 돌려서 뺀다. 이때 갑자기 코르크 마개가 빠지면서 펑 소리와 함께 거품이 발산되지 않도록 유의한다.

❹ 병 입구를 암 타월로 닦고 와인과 동일한 서비스를 한다.

### (5) 음식에 따른 와인 추천

양식의 종류별로 그에 맞는 와인이 있다. 고객이 와인을 주문하고자 할 때 또는 어떤 와인이 좋은지 질문할 때 적절한 와인을 추천하는 것이 요구된다. 다음 표는 음식별 적절한 와인을 소개한 것이다.

| 구분 | 추천와인 | 추천 와인(품종)명 |
|---|---|---|
| 애피타이저<br>(전채 요리) | 내용에 따라 가벼운 와인을 선택할 수 있다. | 샴페인 |
| 샐러드 | 식초는 와인에게 있어서 천적이라 할 수 있다. 따라서 샐러드를 먹을 때에는 와인은 피하는 것이 좋다. | |
| 스테이크, 로스트 비프, 양고기 | 붉은색 소고기와 양고기는 드라이한 레드와인이 좋음 | • 까베르네 소비뇽(R)<br>• 피노누아(R) • 쉬라(R)<br>• 바롤로(R) • 끼안띠(R) |

| 구분 | 추천와인 | 추천 와인(품종)명 |
|---|---|---|
| 해물류와 생선 | 생선은 일반적으로 거의 대부분이 화이트 와인이 어울리는데, 특히 드라이하거나 상쾌한 맛의 화이트가 적당 | • 흰 살 생선이나 해물류 : 소비뇽 블랑(W)<br>• 굴 요리 : 뮈스까데(W) |
| 흰 살 육류<br>(닭고기, 돼지고기, 송아지고기) | 닭고기, 돼지고기, 송아지고기는 좀 더 풍부한 맛의 화이트 와인이 적당 | • 샤르도네(W)<br>• 피노 블랑(W) |
| 칠면조 | 고기의 색이 붉은 편이고 지방질이 많아서 드라이한 와인들과는 전혀 어울리지 않음. 레드 와인과 달콤한 화이트 와인이 적당 | • 보졸레(R) • 진판델(R)<br>• 리즐링(W)<br>• 게뷰르츠트레미너(W) |

## 3.3 맥주 서비스

### (1) 생맥주 서비스

❶ 머그(mug)잔에 부어서 제공한다. 단 피처(1000CC 이상)로 주문했을 때는 빈 머그잔을 제공한다.

❷ 생맥주를 따를 때는 술의 양은 7~8부, 거품은 2~3부 정도로 한다. 만약 거품이 잘 생기지 않으면 탄산가스가 충분한지, 맥주가 너무 차거나 오래 되었는지를 체크한다.

❸ 생맥주 술통의 압력은 12~14pound로 일정하게 유지해야 한다. 12pound보다 낮으면 천연가스가 노출되어 플래트(flat) 현상 즉, 김이 빠진 맥주가 된다.

❹ 생맥주의 저장온도는 2~3℃, 서비스 온도는 3~4℃가 적당하다.

### (2) 병맥주 서비스

❶ 병맥주를 고객에게 서비스할 때는 병이 글라스에 닿지 않아야 한다.

❷ 맥주는 7~8부, 거품은 2~3부가 되도록 따르되 거품이 넘치지 않도록 한다.

❸ 다 따르고 난 뒤에는 병을 살짝 트위스트하고 멈추어 방울이 주변에 떨어지지 않도록 한다.

❹ 병을 테이블에 놓을 때는 상표가 고객에게 보이도록 놓는다.

❺ 병맥주의 저장온도는 3~4℃, 서비스온도는 5℃가 적당하다.

제 12 장

# 음료의 이해

## 제1절 술의 개요

### 1. 술의 역사

술은 인류가 지구상에 출현하기 이전부터 자연발생적으로 존재했을 것으로 추측된다. 즉 당분(糖分)을 함유하고 있는 과실과 곡식이 오목한 돌이나 바위 등에 떨어져 그것이 자연적으로 발효를 일으켜 술이 되었을 것이다.

인간이 마신 최초의 알코올성 음료인 술(酒)은 양조주로서 와인으로 추정된다. 와인의 역사적 사실을 고찰해 보면 기원전 4천년 청동기 시대의 분묘에서 포도씨가 발견되었으며, 이집트 피라미드의 부장품 중에서 술항아리 출토와 벽화에 그려진 포도주 만드는 과정 등이 있는데 이를 통하여 포도주는 기원전 4천 년~5천년경에 이미 만들어지고 있었음을 알 수 있다. 따라서 술의 기원은 와인에서 찾을 수 있으며, 그 역사는 지금으로부터 약 7000년 전으로 추산할 수 있다.

와인 못지않게 역사가 오래된 알코올성 음료는 맥주이다. 맥주는 보리나 밀로 만든 빵이 물에 젖어 발효된 것을 마신 것에서 유래되었는데, 메소포타미아

지역에서 발견된 한 비문의 기록에 의하면 기원전 4000년경 메소포타미아의 수메르 민족이 원시적인 방법이지만 맥주를 양조하였다는 기록이 있다.

문헌상에 나타난 와인과 맥주의 기원은 기원전 1700년경 고대 바빌로니아의 함무라비 법전에서도 찾을 수 있다. 그 법전에는 와인상인에 관한 규정이 있었는데 '신전에 봉사하는 여성은 와인을 팔지 못하고, 와인 상인은 술버릇이 나쁜 자에게는 와인을 팔지 못한다' 라고 적시하여 이미 와인은 그 당시에 중요한 음료로 취급되었음을 알 수 있다. 또한 맥주에 물을 타서 판매하는 자는 물에 빠뜨려 죽인다고 규정하였다. 이러한 역사적 자료를 근거해 볼 때 와인과 맥주와 같은 양조주는 오래 전부터 인간생활의 한 부분을 차지하였다.

위스키와 같은 증류주는 중세에 와서 개발되기 시작하였다. 옛 서양에서는 기초적인 약을 와인과 같은 술을 담은 항아리에 향초, 뿌리, 씨, 열매, 꽃 등을 넣어서 밀폐한 후 우러나온 액체에서 얻었다. 증류주도 처음에는 기호품이 아닌 약으로 연구하여 오다가 술로서 개발된 것은 중세기 아랍지역인 것으로 추측된다. 즉 영어의 'Alcohol' 은 아라비아어로 'Alkohl' 에서 유래되었으며, 중세기 아랍의 철학자 아비츠나(Avichna)는 증류기를 그려놓고 알코올은 냄새와 액체라고 하였다. 이러한 증류 기법은 유럽 각지에 전파되고 유럽의 각국은 자기 나라의 풍토에 맞는 증류주를 개발하게 되었다. 우리가 보편적으로 술이라고 표현하는 알코올은 알코올 성분이 강한 증류주를 의미한 것이었다.

그 후 증류기술이 발전하고 일반화되면서 각 지역에서는 구하기 쉬운 원료를 이용하여 증류주를 만들기 시작하게 되었다. 즉 포도가 풍부한 곳에서는 브랜디, 보리가 풍부한 곳에서는 위스키, 사탕수수가 풍부한 곳에서는 럼, 쌀을 주식으로 하는 우리나라에서는 소주를 빚어 마시게 된 것이다.

위스키는 11~12세기경 아일랜드에서 처음으로 만들어 15세기경 스코틀랜드에 전해졌고, 브랜디는 17세기경 프랑스에서 상업화되었다. 혼성주인 리큐르는 증류주가 개발된 이후 증류주에 각종 향료, 당분, 과즙 등을 가미하여 만들었고, 조주인 칵테일은 근대에 와서 개발되었다.

이상에서 살펴본 바와 같이 인류 초시 사회인 수렵, 채취시대의 술은 과실주였고, 곡물을 원료로 하는 곡주는 농경시대에 들어와서야 탄생했으며, 위스키와 같은 증류주는 중세에, 리큐르는 그 후에, 칵테일은 가장 후대에 와서 제조된 술이다.

## 2. 술의 정의와 알코올 도수 표시

### 2.1 술의 정의

우리나라 주세법에 의하면 주류(酒類)란 '주정(酒精)과 알코올분 1도 이상의 음료'라고 정의하고 있다. 여기서 주정이란 과실이나 곡류를 양조하여 알코올분 85도 이상으로 증류한 것으로서 불순물이 함유되었거나 알코올분이 높아 직접 음용할 수는 없지만 정제하거나 희석하면 음용이 가능한 것을 말한다. 알코올분이란 원용량에 함유된 에틸알코올로 원용량을 100% 기준으로 할 때 함유된 알코올성분을 말하는데 흔히 알코올 도수라고 하며, % 또는 ° 로 표시한다.

술의 영어표현은 'alcoholic beverage' 또는 'hard drink'라고 하며, 반면에 알코올이 들어있지 않은 비알코올성 음료를 'non-alcoholic beverage' 또는 'soft drink'라고 한다.

### 2.2 알코올 도수 표시

알코올 농도를 수치로 표시한 것이 알코올 도수이다. 알코올 농도의 표시는 각 나라마다 다른데 우리나라의 경우 프랑스의 게이 뤼삭(Gay Lussac)이 고안한 용량분율(percent by volume)을 사용하고 있다. 용량분율은 온도 15℃일 때 원용량 100분 중에 함유되어 있는 에틸알코올의 용량을 의미한다.

미국에서는 프루프(proof)로 표기하는데 프루프는 60°F(15.6℃)에서 물을 0으로 하고 순수 에틸알코올을 200proof로 계산하고 있다. 따라서 우리가 사용하고 있는 용량분율(%)보다 약 2배의 수치이다. 예를 들어 알코올 도수 86proof는 43%이다.

영국은 사이크(Syke)가 고안한 사이크 프루프(Syke Proof)를 사용하였으나 다른 나라에 비해 계산이 복잡하여 수출품목에서는 미국식 프루프 또는 %를 사용하고 있다. 그리고 독일에서는 중량비율(percent by weight)로 표시하는데 예를 들어 100g의 액체 중에 에틸알코올이 40g 들어 있으면 40%의 술이라고 한다.

[표 12-1] 각국의 알코올 도수 표시

| 국가명 | 도수표시 | 비고 |
|---|---|---|
| 한국, 프랑스 | % 또는 ° | 용량분율(원용량 100분 중에 에틸알코올이 차지하는 용량을 %로 표기) |
| 미국 | Proof(Pf) | %보다 약 2배의 수치 |
| 영국 | Syke proof | 다른 나라에 비해 계산이 복잡하여 수출품목에서는 미국식 프루프 또는 %로 표기하고 있다. |
| 독일 | % | 중량비율(술 100g 중에 에틸알코올이 차지하는 무게 즉 g을 %로 표기) |

# 3. 술의 분류와 제조과정

## 3.1 술의 분류

알코올성 주류(alcoholic beverage)인 술은 크게 양조주(fermented drink), 증류주(distilled drink), 혼성주(compounded drink) 그리고 조주(mixed drink)로 구분된다.

[표 12-2] 술의 분류

| 구분 | | 종류 |
|---|---|---|
| 알코올성 음료 (Alcoholic Beverage) | 양조주 (Fermented) | 와인(Wine) |
| | | 맥주(Beer) |
| | | 과실주(Fruit wine) |
| | | 곡주(Grain wine) |
| | 증류주 (Distilled) | 위스키(Whisky) |
| | | 브랜디(Brandy) |
| | | 진(Gin) |
| | | 보드카(Vodka) |
| | | 럼(Rum) |
| | | 테킬라(Tequila) |
| | 혼성주 (Compounded) | 과실(Fruits) 리큐르 |
| | | 식물(Plants) 리큐르 |
| | | 종자(Seeds) 리큐르 |
| | 조주(Mixed) | 각종 칵테일 |

## 3.2 술의 제조과정

가장 먼저 만들어지는 술은 양조주로서 과실류(Fruit)의 과당이나 곡류(Grain)의 전분을 기초로 하여 알코올로 발효시켜 만든다. 포도와 같은 과당은 자연적으로 생성되는데 이 과당을 효모에 의하여 발효시키면 포도주와 같은 과실주를 얻게 되고, 곡류는 자연적으로 과당을 얻지 못하므로 먼저 당화를 시키고 효모를 이용하여 발효하면 맥주, 탁주, 청주와 같은 곡주를 얻게 된다.

이러한 방법만으로는 약 15% 전후의 알코올 도수를 만들어낼 수밖에 없다. 이보다 높은 알코올 함량을 가진 술을 만들기 위해서는 발효 외에 증류과정이 더 요구된다. 즉 양조주에 열을 가열하여 증류하고 일정 기간 저장 및 숙성 또는 여과 및 저장의 과정을 거치면 증류주가 된다. 과실주를 증류하고 오크(Oak)통에 저장 및 숙성을 시키면 위스키와 브랜디와 같은 증류주를 얻게 되고, 곡류를 증류하여 여과 및 저장을 하게 되면 진, 보드카, 럼, 테킬라, 소주 등의 증류주를 얻게 된다.

증류주에 과실, 꽃 등의 천연 향료를 배합한 후 감미료를 첨가하고 착색 및 착향을 하면 혼성주가 되는데 과실 증류주로 만든 혼성주로는 베네딕틴, 꼬인뚜루, 그랜드 마니아, 카카오 등이 있고, 곡류 증류주로 만든 혼성주로는 드람부이, 슬로진, 말리부 등이 있다. 이상의 내용을 그림으로 나타내면 다음과 같다.

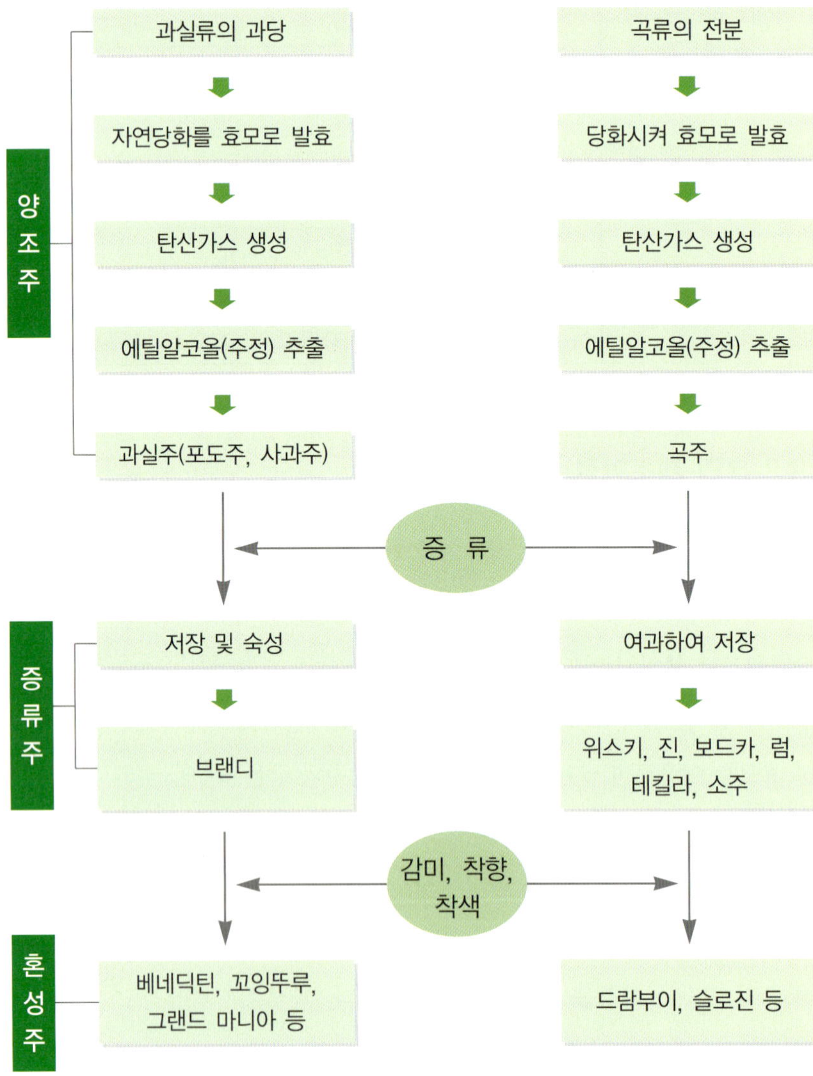

# 제2절 양조주

## 1. 양조주의 개요

양조주란 과실(fruit)이나 곡물(grain)에 함유되어 있는 당분을 발효시켜 만든 술이다. 양조주는 알코올 발효가 끝난 술을 직접 또는 여과해서 마실 수 있고, 원료 자체에서 우러나오는 성분을 음미할 수 있으며, 알코올 함유량이 비교적 낮아 부담없이 즐길 수 있는 술이다.

과실을 주재료로 하여 만든 양조주를 모두 와인(wine)이라고 하는데 포도를 발효시켜 만든 포도주가 대표적이므로 협의의 와인이란 포도주를 의미한다. 포도 이외 다른 과일을 발효시켜 만든 와인은 와인 앞에 과일명을 붙인다. 예를 들면 애플 와인(apple wine) 등을 들 수 있다. 곡물을 주재료로 하여 만든 양조주로는 맥주가 대표적이고, 그 외 청주, 탁주 등이 있다.

## 2. 와인

고대와 중세를 거친 와인은 양조과정의 발전과 와인 병 개발 및 18세기경 코르크 마개의 발명 등 저장기술의 발달에 힘입어 장기간 유통이 가능하게 되었고, 포도재배업자와 전문 상인들의 등장으로 인하여 보급이 대중화되었다. 오늘날 와인은 프랑스, 스페인, 이탈리아, 독일 등 유럽 전통 와인생산국과 미국, 칠레, 호주와 같은 신흥 와인생산국 등지에서 연간 250억 병이 생산되고 있다.

### 2.1 와인의 제조과정

와인의 제조과정은 화이트 와인의 경우 향을 얻기 위하여 청포도를 몇 시간 동안 탱크 속에서 부드럽게 만들거나 바로 압축을 하여 발효 → 숙성시켜 만들고, 레드 와인은 흑포도를 분쇄하여 찌꺼기를 제거하고 압축 → 발효 → 숙성의 단계를 거친다. 어떤 과일로도 와인을 만들 수 있지만 포도 이외의 과일에는 효모작용을 돕기 위하여 설탕을 첨가해야 하나 포도는 자연적으로 이러한 반응에 필요한 당분이 충분히 생성된다.

와인의 품질은 양조기술이나 저장 방법에 따라 차이가 나지만 특히 수확 연도의 기상조건에 크게 좌우되는데 ❶ 기후 ❷ 토질 ❸ 포도의 품종 ❹ 인력 등은 와인의 질을 좌우하는 4요소라고 할 수 있다. 포도재배의 적정지역은 적도를 중심으로 남위 30~40도와 북위 30~50도 사이이고, 적정기후 및 강우량은 포도 주산지의 경우 연간 강우량이 850mm 이하, 생육기간인 4월~9월의 강우량은 400mm 이하가 적당하다. 빈티이지 와인(vintage wine)을 위한 7~9월의 강우량은 150~200mm 정도, 일조시간은 600시간이 적당하다.

## 2.2 와인의 분류

와인은 색상, 양조방법, 식사용도 등 다양한 기준으로 분류할 수 있는데 그 내용을 표로 정리하면 다음과 같다.

| 구분 | 와인 | 내용 |
|---|---|---|
| 색에 의한 분류 | 레드 와인<br>(red wine) | 흑포도를 과피채로 먼저 발효시킨 다음 압축하여 만드는데 껍질에 함유되어 있는 색소가 발효 중에 액으로 우러나와 적색의 와인이 되며, 수년간 숙성시킨다. |
| | 화이트 와인<br>(white wine) | 청포도를 먼저 압축한 다음 그 과정에서 생긴 과즙을 발효시켜 만들며, 숙성기간이 짧고 2~5년간 묵힌다. |
| | 로제 와인<br>(rose wine) | 분홍빛깔이 나는 와인으로 흑포도와 청포도를 섞어서 만드는 방법과 완성된 화이트 와인에 흑포도의 껍질을 담그는 방법이 있다. 숙성기간은 2~3년 정도이다. |
| 양조법에 의한 분류 | 비발포성 와인<br>(still wine) | 일반적으로 식사와 함께 곁들이는 테이블 와인(Table Wine)으로 화이트(White), 레드(Red), 로제(Rose) 와인이 있다. |

| 구분 | 와인 | 내용 |
|---|---|---|
| 양조법에 의한 분류 | 발포성 와인 (sparkling wine) | 포도 속의 당분이 분해할 때 생기는 탄산가스를 제거하지 않고 그대로 둔 와인으로 마개를 빼면 발포를 하고 거품이 나온다. 샴페인(Champagne)은 대표적인 발포성 와인으로서 프랑스 상파뉴 지방에서 생산되는 발포성 와인에 한하여 붙일 수 있는 명칭이고, 그 이외 지역의 발포성 와인은 단순히 스파클링 와인(sparkling wine)이라고 한다. |
| | 주정강화 와인 (fortified wine) | 와인을 발효시키는 도중에 알코올 도수가 높은 브랜디를 첨가하여 주정을 강화한 와인이다. 대표적인 와인으로는 포르투갈에서 주로 생산하는 포트와인(port wine)을 들 수 있으며, 알코올 도수는 16~20% 정도이다. |
| | 가향 와인 (flavored wine) | 주로 화이트 와인에 향료, 감미료, 약초, 색소 등을 넣어 만든 와인을 말한다. 독특한 맛과 향기가 나는 와인으로서 혼성와인이라고도 한다.<br>벌머스(Vermouth)와 두보넷(Dubonnet) 등이 대표적인 와인이다. |
| 식사용도에 의한 분류 | 식전 와인 (aperitif wine) | 식전에 마시는 와인으로 쌉쌀한 맛(dry)이 나고 식욕을 돋워 준다. 대표적인 와인으로는 세리와인(sherry wine)을 들 수 있다. |
| | 식중 와인 (table wine) | 식사 중에 요리와 함께 마시는 와인으로 일반적인 레드 와인과 화이트 와인을 말한다. |
| | 식후 와인 (dessert wine) | 식사 후에 마시는 와인으로 달콤한 맛(sweet)이 나고 소화를 도와준다. 대표적인 와인으로는 알코올 도수가 비교적 높은 포트 와인(Port Wine)을 들 수 있다. |

## 2.3 포도 품종

포도 품종은 품종별로 각기 선호하는 토양과 기후를 가지고 있다. 즉 배수, 토질, 채광, 고도, 일조량, 강우량, 바람의 세기 등을 고려하여 포도 품종을 선택하여 포도나무를 심어야 한다. 전 세계에 포도 품종은 수백여 종에 이르고 있는데 여기서는 화이트 와인의 3대 품종과 레드 와인의 4대 품종을 소개하기로 한다.

### (1) 화이트 와인의 3대 포도 품종

화이트 와인의 3대 포도 품종의 맛과 특징을 표로 정리하면 다음과 같다.

| 구분 | 맛 | 색 |
|---|---|---|
| 샤르도네 (Chardonnay) | 와인의 여왕. 신맛과 깊은 맛이 조화를 이루며 사과처럼 상큼한 과일향이 풍부하고 달지 않음. | 진함 |
| 소비뇽블랑 (Sauvignon Blanc) | 과일향이 강하고 신맛이 적당하며 단맛의 경우 드라이한 것부터 스위트한 것까지 다양. 가벼우면서 상큼. | 중간 |
| 리슬링 (Riesling) | 재배하는 환경에 따라 신맛이 강하기도 하고 단맛이 강하기도 하는데 대체적으로 조화롭게 잘 어우러져 상큼하면서 기품있는 맛. | 옅음 |

풀바디/진한색 ↔ 라이트바디/연한색

샤르도네 (Chardonnay) — 소비뇽블랑 (Sauvignon Blanc) — 리슬링 (Riesling)

### (2) 레드 와인의 4대 포도 품종

레드 와인의 4대 포도 품종의 맛과 특징을 표로 정리하면 다음과 같다.

| 구분 | 맛 | 색 |
|---|---|---|
| 카베르네소비뇽 (Cabernet Sauvignon) | 풀바디, 강한 탄닌감(떫은 맛), 중후한 맛. | 진한 적색 |
| 쉬라(Syrah) = 쉬라즈(Shiraz) | 카베르네소비뇽보다 약간 덜한 탄닌감, 중후한 맛. 후추향, 체리, 블랙베리 등의 과일향이 난다. | 카베르네소비뇽보다 약간 덜한 적색 |
| 메를로 (Merlot) | 피노누아보다 약간 강한 느낌. 탄닌이 다소 적지만 진하면서도 부드러운 과일향 맛. | 쉬라보다 약간 덜한 적색 |
| 피노누아 (Pinot Noir) | 탄닌감이 적은 편. 우아하고 부드러운 느낌. 상큼한 맛의 과일의 풍미를 느낄 수 있다. | 옅은 적색 (루비 빛깔) |

풀바디/높은 탄닌/진한색 ↔ 라이트바디/연한색

카베르네소비뇽 (Cabernet Sauvignon) — 쉬라 (Syrah) — 메를로 (Merlot) — 피노누아 (Pinot Noir)

## 2.4 와인의 빈티지

포도는 꽃이 피고 익을 때까지 100일 동안 날씨가 좋으면 품질이 좋지만 비가 오고 흐린 날이 많으면 햇빛을 충분히 받을 수 없어 포도의 당도가 충분히 형성되지 않아 시고 거칠어진다. 이와 같이 빈티지(vintage)란 특정 해의 잘 된 포도로 담은 와인을 말하며, 병에 그 연도를 표시한다. 생산 연도가 중요한 이유는 포도주별로 보관할 수 있는 기간이 다르기 때문이다. 와인은 포도 품종과 제조방법에 따라 그 보존기간이 다르다. 예를 들어 카베르네 소비뇽(Cabernet Sauvignon) 같은 품종으로 만든 포도주는 상대적으로 오래 보관할 수 있으나, 가메(Gamay)로 만든 포도주는 그렇지 못하다.

일반적으로 위스키와 꼬냑은 묵힐수록 좋지만 와인은 무조건 오래되었다고 좋은 것이 아니므로 최적의 숙성 시기에 마셔야 한다. 갓 숙성돼 신선하고 상큼한 맛으로 마시는 와인이 있고, 장기간 세월의 관록이 밴 묵직하고 그윽한 맛을 즐겨야 하는 와인이 따로 있다는 것이다.

## 2.5 프랑스 와인의 등급과 라벨

### (1) 프랑스 와인의 등급

프랑스 와인은 법의 규정에 따라 다음 표와 같이 4개의 등급으로 품질이 분류되며, 상표에 그 등급을 표기하도록 되어 있다. 그리고 프랑스 와인의 상표에는 법적 등급표시 외에 포도원(Chateau : 샤또), 판매업자(Negociant : 네고시앙), 생산연도(Vintage : 빈티지) 등이 표시된다.

| 구분 | 등급 | 내용 |
|---|---|---|
| 테이블 와인 | 뱅 드 따블<br>(Vin de Table) | 일반 대중 와인으로 오래 저장하지 않고 상표에 원산지나 품질을 자세히 기록하지 않으며 대부분 프랑스 자국 내에서 소비한다. |
| 보통 와인 | 뱅 드 뻬이<br>(Vin de Pays) | 뱅 드 따블 중에서 산지를 명시할 수 있는 선발된 와인으로 전국 와인 동업자 연합회가 승인한 시음 위원회의 감정으로 승인한다. |

| 구분 | 등급 | 내용 |
|---|---|---|
| 지정 와인 | 뱅 델리미떼 드 깔리떼 쉬뻬리에(Vin Delimite de Qualite Superieur: V.D.Q.S) | 생산지역, 포도품종, 최저알코올 함유량, 재배방법, 양조방법, 품질 등을 분석하여 시음 위원회의 감정으로 결정된다. |
| 우량 와인 | 아뻴라시용 ○○○ 꽁뜨로레 (Appellation ○○○ Controlee: A.O.C) | ○○○ 지역에서 원산지 통제한 것으로 최우수 품질의 와인임을 증명한다. VDQS 규정에 다 가지치기, 숙성조건까지도 규정하였다. |

### (2) 프랑스 와인의 라벨

와인의 라벨은 와인의 이력서라고 할 수 있다. 즉 라벨만 보면 와인의 등급수준, 생산지역, 병입장소, 알코올 도수 등 그 이력을 한눈에 알 수 있다. 프랑스 와인의 라벨은 크게 A.O.C급, 뱅 드 빼이(Vin de Pays), 뱅 드 따블(Vin de Table)에 따라 의무 기재사항 및 선택 기재사항이 각각 다르게 표기되는데, A.O.C급 라벨은 소개하면 다음과 같다.

의무 기재사항

❶ 원산지 명칭
❷ AOC 급 와인임을 표기
❸ 와인 병입자의 이름과 주소
❹ 용기 내의 와인 순용량
❺ 알코올 도수

선택사항

❻ 경작자의 상표명 혹은 이름
❼ 제조업체 소유주의 주소
❽ 병입장소
❾ 원료 포도의 수확 연도
❿ 생산국가

## 2.6 샴페인

### (1) 샴페인의 의의

상파뉴(Champagne) 지방은 발포성 와인(Sparkling Wine)인 샴페인(Champagne)을 주로 생산하는데, 프랑스 법에 의하여 프랑스 상파뉴(Champagne) 지방에서만 만들어지는 발포성 화이트 와인에 한하여 '샴페인(Champagne)' 이란 명칭을 붙일 수 있다.

### (2) 샴페인의 역사

와인의 역사가 오래된 데 비하여 샴페인은 200여 년의 짧은 역사를 가지고 있다. 샴페인(Champagne)을 생산하는 상파뉴(Champagne) 지방은 원래 일반 와인을 생산하여 왔는데 17세기부터 샴페인을 고안하고 생산하기 시작하였다. 당시 이 지역 사람들은 병에 넣은 와인이 날씨가 더워지면 거품이 생긴다는 사실을 발견하였다. 이를 관찰하고 연구하여 샴페인으로 완성시킨 사람은 17세기 후반 프랑스 상파뉴 지방의 오비레 사원에 부임한 돔 페리뇽(Dom Perignon)이란 수도승이었다.

그는 사원에 있는 술 창고의 장을 맡았는데 부임 후 어느 날 지하의 술 창고에서 아직 발효가 다 끝나시 않은 미성숙 외인이 들어 있는 병에다 코르크 마개로 봉해 두었다. 며칠 뒤 그 와인 병이 요란한 소리를 내며 폭발하고 말았다. 그 소리에 놀라 달려간 그는 흘러내린 그 황금색의 술맛을 음미하고는 너무 맛이 있어 감탄하였고, 샴페인의 탄생을 알렸다.

### (3) 샴페인의 제조과정

샴페인의 품종은 샤르도네(Chardonnay), 피노 누아(Pinot Noir), 피노 뮈니에르(Pinot Meunier) 등 3가지이다. 샤르도네는 섬세하고 우아한 맛을, 피노 누아는 풍부한 과일향을, 피노 뮈니에르는 부드러운 맛을 생성한다. 이 품종들을 매년 9월 말에 수확하여 압착기로 즙을 짜고, 불순물을 제거한 다음 발효 탱크에 넣어 1차 발효를 시키면 즙이 포도주로 변하게 되는데 이를 주조 통에 저장한다.

이듬해 봄이 되면 각 주조 통마다 맛을 보고 각기 다른 포도주를 섞기 시작한다. 바로 이 과정이 많은 경험을 필요로 하는 정교한 작업으로서 생산자들 사이에 엄격한 비밀로 지켜지고 있으며, 생산회사마다 독특한 맛과 향기를 창출하기 위하여 혼합비율 등 비법을 달리하고 있다. 포도의 품질이 좋았던 해에는 주조 통에 그 해에 생산된 포도주만을 채우며 주조연도를 표시한다.

1차 발효가 끝나면 2차 발효는 병 속에서 하게 된다. 병입을 하기 전에 미량의 당분과 효모를 첨가하는데 이는 2차 발효를 용이하게 해 준다. 병입이 끝나면 1년 이상의 기간 동안 포도주병을 서늘한 지하 창고에 수평으로 보관한다. 숙성기간이 끝나면 병을 거꾸로 하여 경사가 진 선반에 올려놓고 정기적으로 흔들어 주거나 돌려주는데 이는 병 속에 있는 효모를 병 끝에 모이도록 하여 나중에 효모를 제거하기 위해서이다.

마지막 단계에서는 같은 주조통 속에 있던 포도주를 섞어주거나 오래된 샴페인 또는 사탕수수로 만든 술을 소량 가미해 주는데 이 과정에서 설탕의 양에 따라 〈표 12-3〉와 같이 5단계의 맛으로 구분한다.

프랑스 법에서는 샴페인의 숙성기간을 1년~3년으로 규정하고 있는데 대부분의 샴페인은 이에 해당되며, 빈티이지 샴페인일 경우 3년 이상 숙성한 것으로 병에 연도를 표기한다. 빈티지 샴페인은 스위트하지 않고 보통 샴페인보다 맛이 중후한 편이다.

샴페인의 라벨을 보면 블랑 드 블랑(blanc de blanc)이라고 표기된 것을 볼 수 있는데 이는 샴페인을 만드는 포도가 청포도라는 의미이다. 간혹 레드 와인을 섞은 핑크 빛의 로제 샴페인도 있는데 라벨에 크레망(Cremant)이라고 표기한다.

[표 12-3] 샴페인의 맛

| 구분 | 맛 | 당분 |
|---|---|---|
| 브뤼(Brut) | 매우 드라이함 | 1% 미만 |
| 엑스트라 섹(Extra Sec) | 드라이함 | 1~3% |
| 섹(Sec) | 드라이와 스위트의 중간 | 4~6% 미만 |
| 데미 섹(Demi Sec) | 스위트함 | 6~8% 미만 |
| 도우(Doux) | 매우 스위트함 | 8% 이상 |

## 3. 맥주

맥주의 대중화는 맥주에 홉(hop) 사용하기 시작한 11세기 이후이며, 19세기 중엽 프랑스의 유명한 화학자 파스퇴르는 저온살균법을 고안하여 맥주에도 적용하여 장시간 변질되지 않는 맥주를 만드는 것이 가능하게 되어 유통의 혁명을 가져 왔다. 또한 암모니아 냉장고의 발명은 4계절 양조를 가능하게 하였을 뿐만 아니라 품질향상에도 기여하였다.

오늘날 맥주는 대부분의 국가에서 생산하고 있으며, 전 세계 주류시장에서 60%를 점유하고 있어 전 세계인의 대중주가 되었다. 최근 국가별 맥주 총생산의 순위를 살펴보면 중국과 미국이 1, 2위를 다투고 있으며, 독일 3위, 브라질 4위, 러시아 5위, 일본 6위의 순이다. 그리고 맥주 브랜드별 순위는 미국의 버드와이저(Budwiser), 네덜란드의 하이네켄(Heineken) 순으로 세계 시장을 점유하고 있다.

맥주의 4대 원료는 ❶ 물 ❷ 보리 ❸ 홉(hop) ❹ 효모(yeast)이며, 그 밖에 옥수수, 쌀 등은 부재료로 구수한 맛을 내기도 한다. 맥주의 제조과정은 크게 맥아의 제조 → 당화 → 발효 → 저장 → 제품의 5단계 과정으로 되어 있으며, 특히 저장된 맥주를 여과하면 1차적으로 생맥주가 되고, 저온에서 살균하여 병입하면 병맥주가 완성된다. 최근에는 비열처리공법을 통하여 병맥주의 맛을 살리고 있다.

# 제3절 증류주

## 1. 증류주의 개요

양조주보다 순도가 높은 주정을 얻기 위해서는 1차 발효된 양조주를 증류시켜야 한다. 알코올과 물의 끓는 점의 차이를 이용하여 양조주를 서서히 가열하면 끓는 점이 낮은 알코올이 먼저 증발하는데 이러한 증기를 모아서 냉각시키면 고농도의 알코올 액체를 얻을 수 있다.

이와 같이 증류주란 과실이나 곡류로 만든 양조주를 증류기를 사용하여 증류한 것으로서 알코올 도수가 높은 술이다. 과실을 이용한 증류주로는 브랜디 등이 있으며, 곡류를 이용한 증류주로는 위스키, 진, 럼, 보드카, 테킬라, 소주 등이 있다. 우리나라 소주의 경우 안동소주와 같은 순수 증류주도 있지만 일반 소주의 경우 곡물발효액을 96%까지 증류한 것(주정)을 마시기 편하게 알코올 도수를 20% 전후까지 묽게 물로 희석시켰기 때문에 희석주라고 한다.

증류주와 같은 독한 술을 일명 스피릿(spirit)이라고 하는데 양주를 크게 분류할 때의 한 명칭으로 증류 과정을 통하여 알코올 분을 크게 높인 술을 이 범주에 넣고 있다. 위스키나 브랜디도 스피릿이라고 할 수 있으나 협의의 스피릿은 일반적으로 진(gin), 보드카(vodka), 럼(rum), 테킬라(tequila) 등을 말하며, 인도네시아, 그리스, 중동, 이집트 등에서 생산되는 소위 아락(arag)이라고 불리는 술들도 이에 속한다. 그리고 중국의 고량주, 우리나라의 소주도 희석식 과정을 거친다는 면만을 고려한다면 이에 속할 수가 있다.

# 2. 위스키

## 2.1 위스키의 역사

위스키(Whisky)의 어원은 아일랜드의 '생명의 물' 이라는 의미의 우스키바아(Usquebaugh)에서 유래되었다. 1170년 잉글랜드 헨리 2세의 군대가 아일랜드를 침공했을 때 이곳 주민들이 즐겨 마시던 토속주인 우스키바아(Usquebaugh)가 알려져 위스키의 역사가 시작되었다. 15세기경에는 위스키의 제조기술이 스코틀랜드에도 전해져 본격적으로 양조하였고, 이후 위스키는 아일랜드의 아이리시(Irish) 위스키와 스코틀랜드의 스카치(Scotch) 위스키로 나눠어 발전하게 되었다.

그 후 1713년 영국 정부가 재원을 확보하기 위해 종전보다 높은 세금을 부과하고, 소규모 업자를 근절시키기 위하여 소형 증류기사용을 금지하자 이에 불만을 품은 위스키 증류업자들이 하이랜드(High Land) 지방의 산 속에 숨어 위스키를 밀조하였다. 밀조자들은 맥아의 건조를 위해 이탄(泥炭 ; peat)을 사용하였는데, 이탄으로 건조하게 되면 연기로 그슬린 훈연취(熏煙臭)가 생성된다. 이것이 스카치 위스키 특유의 향취를 가지게 된 시발이 되었다. 또한 증류한 술을 은폐하려고 쉐리(sherry) 와인의 빈 통에 담아 산 속에 은폐시켰는데 나중에 통을 열어 보았더니 증류 당시에는 무색이었던 술이 투명한 호박색의 짙은 향취가 풍기는 술로 변해 있었다. 이것이 바로 참나무(oak) 술통에 저장하게 된 동기가 되었다. 이때만 해도 스카치위스키는 하이랜드의 토속주에 불과하였으나 오늘날 세계적인 술로 비약하게 된 계기는 두 가지 이유가 있다.

첫째는 1853년 글렌리벳 위스키의 대리점을 하고 있던 앤드류 우셔(Andrew Usher)가 몰트(malt) 위스키와 그레인(grain) 위스키를 섞는 블렌딩(blending) 기법을 개발하였기 때문이다.

둘째는 당시 런던의 상류층은 프랑스의 코냑(Cognac)을 수입하여 즐겨 마셨는데 1859년경 포도해충인 피록세라(phylloxera)가 프랑스의 포도원을 황폐화시켜 꼬냑의 제조가 불가능하게 되자 듀워(Dewar), 워커(Walker) 등과 같은 영국 위스키 회사들이 대체 증류주로 스카치 위스키를 대량 생산 및 판매를 하였기 때문이다.

## 2.2 위스키의 제조과정

위스키의 제조방법은 국가별, 원료별, 증류법 등에 따라 약간씩 차이가 있지만 일반적으로 보리, 호밀, 옥수수, 귀리 등 곡류의 전분을 당화하기 쉽게 분쇄하고, 이를 발효시킨 다음, 단식 또는 연속증류기에 증류시켜 알코올을 생성한다. 이 알코올을 참나무로 만든 오크(oak) 통에 수년간 저장하고 숙성시키면 위스키가 완성된다. 위스키가 처음 증류될 때에는 무색이지만 통에서 성숙되는 동안에 착색이 되고 향미가 생겨난다. 위스키의 경우 통속에서의 저장기간은 대략 30년이 한계이며, 알코올 도수는 증류기에서 나올 때는 90% 정도 되지만 저장기간을 거쳐 모든 과정이 끝난 후 병입을 할 때는 43% 전후가 된다.

## 2.3 위스키의 분류

위스키는 사용되는 원료에 따라 몰트(malt) 위스키, 그레인(grain) 위스키, 블렌디드(blended) 위스키, 콘(corn) 위스키, 라이(rye) 위스키 등으로 나누어지며, 주요 산지별로는 ❶ 영국 스코틀랜드 지방의 스카치 위스키(Scotch whisky) ❷ 아일랜드 지방의 아이리시 위스키(Irish whiskey) ❸ 미국의 아메리칸 위스키(American whiskey) ❹ 캐나다의 캐나디언 위스키(Canadian whisky)의 4대 지역으로 분류된다. 특히 스카치 위스키(Scotch whisky)의 경우 전 세계 위스키 시장의 60%를 점유할 뿐만 아니라 그 종류는 3000여 종에 이르며, 위스키의 명주는 대부분 스카치 위스키라고 해도 과언이 아니다.

위스키의 영어 철자는 스카치와 캐나디언 위스키 경우 'whisky'로 표기하고, 아이리시와 아메리칸 위스키의 경우 'whiskey'로 표기한다.

[표 12-4] 산지별 유명 위스키

| 구분 | 유명 위스키 |
|---|---|
| 스카치 위스키<br>(Scotch whisky) | 로얄 살루트 21년 산(Royal Salute 21 Years Old)<br>발렌타인(Ballantine)<br>시바스 리갈(Chivas Regal)<br>커티 샥(Cutty Sark)<br>제이앤비 제트(J&B Jet)<br>죠니워커(Johnnie Walker)<br>올드 파(Old Parr)<br>딤플(Dimple) |
| 아이리시 위스키<br>(Irish whiskey) | 제임슨(Jameson)<br>올드 부쉬밀(Old Bushmills)<br>털러모어 듀(Tullamore Dew) |
| 아메리칸 위스키<br>(American whiskey) | 짐빔(Jim Beam)<br>잭 다니엘(Jack Daniel)<br>와일드 터키(Wild Turkey)<br>어얼리 타임(Early Times) |
| 캐나디언 위스키<br>(Canadian whisky) | 캐나디언 클럽(Canadian Club)<br>씨그램스 브이.오(Seagram's V.O)<br>크라운 로얄(Crown Royal)<br>캐나디언 미스트(Canadian Mist) |

# 3. 브랜디

## 3.1 브랜디의 역사

포도를 발효시키고 증류하여 만든 브랜디로는 꼬냑과 알마냑이 있는데 1909년 제정된 프랑스의 국내법에 의하여 코냑 지방에서 생산되는 브랜디만을 '꼬냑(Cognac)', 알마냑 지방에서 생산되는 브랜디만을 '알마냑(Armagnac)' 이라고 부른다. 코냑과 알마냑을 제외한 프랑스의 브랜디를 프렌치 브랜디(French brandy)라고 한다. 코냑이 처음 탄생한 것은 17세기경에는 프랑스 코냑(Cognac) 지방에서 발생한 전쟁으로 인하여 포도밭이 황폐화되고, 제조한 와인의 품질이 좋지 못하자 네덜란드 상인들이 증류를 권유하여 만들게 되었으며,

당시 네덜란드 상인들은 스칸디나비아 지역과 영국을 주무대로 무역을 하였는데 이 지역이 춥고 습하여 사람들이 독주를 좋아한다는 것에 착안했던 것이다.

오늘날 코냑 생산의 3대 메이커는 헤네시(Hennessy), 마르텔(Martell), 꾸르브아지에(Courvoisier)이며, 5대 메이커에는 레미 마르탱(Remy Martin)과 까뮈(Camus)가 추가된다.

## 3.2 코냑의 제조과정

세계적으로 유명한 코냑은 위니블랑(Ugny Blanc), 꼴롱바르(Colombard) 등의 품종으로 만든 화이트 와인만을 증류한 것을 말하며, 2번의 증류과정을 거치게 되는데 1차 증류에서는 알코올 농도 27~30%, 2차 증류에서는 67~72% 정도의 알코올 도수가 생성된다. 증류과정이 끝나면 오크(참나무) 통에서 숙성과정을 거치게 되는데 숙성은 코냑의 완성도를 높이는데 결정적인 역할을 한다. 마지막으로 병입하기 전에 새로 제조된 원액과 오래 묵은 원액을 블렌딩하여 알코올 도수를 40% 정도로 희석시킨 다음 설탕을 태운 캐러멜로 착색하면 비로소 코냑이 탄생하게 된다.

## 3.3 브랜디의 등급

대부분의 코냑 회사들은 저장연도에 따라 품질등급을 3-스타(☆☆☆), 4-스타(☆☆☆☆), 5-스타(☆☆☆☆☆) 등 3개로 구분하고, 라벨에는 브이.오(V.O), 브이.에스.오(V.S.O), 브이.에스.오.피(V.S.O.P), 나폴레옹(Napoleon), 엑스.오(X.O), 엑스트라(Extra) 등으로 표기한다. 엑스트라급 이상은 각 회사 특유의 별칭을 붙이기도 한다. 그러나 이러한 등급표시는 법적으로 규정된 것이 아니며, 각 사의 공통된 숙성 연도를 표시하는 것도 아니고, 다만 코냑 회사의 관습일 뿐이다. 프랑스에서 가장 권위있는 코냑 메이커인 헤네시(Hennesy)사의 경우 5-스타급인 엑스.오는 50년 이상, 엑스트라는 70년 이상으로 비교적 높은 숙성기간을 설정하고 있다. 코냑은 25년에서 50년 숙성시켰을 때 최고가 된다. 이러한 기간은 물론 오크 통 속에 있는 기간만을 말하며, 코냑은 일단 병입되면 변화하지도 숙성되지도 않는다.

[표 12-5] 브랜디의 등급

| 라벨표기 | 품질등급 | 숙성기간 |
|---|---|---|
| V.S(Very Superior) | ☆☆☆ | 5~9년 |
| V.O(Very Old) | ☆☆☆☆ | 12~20년 |
| V.S.O(Very Superior Old) | ☆☆☆☆ | |
| V.S.O.P(Very Superior Old Pale) | ☆☆☆☆ | |
| Napoleon | ☆☆☆☆☆ | 20~50년 |
| X.O(Extra Old) | ☆☆☆☆☆ | |
| X(Extra) | ☆☆☆☆☆ | |

※ 브랜디 회사마다 등급규정과 숙성기간이 다름. 상기 표는 일반적인 평균을 의미함.
※ V.S.O와 V.S.O.P에서 'S'에 해당하는 'Superior'를 'Special'로 표기하기도 한다.

## 4. 진(Gin)

진(Gin)은 호밀 등의 곡류를 발효시켜 증류하고 쥬니퍼 베리(juniper berry : 두송열매)라는 열매의 향료를 착향하여 만든다. 쥬니퍼 베리 이외의 다른 과실로 향미를 첨가한 진을 'Flavored Gin'이라고 하며, 진 앞에 과실이름을 붙인다. 진의 원산지는 네덜란드이며, 네덜란드 진(Holland Gin)을 일명 제네바(Geneva)라고 부르고, 영국이 런던 드라이 진(London Dry Gin)을 통하여 세계에서 호평을 받게 되었다.

진은 옥수수, 호밀, 대맥 같은 곡물을 당화시켜 발효한 다음 단식 증류기로 2회 증류하여 쥬니퍼 베리로 착향한 다음 다시 재증류하여 55도의 알코올로 만들며, 병입할 때는 희석하여 40~45도로 완성된다. 진은 많은 증류주 중에서 잘 취하지 않는 음료이고 숙취회복이 빠른 것이 특징이며, 맛은 대부분 드라이한데

올드 탐 진(Old Tom Gin)과 같이 2% 정도의 당분을 첨가하여 약간 단맛이 나는 것도 있다. 진은 어느 술과도 잘 어울리기 때문에 스트레이트로 마시는 것보다 칵테일 기주로 많이 애용된다. 특히 진에 벌머스(Vermouth)를 믹스하여 올리브를 곁들인 마티니(Martini)와 진에 토닉워터를 첨가한 진토닉(Gin & Tonic)은 세계적인 칵테일로 유명하다.

## 5. 보드카(Vodka)

보드카(Vodka)는 러시아의 국민주로 감자, 옥수수, 호밀 등의 곡류를 발효하고 증류하여 자작나무 숯으로 여과하여 만든 술이다. 오늘날 대부분의 보드카는 95% 알코올(주정)에 물을 타서 다시 한번 숯으로 여과한 후 알코올 도수 40% 정도로 만들어 병입하는데 우리나라의 희석식 소주와 제조과정이 유사하다고 할 수 있다. 러시아에서 보드카가 사랑을 받는 이유 중에 하나는 러시아인들이 이 술의 신비한 힘 또는 효능을 믿고 있기 때문이다. 열악한 의료시설 밖에 없었던 시기에 보드카는 마취제의 역할을 하였으며, 약으로도 쓰였다. 배가 아프면 보드카에 소금을 타서 마시고, 감기에 걸리면 후추를 타서 마셨다. 이와 같이 보드카는 척박한 환경에서 생존해야 하는 러시아 사람들에게 배고픔과 추위 그리고 삶의 애환을 잊게 해주는 좋은 친구였던 것이다.

보드카가 해외에 알려지기 시작한 것은 모스크바에서 보드카를 제조하던 스미노프(Smirnoff)사의 사장인 스미노프 백작이 러시아 혁명 후 국외로 추방되면서부터이다. 따라서 보드카가 러시아의 국민주이지만 정작 세계 제일의 생산국은 미국이며, 1939년경부터 캘리포니아를 중심으로 과일 주스를 섞어 칵테일 베이스로 인기를 얻기 시작하면서 가히 폭발적이라고 할 수 있을 정도로 붐이 일었다.

보드카는 물처럼 투명하고 특별한 맛이 없으며 냄새가 없는 술이라는 점에서 무색(無色), 무미(無味), 무취(無臭)의 3무(無)의 술이라고 불리며, 추운 지방에서는 스트레이트로 마시지만 일반적으로 과즙음료를 비롯한 여러 가지 재료를 이용한 칵테일로 기주로 애용된다. 특히 보드카는 철갑상어알(Caviar)과 잘 어울리는 술로도 유명하다.

## 6. 럼(Rum)

럼(Rum)은 사탕수수로 즙을 내어 끓이고 시럽으로 농축하여 추출한 다음 발효해서 증류시킨 술이다. 럼은 과거 해적들이 즐겨 마셨다고 하여 해적의 술이라고도 하며, 자메이카, 쿠바, 멕시코, 푸에르토리코 등 주로 중남미 국가에서 생산하고 있는 알코올 도수 40%~75% 정도의 술이다.

럼의 제조과정은 당밀을 물로 묽게 하여 당분이 12~16% 정도 되게 한 후 발효시킨다. 이것을 다시 증류하여 얻은 주정에 태운 설탕(caramel)으로 착색한 다음 오크 통에 넣어서 수년간 저장한 후 마시게 된다. 럼의 원료인 사탕수수는 인도가 원산지로 스페인을 거쳐 중남미에 전파되었으며, 17세기경 발바도스(Barbados)섬에서 영국의 증류기술자가 사탕수수 줄기에서 즙을 내어 설탕을 만들고 나머지를 발효시키고 증류하여 처음으로 럼을 만들었다. 당시 이 술을 마신 원주민이 취해서 흥분하여 원주민의 말인 'Rumbullion(흥분하다, 소동하다)' 이라고 하였는데 이 말에서 럼(Rum)이 유래되었다. 그 후 자메이카를 중심으로 사탕공업의 발달과 함께 번창하게 되었지만 불만이 있는 사람들이 럼을 마시고 폭동을 일으켜 평이 좋지 못한 하급주로 취급되기도 했다. 그러나 1805년 영국 넬슨 제독이 전사하자 시신의 부패를 방지하기 위하여 럼을 담은 큰 통 속에 넣어 본국으로 운송하였던 일로 '넬슨의 피(Nelson's Blood)' 라는 별명을 얻기도 했다.

1862년에는 스페인에서 쿠바로 이주한 바카디(Bacardi)에 의해 투명한 라이트 럼(Light Rum)을 생산하게 되었으며, 럼이 세계적인 명성을 얻게 된 것은 1930년 미국에서 칵테일 럼이 성행하여 그 이후로 주목을 받았다.

## 7. 테킬라(Tequila)

멕시코산 선인장인 용설란(Agave)을 원료로 하여 증기로 쪄서, 다시 잘게 부수어 당즙을 낸 다음 이 즙을 발효하면 풀케(Pulque)라는 양조주가 되고, 이것을 증류하면 테킬라가 된다. 예로부터 멕시코 인디언들은 사막에서 자라는 용설란이란 식물을 발효시켜 풀케를 빚어 마셨다고 한다. 이들은 풀케를 '생명의 물'이라 부르며 성스러운 음료로 여겼다. 이후 17세기경 스페인으로부터 증류기술이 도입되어 오늘날과 같은 테킬라(Tequila)가 생산되었으며, 1968년 멕시코 올림픽 이후 세계적으로 널리 알려지게 되었다.

테킬라는 소금을 핥아 가면서 마시는 습관이 있는데 테킬라 병에는 작은 소금 1봉지가 묶여져서 판매되기도 한다. 강렬한 햇볕 아래 독한 테킬라만 마시고 술에 취해 잠들면 땀을 많이 흘려 실신되고 목숨을 잃게 되는 경우가 많았는데 그래서 소금을 안주 삼아 마시는 습관이 생겼다고 한다.

테킬라는 칵테일 조주에 많이 사용되고 있는데 멕시코에서는 차게 하여 스트레이트로 즐겨 마신다. 테킬라를 스트레이트로 마시는 요령은 첫째, 소금을 왼손의 손등 엄지와 검지 사이 부분에 올려놓고 둘째, 같은 손에 잔을 들고 오른손에는 레몬을 든 다음 셋째, 먼저 소금을 맛보고 테킬라를 마신 다음 레몬을 빨아먹는다.

테킬라는 색에 따라 화이트와 골드로 분류되는데 화이트 테킬라(White Tequila)는 숙성시키지 않은 테킬라로 맛이 가볍고 색은 무색이며, 주로 칵테일 기주로 사용된다. 골드 테킬라(Gold Tequila)는 오크 통 속에서 2개월 이상 또는 수년간 숙성시킨 테킬라로 맛은 중후한 편이고, 색은 골드 색이며, 주로 스트레이트로 즐겨 마신다.

# 제4절 리큐르

## 1. 리큐르의 개요

혼성주 즉 리큐르(liqueur)는 증류주에 과일, 식물, 씨앗 등의 천연향료를 배합한 후 다시 설탕이나 꿀 등의 감미료 및 착색류를 첨가하여 만든 혼성주로 색깔이 아름답고 다양하여 '액체의 보석'이라고도 불린다. 양조주나 증류주의 고유한 향미는 발효를 거쳐서 만들어지는 물질과 나무통에서 숙성되는 과정에서 대부분 구성되지만 리큐르는 발효라는 미생물에 영향을 받지 않고 이미 만들어진 증류주에 향미만을 더하는 것이다. 국제적으로 리큐르는 알코올 농도 15% 이상에 엑기스분(증발하고 남은 분량)이 10% 이상 함유된 술로 정의되고 있다. 우리나라 주세법에서는 증발잔분이 2% 이상으로 규정하고 있어 보다 광범위하다고 할 수 있다.

유럽지역에서는 리큐르(Liqueur)라고 하지만 영미지역에서는 코디알(Cordial)이라고 한다. 이러한 혼성주는 스트레이트로도 즐겨 마시지만 주로 칵테일 기주로 많이 사용된다. 따라서 다양한 혼성주가 없었다면 다양한 칵테일도 존재할 수 없었다.

## 2. 리큐르의 분류

### 2.1 과실(fruits) 리큐르

과실류를 증류주에 넣어 수개월 동안 두면 색깔, 향취, 향미가 술에 옮겨가는데 이것을 여과시켜 설탕류 등을 가미하면 과실류 리큐르가 된다. 과실류 리큐르는 보통 식후주로서 애용되며 주로 사용하는 과실류는 살구, 검은 딸기, 버찌, 복숭아 등이다. 대표적인 리큐르로는 오렌지를 이용한 큐라소(Curasao)를 비롯하여 코인뚜루(Cointreau), 트리플섹(Triple-sec), 마라스키노(Maraschino), 슬로진(Sloe Gin) 등이 있다.

### 2.2 식물(plants) 리큐르

약초(herbs)나 향초(spices) 등의 식물류를 증류주에 넣어두면 그 성분이 자연적으로 우러나오는데 그것을 증류기에 증류시킨 다음 캐러멜 등으로 착색하고 감미료를 첨가하면 식물류 리큐르가 된다. 식물류 리큐르는 주로 식물의 열매, 잎, 껍질 등을 사용하는데, 대표적인 리큐르로는 엡신스(Absinthe), 아니세트(Anisette), 베네딕틴(Benedictine), 샤투루즈(Chartreuse), 갈리아노(Galliano), 캄파리(Campari) 등이 있다.

### 2.3 종자(seeds) 리큐르

과실의 씨에 함유되어 있는 방향성의 성분이나 커피, 카카오, 바닐라 따위의 두류(豆類)를 이용하여 향기를 높인 리큐르로 주로 식후에 마신다. 단순히 씨만 이용하는 경우는 드물고 몇 가지 향료를 혼합하는 것이 일반적이다. 대표적인 리큐르로는 크렘 드 카카오(Creme de Cacao), 크렘 드 모카(Creme de Moka), 티아 마리아(Tia Maria) 등이 있다.

### 2.4 주요 리큐르

#### (1) 압생트(Absinthe)

'녹색의 마주' 로 불리며, 보통 물과 얼음으로 희석해 마시고, 음료수와 혼합해 향기를 내는 데 이용되기도 한다.

### (2) 베일리스(Baileys)

아이리시 위스키와 아이리시 크림, 벨기에 초콜릿으로 만든 세계 최초의 크림 리큐르이다.

### (3) 베네딕틴 디오엠(Benedictine D.O.M)

프랑스의 가장 오래된 리큐르로서 1510년 프랑스 노르망디의 베네딕틴 수도원에서 27가지 약초와 향초를 사용해 약용으로 제조한 리큐르로서 베네딕틴의 제조법과 성분은 수도원의 비밀로 지켜져 몇 세기 동안 수사들에게 대대로 전수되어 왔으나, 1789년 프랑스 혁명 중에 비법이 사라져버렸다. 그 후 1863년 알렉산드르 르 그랑(Alexandre Le Grand)이 그 제조법을 발견하면서 세상에 다시 알려졌고, 현재까지 계속 유지되고 있다. D.O.M(Deo Optimo Maximo)은 "최고로 좋은 것을 신에게 바친다"라는 뜻이다.

### (4) 깜파리(Campari)

캄파리는 이탈리아를 대표하는 리큐르로서 알코올 함량이 24%이며, 일반적으로 소다수나 오렌지주스를 희석하여 식전주로서 마신다.

### (5) 샤투르즈(Chartreuse)

17세기경 프랑스 샤투르즈 수도원에서 만들 술로서 브랜디에 각종 약초, 벌꿀 등을 넣어 만든 술인데 오늘날까지 처방은 비밀로 되어 있다. 알코올 43%의 옐로우와 알코올 55%의 그린의 두 종류가 있으며, 리큐르의 여왕이라고 불린다.

**(6) 체리 헤링(Cherry Heering)**

브랜디에 덴마크의 코펜하겐의 검은 버찌가 넣어 만든 리큐르로서 헤링 가문에서 180년 동안 만들어 오고 있다.

**(7) 꼬인뚜르(Cointreau)**

1849년 프랑스 르와르에서 탄생되었으며, 엄선된 오렌지와 에센스를 추출하여 고급 브랜디와 혼합하여 만든 술이다.

**(8) 크림 드 카카오(Creme de Cacao)**

브랜디에 코코아 향과 바닐라 향을 가미한 것으로 갈색(Brown)과 무색(White)의 두 종류가 있다.

**(9) 크림 드 멘트(Creme de Menthe)**

일명 페퍼민트(Pepper Mint)라고 하며, 박하향을 가미한 리큐르로서 녹색(Green), 무색(White), 적색(Red) 등 세 종류가 있다.

**(10) 트리플 섹(Triple Sec)**

남미 베네주엘라 근처 큐라사오 섬에서 생산되는 리큐르로서 럼 등에 오렌지 껍질을 담구어 만든다. 이를 세 번 증류했다하여 '트리플 섹'이란 이름을 명명했으며, 특히 블루 색일 경우 블루 큐라사오(Blue Curacao)라고 부른다.

**(11) 드람부이(Drambuie)**

드람부이(Drambuie)는 "사람을 만족시킨다"라는 뜻이며, 스카치 위스키에 60여 종의 향초와 꿀을 넣어 만든다.

### (12) 갈리아노(Galliano)

1896년, 이탈리아의 젊은 증류사업자 아르투로 바카리(Arturo Vaccari)는 엘도라도의 꿈을 좇아 멀리 캘리포니아에 남겨진 이탈리아 개척자들에게 바치는 새로운 리큐어를 창조했다. 바카리는 이 리큐어에 아비시니안 전쟁의 영웅 갈리아노 장군의 이름을 붙였다. 이탈리아 역사에서 영감을 받은 바카리는 갈리아노 병의 모델로 군중 사이에 우뚝 서 있는 로마 사원의 기둥을 선택했다. 그래서 제작된 기다란 다각형 형태의 독특한 병 모양은 브랜드의 핵심 성공 요인이 되었다. 이탈리아 밀라노 지방에서 주로 생산하며, 증류주에 아니스, 바닐라 등 70여 종의 약초와 향미를 첨가하여 만든다.

### (13) 그랜드 마니아(Grand Marnier)

꼬냑에 오렌지 껍질 등을 첨가하여 만든 리큐르이다.

### (14) 깔루아(Kahlua)

100% 멕시코산 최고급 아라비카 커피 원두와 최상급 럼을 절묘하게 블렌딩하여 만들어낸 세계에서 가장 사랑받는 커피 리큐르이다.

### (15) 말리부(Malibu)

럼(Rum)에 코코넛을 절묘하게 배합하여 만든 리큐르로서 스트레이트로 마시거나 우유, 과일음료, 콜라와 같은 탄산음료 섞어서 마시기도 한다. 흰색 사기로 만든 병이 특색이다.

제 13 장

# 조주(칵테일)

## 제1절 칵테일의 개요

### 1. 칵테일의 의의와 유래

#### 1.1 칵테일의 의의

칵테일(Cocktail)은 두 종류 이상의 술(Alcoholic Drink)을 혼합하거나 또는 한 종류 이상의 술에 음료(Non-Alcoholic Drink)를 섞어 만든 조주(調酒 : Mixed Drink)이다. 칵테일은 등장 초기에 서민들이 술을 섞어 단시간에 마심으로써 취기를 빨리 오르게 하는 목적 즉 경제적으로 술을 마시기 위함이었다. 그러나 오늘날의 칵테일은 적당한 취기의 목적으로 마시기도 하지만 맛, 향, 색의 3가지 요소가 잘 조화된 예술적 감각의 음료로 주목을 받고 있다.

## 1.2 칵테일의 유래

칵테일은 일반적으로 닭의 꼬리(cock's tail)에서 유래된 설이 많다. 미국의 독립전쟁이 한창일 때 뉴욕의 북쪽에 어느 미녀가 조그만 바(bar)를 경영하고 있었는데 독립의 기상이 높은 장병들에게 동경의 대상되었다. 전쟁이 승리로 끝난 어느 날 밤 그녀가 자신의 팔을 흔들어 만든 럼 펀치의 대형 잔에 닭의 꼬리를 장식하였다. 어느 한 장교가 '이 훌륭한 꼬리를 어디서 얻었는가' 하고 물으니 그녀는 '닭의 꼬리' 라고 대답하였다. 그 장교는 그녀가 만든 술에 취해서 큰 소리로 'Viva, cock's tail(닭꼬리 만세)' 라고 외쳤는데, 이것이 칵테일 명칭의 시초라는 것이다.

칵테일은 미국의 금주법(1920~1933년)이 계기가 되어 본격적으로 만들게 되었다. 당시 밀주를 판매하던 업주들은 단속을 피하는 방안으로 다양한 부재료를 혼합하여 시각적으로 술이 아닌 것처럼 보이는 칵테일을 만들기 시작했는데 이때부터 칵테일은 체계화되고 발전하게 되었다.

## 1.3 칵테일의 분류

### (1) 시간별 분류

**식사 전 칵테일** 식욕을 촉진시키기 위하여 맛은 신맛과 쓴맛이 '칵테일의 여왕' 이라고 불리는 맨해튼과 '칵테일의 왕' 이라고 불리는 마티니 등이 대표적인 칵테일이다.

**식사 중 칵테일** 신맛, 쓴맛, 단맛이 혼합되어 있으며 대표적인 칵테일은 맨해튼 미디엄, 마티니 미디엄 등이 있다.

**식사 후 칵테일** 단맛이 나는 칵테일로 브랜디나 리큐르를 주재료로 해서 만들며, 대표적인 칵테일로는 알렉산더 등이 있다.

### (2) 기주(基酒)별 분류

칵테일을 만들 때 주가 되는 술에 따라 분류한 것인데 일반적으로 다음과 같은 6대 증류주에 의하여 분류한다.

- 위스키 베이스 칵테일(Whisky Base Cocktail)
- 브랜디 베이스 칵테일(Brandy Base Cocktail)
- 진 베이스 칵테일(Gin Base Cocktail)
- 럼 베이스 칵테일(Rum Base Cocktail)
- 보드카 베이스 칵테일(Vodka Base Cocktail)
- 테킬라 베이스 칵테일(Tequila Base Cocktail)

### (3) 용량에 의한 분류

**쇼트 드링크**(Short Drink)　알코올에 알코올을 더하여 조주한 술로 주정이 강하다. 따라서 비교적 용량이 적은 6oz(180ml) 미만의 역삼각형(칵테일 잔이라고 함) 또는 샴페인 잔에 제공되며, 짧은 시간에 취기를 빨리 오르게 하는 칵테일이다.

**롱 드링크**(Long Drink)　알코올에 비알코올의 음료수를 첨가하여 조주한 술로 주정은 비교적 약하다. 용량이 많은 8oz(240ml) 이상의 큰 잔에 제공되며, 시간을 두고 몇 번에 나누어 마시는 칵테일이다.

## 2. 칵테일 기물

#### ❶ 믹싱 글라스(Mixing Glass)

믹싱 글라스는 칵테일을 저어서 만들 수 있는 용기로 일명 바 글라스(Bar Glass)라고 한다.

### ❷ 바 스푼(Bar Spoon)

재료를 혼합하기 위해 저어주는 도구로 한쪽은 스푼으로 되어 있고, 다른 한쪽은 포크 형태로 되어 있다.

### ❸ 스트레이너(Strainer)

믹싱 글라스에서 만든 칵테일을 잔에 따를 때 얼음 조각이 나오지 않도록 받치는 역할을 하는 도구이다.

### ❹ 코르크 스크류(Cork Screw)

와인의 코르크 마개를 따는데 사용하는 도구로 지렛대 형 등 몇 가지의 형태가 있다.

### ❺ 아이스 텅(Ice Tong)

얼음을 집을 때 사용하는 도구이다.

### ❻ 셰이커(Shaker)

셰이커는 칵테일을 믹스할 때 흔드는 도구로 캡(Cap), 스트레이너(Strainer), 바디(Body) 3부분으로 되어 있다.

### ❼ 코스터(Coaster)

잔의 받침대로 물기의 흡수나 안정성 유지 및 품위를 높이기 위하여 사용되는 것으로 두꺼운 종이나 천으로 되어 있다.

### ❽ 스퀴즈(Squeezer)

레몬 등의 즙을 짤 때 사용하는 도구이다.

### ⑨ 칵테일 픽(Cocktail Pick)

가니쉬를 위하여 체리, 올리브 등의 부재료를 꽂거나 장식을 위해 사용되는 도구이다.

### ⑩ 포우러(Pourer)

병에 들어 있는 술 등의 음료가 한꺼번에 나오는 것을 방지하기 위한 도구로 병에 이것을 꽂으면 작은 구멍을 통해서 작은 양이 나오게 된다.

### ⑪ 지거(Jigger)

일명 계량컵(Measure Cup)이라고 하며, 술이나 음료의 양을 측정하는 도구로 한쪽은 작고, 다른 한쪽은 큰 두 개의 삼각형이 붙어있는 모양이다. 작은 쪽은 용량이 1온스이고, 큰 쪽은 $1\frac{1}{2}$온스이다.

그 밖에 얼음을 뜰 때 쓰는 도구로는 아이스 스쿠퍼(Ice Scooper) 또는 아이스 샤벨(Ice Shavel), 잔 속의 칵테일을 저을 때 사용하는 막대인 머들러(Muddler) 그리고 칼, 도마 등이 있다.

■칵테일 조주 도구

# 3. 칵테일 조주방법과 측정단위

## 3.1 칵테일 조주방법

칵테일 조주방법으로는 블렌딩(blending), 스티어링(stirring), 셰이킹(shaking), 플로팅(floating), 빌딩(building) 등의 방법이 있다.

### (1) 블렌딩(blending)

블렌딩은 칵테일 레시피에 과일이나 계란이 포함되어 있을 경우 믹스기 등의 전동기구를 사용하여 만드는 방법이다. 블렌딩을 할 때는 소다와 같은 발포성 음료는 넣지 말고 블렌딩이 끝난 후에 별도로 첨가하여 저어준다. 또한 블렌딩을 할 때는 네모난 얼음보다는 잘게 깨진 얼음을 사용하여 가능한 믹스기의 날이 상하지 않도록 한다.

### (2) 스티어링(stirring)

스티어링은 믹싱 글라스에 얼음을 먼저 넣고 음료를 부은 다음 바 스푼을 이용하여 휘저어야 만드는 방법이다. 만약 소다와 같은 발포성 음료를 함께 넣고 저을 때는 조심스럽게 짧게 해야 한다. 믹싱 글라스에 서리가 일 때는 칵테일을 따를 준비가 되었다는 표시이다.

[그림 13-1] 스티어링 방법

❶ 믹싱 글라스에 얼음을 넣는다.

❷ 레시피에 따라 재료를 넣는다.

❸ 바 스푼 또는 머들러로 젓는다.

❹ 스트레이너를 받치고 술을 따른다.

### (3) 셰이킹(shaking)

셰이킹은 셰이커를 이용하여 흔들어 만드는 방법이다. 만드는 순서 및 요령은 다음과 같다.

❶ 셰이커 바디에 얼음을 넣는다.

❷ 레시피에 따라 재료를 넣는다.

❸ 스트레이너와 캡을 닫는다.

❹ 셰이커를 흔든다. 이때 셰이커는 손바닥으로 잡는 것이 아니라 손가락으로 쥐는 것이다.

❺ 셰이커가 끝나면(셰이커에 서리가 일 때까지) 캡을 열고 글라스에 따른다.

❻ 가니쉬를 하여 칵테일을 완성한다.

[그림 13-2] 셰이킹 방법

❶ 셰이커 바디에 얼음을 넣는다.

❷ 레시피에 따라 재료를 넣는다

❸ 스트레이너와 캡을 닫는다.

❹ 셰이커를 쥔다.

❺ 셰이커를 흔든다.

❻ 잔에 따른다.

### (4) 프로팅(floating)

프로팅은 알코올 도수가 높은 증류주나 향을 내기 위한 리큐르 등을 다 만든 칵테일 위에 비중을 이용하여 소량 띄우는 것을 말한다. 띄울 때는 바 스푼 뒷면을 글라스 안쪽에 대고 기존 술과 섞이지 않도록 하여 조심해야 한다.

### (5) 빌딩(building)

빌딩은 제공되는 글라스에 직접 얼음과 재료를 넣고 저어서 만들어 주는 방법이다.

## 3.2 칵테일의 측정 단위와 알코올 도수 계산

### (1) 칵테일의 측정 단위

- **대쉬(dash)** 약 1/6 티 스푼(tea spoon) 정도의 양
- **더블(double)** 일반적으로 싱글은 30ml이고, 더블은 60ml의 양을 말한다.
- **드롭(drop)** 떨어지는 방울의 양으로 5드롭이 1대쉬의 양이다. 즉 1드롭은 1/5 대쉬 정도이다.
- **핑거(finger)** 텀블러 잔을 바닥에 놓고 손가락을 바닥에 붙여 잔을 쥐게 될 때 손가락 높이만큼의 양을 말한다. 1핑거는 약 30ml 정도이다.
- **온스(ounce : oz)** 1온스를 1샷(shot) 또는 1포니(Pony)라고 하며, 1온스의 양은 30ml이다.
- **티 스푼(tea spoon : tsp)** 1tsp는 약 1/8온스의 양이다.
- **센티리터(cl)** 1cl은 10ml이다.

### (2) 칵테일의 알코올 도수 계산법

칵테일의 알코올 도수 계산의 공식은 다음과 같다.

$$\text{칵테일 알코올 도수} = \frac{(\text{A재료 알코올 도수}\times\text{사용량}) + (\text{B재료 알코올 도수}\times\text{시용량})}{\text{총사용량}}$$

예를 들어 칵테일 깁슨(Gibson)의 재료는 진 50ml, 벌무스 10ml로 만드는데 진의 알코올 농도는 %이고, 드라이 벌무스는 %라고 한다면 이 칵테일의 알코올 농도는 다음과 같다.

$$\text{깁슨 알코올 도수} = \frac{(\text{진 알코올 도수}\times\text{사용량}) + (\text{벌무스 알코올 도수}\times\text{시용량})}{\text{총사용량}}$$

$$= \frac{(43\times50) + (18\times10)}{60} = 38.8\%$$

일반적으로 2가지 이상의 술을 섞으면 알코올 도수가 올라가는 것으로 오해하고 있는데 위의 알코올 도수 계산법에서 보듯이 오히려 내려간다. 그런데 더 빨리 취하는 것은 우리나라의 폭탄주(맥주+위스키)에서 볼 수 있듯이 술을 섞어 마시면 해독을 담당하는 간장에 큰 부담을 주고 술에 섞여 있는 불순물이 서로 반응해 숙취를 심하게 만들기 때문이다.

# 제2절 칵테일 조주의 실제

## 1. 칵테일 조주의 개요

### 1.1 칵테일 조주의 절차

칵테일의 기본 5요소는 맛, 향, 색, 장식, 글라스이다. 칵테일을 만들 때는 이 5요소가 잘 조화가 되도록 한다. 이 점에 유의하여 칵테일을 조주할 때는 다음 절차에 의하여 진행한다.

- 레시피의 재료를 검토하고 준비한다.
- 규정된 조주방법에 따라 사용할 잔, 도구, 가니쉬 등을 준비한다.
- 해당하는 잔 또는 기물에 얼음을 넣는다.
- 표준 조주법(Standard Recipe)의 규정된 양을 순서에 따라 넣는다.
- 규정된 조주의 방법과 기법에 의하여 만든다.
- 만든 칵테일을 잔에 따르고 제공한다(빌딩방법은 예외).
- 적절한 장식(가니쉬)을 한다.
- 정리정돈을 한다.

## 1.2 칵테일 조주 시 주의사항

- 제공될 잔에 얼룩이 있는지 금이 가거나 깨어진 것이 있는지 체크한다.
- 기물은 항상 깨끗한 상태를 유지한다.
- 가니쉬용의 과일은 신선한지 체크한다.
- 얼음의 양과 상태가 적정한지 체크한다.
- 셰이커는 캡, 스트레이너, 바디가 서로 잘 맞는지 점검한다.
- 칵테일 잔에 따를 경우 그 양은 잔의 8부를 넘지 않아야 한다.
- 칵테일을 잔에 따를 때는 넘어지지 않도록 왼손으로 잔의 받침을 고정시킨다.
- 과일을 가니쉬할 때는 작은 잔에는 작게, 큰 잔에는 크게 장식한다.

# 2. 주요 칵테일 조주의 실제

## 2.1 위스키 베이스 칵테일

| 칵테일명 | 레시피 | 방법 | 글라스 | 장식 |
|---|---|---|---|---|
| 맨해튼<br>(Manhattan) | • 버번 위스키 : 45ml<br>• 스위트 벌머스 : 20ml<br>• 앙고스트라 비터 : 1대쉬 | stirring | 칵테일 잔 | 체리 |
| 올드 패션<br>(Old Fashioned) | • 버번 위스기 : 40ml<br>• 앙고스트라 비터 : 2대쉬<br>• 소다수 약간<br>• 설탕 : 1tsp | building | 올드<br>패션 잔 | 오렌지(레몬)<br>슬라이스<br>+체리 |
| 러스티 네일<br>(Rusty Nail) | • 위스키 : 40ml<br>• 드람부이 : 20ml | building | 올드<br>패션 잔 | 레몬 껍질<br>(peel)<br>트위스트 |
| 위스키 사우어<br>(Whisky Sour) | • 버번 위스키 : 45ml<br>• 레몬주스 : 15ml<br>• 설탕 : 1tsp | shaking | 사우어 잔 | 오렌지(레몬)<br>슬라이스<br>+체리 |
| 허리케인<br>(Hurricane) | • 위스키 : 8ml<br>• 진 : 8ml<br>• 민트 : 8ml<br>• 레몬즙 : 8ml | shaking | 칵테일 잔 | |

| 칵테일명 | 레시피 | 방법 | 글라스 | 장식 |
|---|---|---|---|---|
| 홀인원<br>(Hole in One) | • 스카치 위스키 : 45ml<br>• 드라이벌머스 : 20ml<br>• 레몬주스 : 1tsp<br>• 오렌지 비터 : 1dash | shaking | 칵테일 잔 | |
| 롭 로이<br>(Rob Roy | • 스카치 위스키 : 45ml<br>• 스윗 벌머스 : 20ml온스<br>• 앙고스트라비터 : 1dash | stirring | 칵테일 잔 | |

## 2.2 브랜디 베이스 칵테일

| 칵테일명 | 레시피 | 방법 | 글라스 | 장식 |
|---|---|---|---|---|
| 알렉산더<br>(Alexander) | • 브랜디 : 20ml<br>• 크림 드 카카오 : 20ml<br>• 생크림 : 15ml | shaking | 칵테일 잔 | |
| 비앤비<br>(B&B) | • 브랜디 : 15ml<br>• 베네딕틴 : 15ml | floating | 리큐르 잔 | |
| 허니문<br>(Honeymoon) | • 브랜디 : 20ml<br>• 베네딕틴 : 20ml<br>• 레몬주스 : 20ml<br>• 트리플 섹 : 3대쉬 | shaking | 칵테일 잔 | |
| 사이드 카<br>(Side Car) | • 브랜디 : 30ml<br>• 꼬잉뚜루 : 15ml<br>• 레몬주스 : 15ml | shaking | 칵테일 잔 | |
| 스팅거<br>(Stinger) | • 브랜디 : 45ml<br>• 크림 드 민트(화이트)<br>: 15ml | shaking | 칵테일 잔 | |
| 롤스 로이스<br>(Rolls Royce) | • 브랜디 : 10ml<br>• 큐라소 : 10ml<br>• 오렌지주스 : 10ml온스 | shaking | 칵테일 잔 | |

## 2.3 진 베이스 칵테일

| 칵테일명 | 레시피 | 방법 | 글라스 | 장식 |
|---|---|---|---|---|
| 마티니<br>(Martini) | • 드라이 진 : 45ml<br>• 드라이 벌머스 : 15ml | stirring | 칵테일 잔 | 올리브 1개 |
| 탐 칼린스<br>(Tom Collins) | • 드라이 진 : 45ml<br>• 레몬주스 : 20ml<br>• 설탕 : 2tsp<br>• 소다수 : 적당량 | shaking<br>(소다수 제외)<br>+building<br>(소다수) | 콜린스 잔 | 오렌지(레몬)<br>슬라이스<br>+체리 |
| 진토닉<br>(Gin&Tonic) | • 드라이 진 : 30ml<br>• 토니워터 : 적당량 | building | 텀블러 잔 | 레몬<br>슬라이스 |
| 깁슨<br>(Gibson) | • 드라이 진 : 45ml<br>• 드라이 벌머스 : 10ml | stirring | 칵테일 잔 | 어니언<br>(Onion) |
| 김렛<br>(Gimlet) | • 드라이 진 : 45ml<br>• 라임주스 : 15ml<br>• 설탕 : 1tsp | shaking | 칵테일 잔 | |
| 핑크 레이디<br>(Pink Lady) | • 드라이 진 : 45ml<br>• 그레나딘 시럽 : 15ml<br>• 레몬주스 : 1tsp<br>• 계란 흰자 : 1개 | shaking | 샴페인 잔 | |
| 싱가폴 슬링<br>(Singapore Sling) | • 드라이 진 : 45ml<br>• 체리브랜디 : 15ml<br>• 레몬주스 : 15ml<br>• 소다수 : 적당량 | shaking<br>(소다수 제외)<br>+building<br>(소다수) | 텀블러 잔 | 오렌지(레몬)<br>슬라이스<br>+체리 |
| 하와이안<br>(Hawaian) | • 드라이 진 : 30ml<br>• 오렌지주스 : 30ml<br>• 트리플 섹 : 1tsp | shaking | 칵테일 잔 | |
| 진 릭키<br>(Gin Ricky) | • 드라이 진 : 45ml<br>• 라임주스 : 15ml<br>• 소다수 : 적당량 | building | 텀블러 잔 | 레몬<br>슬라이스 |
| 진 벅<br>(Gin Buck) | • 드라이 진 : 45ml<br>• 레몬주스 : 15ml<br>• 진저엘 : 적당량 | building<br>(진저엘 제외)+진저엘 채움 | 텀블러 잔 | 레몬<br>슬라이스 |

## 2.4 보드카 베이스 칵테일

| 칵테일명 | 레시피 | 방법 | 글라스 | 장식 |
|---|---|---|---|---|
| 블러디 메리 (Bloody Mary) | • 보드카 : 30ml<br>• 토마토주스 : 120ml<br>• 타바스코 소스, 소금, 후추 : 기호에 따라 약간 | building | 텀블러 잔 | 샐러리 |
| 스크류 드라이버 (Screw Driver) | • 보드카 : 45ml<br>• 오렌지주스 : 적당량 | building | 텀블러 잔 | |
| 블랙 러시안 (Black Russian) | • 보드카 : 40ml<br>• 깔루아 : 20ml | building | 올드 패션 잔 | |
| 키스 오브 파이어 (Kiss of Fire) | • 보드카 : 20ml<br>• 슬로우진 : 20ml<br>• 드라이 벌머스 : 20ml<br>• 레몬주스 : 2대쉬 | shaking | 칵테일 잔 (레몬즙을 이용하여 설탕을 잔 가에 묻힘) | |

## 2.5 럼 베이스 칵테일

| 칵테일명 | 레시피 | 방법 | 글라스 | 장식 |
|---|---|---|---|---|
| 바카디 (Bacardi) | • 럼(white) : 30ml<br>• 라임주스 : 15ml<br>• 그레나딘 시럽 : 1tsp | shaking | 칵테일 잔 | |
| 다이퀴리 (Daiquiri) | • 럼(white) : 45ml<br>• 라임주스 : 15ml<br>• 설탕 : 1tsp | shaking | 칵테일 잔 | |
| 마이타이 (Mai-Tai) | • 럼(light) : 30ml<br>• 트리플섹 : 1tsp<br>• 파인애플주스 : 1tsp<br>• 오렌지주스 : 1tsp<br>• 레몬주스 : 1tsp<br>• 럼(dark) : 2tsp | shaking (럼(dark) 제외한 것) + floating (럼(dark)) | 올드 패션 잔 | 파인애플, 오렌지, 레몬, 체리 |
| 블루 하와이안 (Blue Hawaiian) | • 럼(light) : 30ml<br>• 블루 큐라소 : 15ml<br>• 파인애플주스 : 30ml<br>• 레몬주스 : 15ml | shaking | 텀블러 잔 | 파인애플 조각, 스트로우 |
| 피나 콜라다 (Pina Colada) | • 럼(라이트) : 30ml<br>• 파인애플 주스 : 120ml<br>• 코코넛 밀크 : 20ml | shaking | 필스너 잔 | 파인애플에 체리 |

## 2.6 테킬라 베이스 칵테일

| 칵테일명 | 레시피 | 방법 | 글라스 | 장식 |
|---|---|---|---|---|
| 테킬라 선라이즈 (Tequila Sunrise) | • 테킬라 : 60ml<br>• 오렌지주스 : 120ml<br>• 그레나딘 시럽 : 20ml | building (그레나딘시럽 제외) +floating (그레나딘시럽) | 텀블러 잔 | |
| 마가리타 (Margarita) | • 테킬라 : 30ml<br>• 트리플섹 : 15ml<br>• 레몬주스 : 15ml | shaking | 마가리타 잔(레몬즙을 이용하여 소금을 잔가에 묻힘) | |

## 2.7 리큐르 베이스 칵테일

| 칵테일명 | 레시피 | 방법 | 글라스 | 장식 |
|---|---|---|---|---|
| 엔젤스 팁 (Anger's Tip) | • 크림 드 카카오(브라운) : 20ml<br>• 생크림 : 8ml | floating | 리큐르 잔 | 체리 |
| 엔젤스 키스 (Anger's Kiss) | • 크림 드 카카오(화이트) : 20ml<br>• 생크림 : 8ml<br>• 슬로진 : 8ml<br>• 브랜디 : 8ml | floating (레시피의 재료를 순서에 따라) | 리큐르 잔 | |
| 슬로신 (Sloe Gin) | • 슬로진 : 30ml<br>• 드라이 벌머스 : 15ml<br>• 스위트 벌머스 : 15ml | stirring | 칵테일 잔 | 레몬 |
| 글라스 호퍼 (Glass Hopper) | • 민트(그린) : 20ml<br>• 크림 드 카카오 : 20ml<br>• 생크림 : 15ml | shaking | 샴페인 잔 | |
| 골든 캐딜락 (Golden Cadillac) | • 갈리아노 : 30ml<br>• 크림 드 카카오(화이트) : 30ml<br>• 생크림 : 15ml | shaking | 샴페인 잔 | |

## 2.8 와인 베이스 칵테일

| 칵테일명 | 레시피 | 방법 | 글라스 | 장식 |
|---|---|---|---|---|
| 와인 쿨러<br>(Wine Cooler) | • 레드 와인 : 90ml<br>• 소다수(진저엘) : 적당량<br>• 그레나딘 시럽 : 8ml | building | 레드 와인 잔 | 레몬 |
| 벅스 피즈<br>(Bucks Fizz) | • 샴페인 : 90ml<br>• 오렌지주스 : 60ml | building | 텀블러 잔 | |

# 부록

# 테이블 매너

## 1. 테이블 매너의 의의

식사예절이라고 표현되는 테이블 매너(table manner)는 서양에서 형식을 중시하던 19세기 영국의 빅토리아 여왕 때 기초가 되었다. 테이블 매너는 어렵고, 딱딱하고, 요리의 맛을 가시게 하는 것으로 인식하기 쉽다. 그러나 테이블 매너는 예의를 갖추는 식사법으로서, 서로의 안전을 위해서도 필요한 것이다.

호텔식음료 직원으로서 테이블 매너에 대한 숙지는 고객에게 보다 더 전문적인 서비스를 할 수 있고, 고객이 문의를 하였을 때 올바른 가이드를 할 수 있는 것이다. 또한 본인이 국내외에서 양식을 접하거나 외국인과 비즈니스상 같이 식사를 하게 될 경우 자신감을 가지고 세련되게 식사를 할 수 있다.

## 2. 식사 전의 매너

즐거운 식사를 위해서는 레스토랑에 가기 전에 사전 예약을 하는 것이 좋다. 레스토랑 갈 때의 복장은 가능한 정장이 좋으며, 세미 정장도 무난하다고 할 수 있다. 단, 운동복장으로 가지 않는다. 구체적인 식사 전 매너의 실제는 다음과 같다.

- 레스토랑에 들어서면 리셉셔니스트(receptionist)나 웨이터(waiter)의 안내로 테이블에 가서 앉는 것이 좋다. 이러한 관행을 무시하고 아무 자리에 가서 앉는 것은 매너가 아니다.
- 좌석에 앉을 때는 서열을 생각하여 앉아야 하는데 상석은 그 날의 주빈이 앉는 것으로 대개 안내자가 상석의 의자를 빼주게 되어 있으며, 남성은 여성이 착석한 다음에 앉는 것이 예의이다.
- 착석 시 테이블과의 간격은 30cm 정도가 알맞으며, 자세는 등을 곧게 펴고, 의자 깊숙이 편안하게 앉는다.
- 여성의 핸드백은 등과 의자 사이에 놓는다.
- 냅킨은 모두 좌석에 앉은 다음 무릎 위에 펼친다.
- 메뉴는 천천히 보는 것이다.
- 메뉴를 보고 나서 웨이터를 부를 때는 손가락이나 손바닥으로 소리를 내어 신호하거나 일어서서 소리를 내거나 냅킨을 흔들어서는 안 된다. 웨이터는 항상 테이블을 주시하고 있으므로 가볍게 손가락을 세워 들면 된다.
- 주문을 할 때는 옆 테이블이나 다른 사람이 먹고 있는 것을 손으로 가리켜서 주문해서는 안 되고, 그 레스토랑에서 가장 비싼 요리나 가장 싼 요리는 되도록 주문하지 않는다.
- 메뉴주문은 가능한 남성이 하고, 남성은 여성의 메뉴결정을 도와주도록 한다.
- 웨이터가 물을 따라주면 글라스를 들지 않는다.
- 물을 마시고 난 후에 글라스는 원래의 자리에 놓아둔다.
- 잔에 물의 양이 줄면 웨이터가 자동적으로 리필을 해준다.

## 2.1 식사 전 술을 들 때

식사 전 술은 식욕을 돋구어 식사를 맛있게 하기 위한 준비운동이다. 따라서 식전주를 지나치게 많이 마시지 않는다. 식전주(aperitif)의 맛은 드라이(dry)한 것으로 캄파리(campari)에 소다(soda)나 오렌지 주스를 타서 먹는 것과 쉐리와인(sherry wine)을 주문하면 무난하다. 또한 여성에게는 맨하탄, 남성에게는 마티니가 좋으며, 맥주를 선택해도 좋다. 식사와 함께 술을 곁들일 때는 가능한 와인을 주문한다.

## 3. 식사 중 매너

- 식사 중에는 머리카락을 만져서는 안 되고, 다리를 포개는 행위는 좋지 않다.
- 왼팔을 테이블 위에 놓고 기대지 않아야 한다.
- 무릎 위에 왼팔을 놓는 것이 원칙이나, 팔목을 살짝 테이블 모서리에 대는 것은 무방하다.
- 식사를 하면서 지나친 손짓과 몸짓을 하지 않는다.
- 나이프나 포크는 세팅된 상태에서 바깥쪽부터 차례로 사용한다.
- 주빈(host)이 식사하기 전에는 먼저 식사를 시작해서는 안 된다.
- 떨어진 나이프나 포크는 줍지 않고, 웨이터에게 교체를 원한다.
- 냅킨은 무릎에 덮는 것이지 목에 거는 것은 아니며, 행주나 손수건으로 간주해서는 안 된다.
- 그림과 같이 손에 쥔 나이프나 포크를 세워서는 안 된다.

- 첫 음식이 제공될 때 이를 거절해서는 안 되며, 설령 그 음식이 싫어하는 것이라도 조금 먹어야 한다. 단, 두 번째 음식부터는 사양을 해도 결례가 되지 않는다.
- 음식물은 너무 크게 베어 먹어서는 안 되며, 음식을 먹을 때는 입을 다문채 소리를 내지 않고 조용히 씹어 먹어야 한다.
- 음식물을 입안에 넣은 채 대화를 하거나 음료수를 마셔서는 안 되며, 또한 상대방이 음식을 먹고 있을 때 유도해서는 안 된다.

- 음식을 칼로 다 잘라 놓지 않고, 한 조각씩 잘라먹는 것이 옳다.
- 앉아 있는 곳에서 멀리 있는 것들(소금, 후추 등)은 팔을 뻗치지 말고, 옆에 앉은 사람에게 집어달라고 부탁한다.
- 식사를 하면서 대화를 할 때는 몸을 약간 앞으로 숙인 듯이 하고 양손은 가볍게 주먹을 쥐고 접시의 양옆으로 올린다.
- 식기를 움직이지 않는다. 식사가 끝났다고 식기를 포개어 놓거나 한쪽으로 치우지 않는다.

## 3.1 전채(appetizer)

- 요리가 놓여지면 곧 먹는다.
- 식전요리이므로 너무 많이 먹지 말 것.
- 샐러리, 카나페는 손으로 먹는 것이 오히려 보기가 좋다.
- 훈제연어(smoked salmon)를 먹을 때는 얇게 썬 연어 위에 레몬즙을 뿌리고, 그 위에 링이나 조각으로 썬 양파, 소스, 케이퍼, 캐비어를 올린 다음 나이프와 포크로 쌈을 싸듯이 말아 한 입 크기로 썰어서 먹는다.

## 3.2 수프(soup)

- 수프의 스푼은 펜을 쥐듯이 쥐고, 바깥쪽을 향하여 음식물을 뜬다.
- 수프는 마시는 것이 아니고, 먹는 것이며, 소리를 내지 않는다.
- 수프의 맛도 보기 전에 소금이나 후추를 넣는 것은 실례이다.
- 손잡이가 딸린 수프 컵은 들어서 마셔도 좋다.
- 수프를 다 먹은 후 스푼은 수프 볼에 꽂아 놓지 말고 받침(underlay)에 놓는다.
- 수프를 남기고 싶을 때는 스푼을 접시 안에 뒤집어 놓는다.

## 3.3 빵

- 빵은 수프를 먹고 난 다음부터 메인코스까지만 먹는다.
- 빵을 먹을 때 나이프나 포크를 사용해서는 안 된다.
- 빵은 입으로 베어 먹지 말고 한입에 넣을 만큼 손으로 떼어 먹는다.
- 버터와 잼을 바를 때는 버터나이프를 사용한다.
- 한꺼번에 여러 조각으로 찢어 놓지 않는다.
- 왼쪽에 놓인 빵이 자기의 것이다.
- 빵은 메인코스가 끝나면 모두 치워버리므로 식후 커피에 찍어 먹기 위하여 남겨 놓을 필요가 없다.

## 3.4 생선과 육류

- 생선과 육류는 둘 다 메인 요리이므로 둘 중에 하나만 주문하여도 무방하다.
- 생선은 뒤집어서 먹지 않는다.
- 생선요리에는 레몬이 곁들여지는데 레몬즙을 내어 생선 위에 골고루 뿌린다. 생선의 비린내와 튀긴 기름의 맛을 제거할 수 있다.
- 왕새우요리는 살 전체가 껍질에서 꺼내 놓고 먹는다.
- 소스가 나올 때까지 요리에 손을 대지 않는다.
- 육류는 너무 굽지 않도록 주문하는 것이 통례이다.
- 스테이크는 왼쪽부터 세로 방향으로 자르며, 접시의 먼 쪽에서부터 안쪽으로 자른다.
- 나이프를 잡고 스테이크를 자를 때는 나이프와 손가락이 일직선이 되게 하고 오른손 엄지손가락이 나이프의 중앙에 올라오게 한다(그림 참조).

- 접시에 남아 있는 소스를 빵조각으로 깨끗하게 닦아 먹어도 매너에 어긋나지 않는다.
- 오른손에는 나이프, 왼손에는 포크를 이용해 음식을 먹어야 하나 왼손 사용이 불편할 때는 오른손으로 포크를 잡고 음식을 먹어도 무방하다.
- 포크로 음식을 찍어 먹을 때는 포크의 뒷면(구부러진 쪽)이 위로 향하여 먹는다.
- 식사 중일 때, 식사가 끝났을 때의 나이프와 포크의 위치는 다음과 같다.
- 스테이크와 함께 제공되는 감자(baked potato)는 껍질을 함께 먹으면 가슴의 답답함을 방지할 수 있다.
- 스파게티는 포크로 감아서 먹는다.
- 음식을 먹는 도중에 입가를 닦아야 할 경우는 냅킨을 양손으로 살짝 안쪽으로 접어 잡고 입가를 닦은 후 오염물이 묻은 부분을 보이지 않게 한다.

[그림 1] **식사 중과 식사 후의 나이프와 포크의 위치**

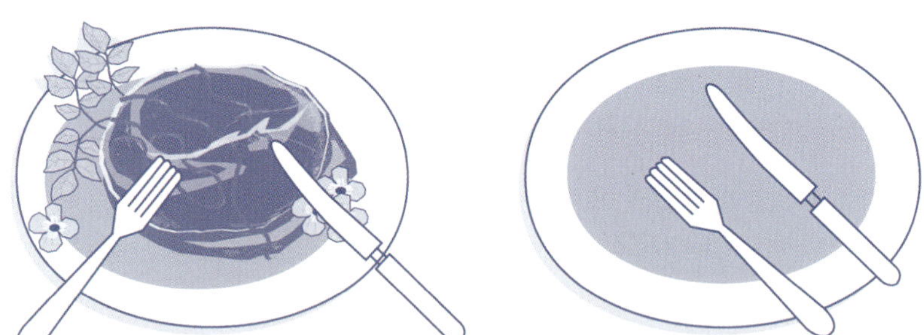


## 3.5 샐러드(salad)

- 포크로 찍어 먹기 어려운 콩은 fork로 눌러 으깨어 먹는다.
- 외국인은 밥을 야채로 간주한다.

- 샐러드는 포크로만 먹어도 무방하다.
- 큰 잎은 포크 끝으로 끼우고 한바퀴 돌려 만 다음 마지막 부분을 포크 끝으로 찍어 고정시켜 먹는다.
- 구운 감자의 껍질은 먹어도 된다.

## 3.6 디저트와 커피

- 물기가 많은 과일은 스푼으로 떠먹는다.
- 포도의 씨나 껍질은 손안에 뱉은 후 접시에 놓는다.
- 핑거볼 사용 시는 손가락을 한쪽씩 씻는다.
- 아이리시 커피는 식후 술의 대용도 된다.
- 커피를 마실 때는 컵에 스푼을 넣어 두거나 컵받침을 들어 올려서는 안 된다.
- 커피컵은 손가락을 끼우지 않고 손잡이를 쥐는 것이다.
- 뜨거운 커피는 어느 정도 식을 때까지 기다린다.
- 커피 스푼으로 커피를 떠 마시지 않는다.
- 커피 스푼을 컵에 세워두지 않는다.
- 찻잔을 들어 올리는 것처럼 두 손으로 컵을 감싸고 마시지 않는다.

(O)

(X)

## 4. 식사 후 매너

매너가 좋은 사람은 식사 후의 테이블 매너도 좋다. 식사가 끝났다고 테이블 매너가 끝난 것이 아니다. 식사 후의 행동에서도 좋은 매너를 보여주어 함께 했던 식사가 더욱 빛이 나도록 해야 할 것이다.

- 담배는 디저트가 끝난 후에 피운다.
- 트림은 가장 큰 실례로 금기이다.
- 남성은 여성보다 먼저 식사를 끝내지 않는다.
- 테이블에서 이쑤시개를 사용하거나, 물로 입을 가시는 행동은 하지 않는다.
- 레스토랑에서 계산은 웨이터를 불러 테이블에서 하는 것이 상례이다.
- 자리를 뜰 때는 냅킨을 테이블 위에 가지런히 놓고 일어선다.
- 계산은 가능한 남성이 한다. 여성이 지불하고자 할 때는 카드 또는 현금을 보이지 않게 남성에게 전달한다.
- 출구로 나갈 때는 레스토랑 중앙보다는 벽 쪽으로 나간다.

## 5. 뷔페 먹는 매너

뷔페는 풀코스의 음식을 종류별로 다양하게 차린 음식을 말한다. 뷔페는 서비스를 받는 것이 아니라 셀프로 갖다 먹는 것이다. 따라서 격식을 갖추는 모임이나 비즈니스 접대에서는 뷔페 레스토랑으로 초대하는 것은 좋지 않다.

뷔페는 시팅 뷔페(seating buffet)와 서서 먹는 스탠딩 뷔페(standing buffet)로 구분되는데 스탠딩 뷔페는 서 있는 자세에서 자유롭게 이동하면서 식사를 하므로 수프(soup) 요리가 없으며, 대부분 한 입에 먹을 수 있도록 커트되어 있으므로 나이프(knife)가 제공되지 않는다는 점에 유의할 필요성이 있다.

- 음식을 뜰 때는 양식의 풀코스 순서대로 한다.
- 양식의 풀코스 순서대로 먹기 힘들 때는 찬 음식- 따뜻한 음식 - 디저트로 구분하여 뜬다.

- 음식은 적당량을 보기 좋게 담는다.
- 아무리 좋아하는 음식이라도 집중적으로 그것만 먹지 않는다.
- 음식을 먹으면서 다니거나 남기는 것은 매너에 어긋난다.
- 음료를 가지러 가는 것은 남성이 한다.
- 같이 식사하는 사람들과의 보조를 맞춘다.
- 뷔페 음식을 싸가지고 나오지 않는다.

# 6. 와인과 브랜디 마시는 매너

## 6.1 와인 마시는 법

국제화 시대에는 영어뿐 아니라 와인도 공통어이며, 서양의 식탁에는 와인이 곁들여진다. 일반적으로 육류에는 레드 와인, 생선류에는 화이트 와인을 마시지만 반드시 지켜지는 것은 아니다. 샴페인(Champagne)은 와인에 탄산가스를 넣어둔 채 숙성시킨 술이다. 식탁에서 샴페인을 마실 때는 흔들어 소리를 내게 해서는 안 되고, 거품이 넘쳐흐르지 않도록 조용히 오픈해야 한다.

- 와인은 종류에 따라 사용하는 글라스가 따로 있다.
- 샴페인은 과음하지 않는다.
- 웨이터가 와인을 글라스에 따를 때 잔을 들어 올리지 않는다.
- 요리와 와인은 따로 먹고 마셔야 한다.
- 글라스에 루즈 자국이 묻었다면 냅킨으로 살짝 닦아내어도 무방하다.
- 화이트 와인과 샴페인은 6℃ 정도 차게 해서 마시고, 레드 와인은 실온 상태인 18℃ 정도로 마신다.
- 레드 와인을 마시고자 할 때는 사전에 예약 주문하는 것이 좋다.
- 와인의 테이스팅(tasting)은 남성이 하는 것이다.
- 웨이터가 와인 테이스팅을 권하면 가장 먼저 색을 보고, 향을 맡은 다음, 입안에 한 모금 넣고 맛을 음미한다.

[그림 2] 와인 테이스팅

색을 본다 / 향을 맡는다 / 한 모금 입에 넣어 맛을 음미한다

## 6.2 브랜디 마시는 법

- 브랜디를 마실 때는 스트레이트로 마셔야 한다.
- 위스키처럼 물을 타거나 얼음을 넣어 마시지 않는다.
- 식후에 한잔에서 세잔 정도까지가 적당하며, 위스키처럼 병째로 한자리에서 모두 비우는 술이 아니다.
- 브랜디의 글라스는 아래가 넓고 위쪽이 좁은데 그것은 향기를 오랫동안 보존하기 위해서이다.
- 브랜디 글라스의 손잡이가 짧은데 그것은 손가락을 끼워 잔을 감싸고 체온을 전달하면서 마시기 위함이다.

[그림 3] 브랜드 잔을 잡는 법

## 참고문헌

김동승(1999), 식품구매관리론, 기문사
김원일(1998), 서양(불란서)요리, 기문사
김한식(1990), 현대인과 와인, 태웅출판사
김 혁(2000), 프랑스와인기행, 세종서적
레저산업진흥연구소(2000), 호텔용어사전, 백산출판사
롯데호텔 식음료 매뉴얼
이석현 · 김종규 · 임형선(2002), 현대 칵테일과 음료이론, 백산출판사
부산시관광협회(1997), 관광숙박업서비스업무(식음료분야)
이정학(2000), 호텔식음료실무론, 기문사
______(2001), 서비스경영, 기문사
______(2006), 호텔연회관리론, 기문사
______(2008), 호텔경영의 이해 2판, 기문사
하얏트호텔 식음료 매뉴얼
한국관광공사(1994), 국제회의운영편람, 제6호
한국관광식음료학회(1999), 음료학개론, 백산출판사

講談社(1996), 世界の名酒辭典
日本ホテル教育センター(1995), レストランの實務
Angelo, R. M. & Vladimir, A. N.(1994), An Introduction To Hospitality Today, Educational Institute of American Hotel & Motel Association
Davis, B., Lockwood, A., Stone, S.(1998), Food and Beverage Management, Butterworth-Heinemann
Gee, C.Y(1994), International Hotels, Educational Institute of The American Hotel & Motel Association
Lattin, G. W.(1995), The Lodging and Food Service Industry, Educational Institute of The American Hotel & Motel Association
Kotas, R.(1986), Management Accounting for Hotels and Restaurants, Surrey University Press
Powers, T.(1995), Introduction to Management in the Hospitality Industry, John Wiley & Sons. Inc.
Rutherford, D. G.(1990), Hotel Management and Operations, Van Nostrand Reinhold

## 찾아보기

# 저 자 소 개

## 이 정 학

### [학력 및 경력]

- 동아대학교 관광경영학과 졸업(1987년)
- 동아대학교 경영대학원(관광경영전공) 경영학석사(1999년)
- 동아대학교 대학원 관광경영학과 관광경영학박사(2004)
- Hyatt Regency Pusan(특1급) 등 10여년 근무
- 2000년 – 現, 울산과학대학교 교수(leejh@uc.ac.kr)

### [수상경력]

- 경기대학교 주최 전국 대학생 관광학술논문 발표대회 우수상 수상(1985년)
- 문교부후원 제10회 전국 대학생학술연구대회 사회과학분야 장려상 수상(1985년)
- 세계 관광의 날 경상북도 관광협회 표창장 수상(1994년)
- 2008 관광의 날 문화체육관광부 장관 표창장 수상(2008년)
- 2017 울산방문의 해 울산광역시장 표창패 수상(2017)

### [저서]

- 호텔식음료실무론, 기문사, 1998
- 서비스경영, 기문사, 2001, 2판(2006), 3판(2009), 4판(2013), 5판(2016)
- 국제매너, 기문사, 2001
- 호텔경영의 이해 1판, 기문사, 2002, 2판(2008), 3판(2010), 4판(2015), 5판(2018)
- 관광마케팅, 기문사, 2003, 2판(2008), 3판(2015)
- 호텔식음료실습, 기문사, 2004, 2판(2008), 3판(2012)
- 주류학개론, 기문사, 2005, 2판(2012)
- 외식사업경영실무론, 대왕사, 2005, 2판(2011)
- 관광학원론, 대왕사, 2005, 2판(2010), 3판(2013), 4판(2015), 5판(2018)
- 현대사회와 매너, 기문사, 2006
- 호텔연회관리론, 기문사, 2006
- 축제이벤트, 대왕사, 2008, 2판(2011), 3판(2018)
- 에티켓과 매너, 기문사, 2009
- 서비스마케팅, 대왕사, 2009. 2판(2018)

- 문화관광의 이해, 대왕사, 2011
- 레저의 이해, 대왕사, 2012
- 가비에서 카페라떼까지(한국 커피와 다방의 사회문화사), 대왕사, 2012
- 호텔연회 & 컨벤션 실무, 기문사, 2013
- 마케팅전략72계, 백산출판사, 2014
- 호텔객실실무, 기문사, 2014
- 의료관광학개론, 백산출판사, 2015
- 방어진 근대의 길을 걷다, 울산발전연구원, 2016

[기타]

- 2006-2010년 울산광역시 시정자문위원(문화관광분야) 역임
- 2008-2011년 한국관광협회중앙회 정책자문위원 역임
- 울산광역시 문화관광해설사 선정 심사위원
- 울산 세계옹기문화엑스포 조직위원 역임
- 울산지역 각종 축제 자문 및 추진위원 역임
- 울산시 고래관광산업진흥기획단 위원 역임
- 동해안권(울산, 경상북도, 강원도) 발전 공동협의회 위원
- 관광통역안내사 자격시험 출제위원
- 울산 관광상품 개발 공모전 심사위원
- 울산 조주기능사 심사위원
- 2014년 – 현 : 문화관광해설사 배치위원회 위원
- 2015년 – 현 : 동해안권 발전 공동협의회 위원
- 2015년 – 현 : 동남권(부산, 울산, 경남) 관광협의회 위원
- 2016년 – 현 : 울산광역시 북구 관광진흥위원회 위원
- 2016년 – 현 : 푸른 울산21 환경경위원회 위원
- 2012년 – 현 : 울산 시티투어 자문 및 평가위원
- 2016년 – 현 : 2017 울산방문의 해 추진협의회 위원
- 2016년 – 현 : 태화강 생태관광협의회 대표
- 2016년 – 현 : 울산광역시 의정자문 위원
- 2017년 – 현 : 한국관광레저학회 부회장
- 2017년 – 현 : 태화강 국가정원 지정 자문위원
- 2017년 – 현 : 2018년 울산조선해양축제 추진위원회 위원
- 2017년 – 현 : 울산광역시 관광진흥위원회 위원

# 호텔 식음료 실습

2004년 1월 10일 초　판 발행
2008년 7월 15일 2판 1쇄 발행
2012년 2월 20일 3판 1쇄 발행
2018년 5월 31일 4판 1쇄 발행
2023년 8월 31일 4판 3쇄 발행

**저　사** 이 징 학
**발행인** 한 인 환
**발행처** 도서출판 **기 문 사**
**등　록** 1978. 8. 9. NO. 6-0637
**주　소** 서울시 동대문구 안암로 50-1(용두동) 홍신빌딩 3층
**전　화** 02) 2265-7214/922-8662~8663
**팩　스** 02) 922-8772

homepage : www.kimoonsa.co.kr
e-mail : book@kimoonsa.co.kr

ISBN : 978-89-7723-956-2 93590

정가 : 22,000원